bup
BERLIN UNIVERSITY PRESS

Wolfgang Frühwald
Blaupause des Menschen
Streitgespräche über die beschleunigte Evolution

Mit Beiträgen von Konrad Beyreuther,
Johannes Dichgans, Karl Lehmann und Wolf Singer
sowie einem Gespräch mit Durs Grünbein

Berlin University Press

Wolfgang Frühwald
Blaupause des Menschen

Erste Auflage im Januar 2009

Die erste Ausgabe dieses Buches erschien 2004 unter dem Titel „Das Design des Menschen". Die Neuausgabe unter dem Titel „Blaupause des Menschen" ist mit einem neuen Vorwort versehen.
Ausstattung und Umschlag
Groothuis, Lohfert, Consorten | glcons.de
Satz und Herstellung
Dittebrandt DTP, Baden-Baden
Schrift
Borgis Joanna MT
Druck
DruckPartner Rübelmann GmbH, Hemsbach
ISBN 978-3-940432-49-0

Vorwort

Im November 2008 jährte es sich zum zehnten Mal, daß der amerikanische Biologe James Thomson von der University of Wisconsin als Erster über die Isolierung menschlicher embryonaler Stammzellen berichtet und damit, wie die NEUE ZÜRCHER ZEITUNG am 19. November 2008 schrieb, eine noch immer rollende Forschungslawine ausgelöst hat. Thomson war schon damals deutlich, daß diese Veröffentlichung ein enormes Konfliktpotential in sich barg, weil mit der von ihm beschriebenen Technik zur Gewinnung von Stammzellen menschliche Embryonen zerstört werden mußten, sich demnach die Frage nach dem Beginn (und in Konsequenz davon auch die nach dem Ende) des menschlichen Lebens nicht mehr umgehen ließ. James Thomson hat nicht nur eine Fachdebatte ausgelöst, sondern auch einen lebhaften gesellschaftlichen Diskurs, der die Parlamente ebenso erreicht hat, wie die Kanzleien der Ministerien, die Zeitungen und die anderen Medien, die Seminare der Universitäten und die Konferenzsäle der Akademien. Philosophen, Theologen, Naturwissenschaftler aller Disziplinen, Poeten und Politiker führen seither einen kontroversen Disput über die ethischen Implikationen der neuen Techniken, die faszinierende Erkenntnisse versprechen und zugleich das tradierte humanistische Menschenbild in Frage stellen. Thomson selbst schätzte seine schon 1995 publizierte Studie über die Isolierung von embryonalen Stammzellen des Affen als »den eigentlichen Durchbruch ein«. Für ihn war dann der Übergang von den Primaten zu menschlichen embryonalen Stammzellen nur ein konsequenter Schritt bei der Entwicklung eines vielversprechenden Forschungsfeldes. Die gesellschaftliche Kontroverse aber entzündete sich gerade an der scheinbaren Selbstverständlichkeit, mit der menschliche Embryonen nun so gebraucht und verbraucht wurden, als handle es sich um Embryonen von Versuchstieren. Konfliktstoff bot vor allem die Definition des »Anfangs«, die Frage, ob eine befruchtete menschliche Eizelle schon vor Einnistung der Blastozyste in der Gebärmutter (um den 14. Tag der Entwicklung), als »Mensch«, zumindest als »menschliches Wesen« bezeichnet werden müsse, oder ob es sich nicht lediglich um eine »Zellkugel«, um ein »Schleimbätzchen«, um die einem menschlichen Körperorgan vergleichbare Anhäufung von Zellen handelt, deren Zerstörung durch den Forschungszweck gerechtfertigt ist, der noch dazu einem fernen Heilungszweck dienen könnte? Der Streit um die Neudefinition des Lebensanfangs forderte auch die Lebenswissenschaften selbst, einen Ausweg aus dem ethischen Dilemma zu suchen. Im Jahr 2008 scheinen sie ihn gefunden zu haben. Als die große Entdeckung dieses Jahres nämlich wurde von der Zeitschrift SCIENCE die Entwicklung von »induzierten pluripotenten Stammzellen«, sogenannten iPS-Zellen, gefeiert, eine Technik, mit der sich adulte Zellen »in eine Art von embryonalem Urzustand zurückversetzen« lassen. Rudolf Jaenisch hat dabei in einem Interview mit der SÜDDEUTSCHEN ZEITUNG (am 23. Dezember 2008) davor gewarnt, die Hoffnung auf den baldigen Übergang von der Grundlagenforschung zur Anwendung zu hoch zu spannen. Der Zeitpunkt nämlich, zu dem aus Biologie Therapie werden könnte, liegt noch in weiter Ferne. Und selbst wenn er schneller näher rücken sollte, als die seriösen Prognosen erwarten lassen, gelten die Therapieversuche zunächst keineswegs den verbreiteten neurodegenerativen Krankheiten, sondern eher einer Augenkrankheit wie der *Retinitis pigmentosa*.

Der jeder wissenschaftlichen Entwicklung feindliche Erwartungsdruck, unter dem (auch und gerade) die Ärzte heute stehen, hat unterschiedliche, aber doch zu einem Syndrom verdichtete Quellen. Eine dieser Quellen ist die Hoffnung vieler schwerst kranker Menschen auf neue Heilverfahren. Diese Hoffnung wird gespeist von Neugier und Sensationslust der

Medien sowie von den vollmundigen Versprechungen der Wissenschaft, die meint, sich im aggressiven gesellschaftlichen Diskurs durch Heils- und Heilungsversprechen behaupten zu müssen. Eine andere (ungleich mächtigere) Quelle aber ist die Profiterwartung großer Industriezweige, da aus der Entwicklung von Stammzelltherapien tatsächlich das »große Geschäft« erwachsen könnte und schon jetzt Therapiestudien und Versuche angestellt werden, die nach Rudolf Jaenisch »wissenschaftlich nicht zu begründen sind«, die sein Interview-Partner sogar als »Irrsinn« bezeichnet. Die überdrehte Ökonomisierung aller Lebensbereiche erzeugt den Zeitdruck, der sich zu jenen Eingriffen des Menschen in die Evolution verdichtet, aus denen ein normiertes, durch die noch immer anhaltende Beschleunigung des Erfahrungswandels, erst unscharf konturiertes Menschenbild entsteht. Alexander Kissler zitiert in einer klugen Studie über »Technik, Trost und schlaue Pillen« (2008) den polnisch-britischen Soziologen Zygmunt Bauman, der Ungeduld als das herausragende Kriterium unserer Moderne benannte und verdeutlichte, daß der »›Aufstieg in der sozialen Hierarchie [...] anhand der gesteigerten Fähigkeit gemessen [werde], das, was man will (was immer es auch sein mag), *jetzt gleich* zu haben, ohne Verzögerung.‹ Das Motto der Moderne laute: ›Warten ist eine Schande‹«. Auf die Wissenschaft übertragen bedeutet dies, daß die Entschleunigung des unabdingbar von Irrtümern aller Art begleiteten Prozesses der Wissenschaft eine Aufgabe geworden ist, die anderen Weltproblemen (dem Klimaproblem, dem Energieproblem, dem Wasserproblem, dem Übervölkerungsproblem etc.) in nichts nachsteht. Eine solche Entschleunigung aber wäre dann kein naiver Wunsch mehr, wenn es gelänge, zumindest die Grundlagenforschung von der durch Konkurrenz, Wettbewerb, Eigentumsvorbehalte und Geheimhaltung gekennzeichneten Ökonomisierung freizuhalten.

Unter jüngeren und älteren Forschern scheint sich inzwischen die schon von Hans Jonas formulierte Erkenntnis zu verbreiten, daß mit der »Abkürzung der Zeit zu den großen Zielen« keine Zeit mehr zur Korrektur der unvermeidlichen und nicht mehr kleinen Irrtümer bleibt. Eine »Heuristik der Furcht«, wie sie Jonas postulierte, gilt auch unter Naturwissenschaftlern nicht mehr als abwegig, da die rasante Beschleunigung aller Wandlungsprozesse zunehmend als bedrohlich empfunden wird. Der »Humboldt kosmos« hat im Dezember 2008 acht jüngeren Wissenschaftlerinnen und Wissenschaftlern u.a. auch die bei Forschern nicht sehr beliebte Frage gestellt: »Welche bahnbrechende Entwicklung *fürchten* Sie in den nächsten zehn Jahren?« Immerhin haben sich sechs von acht Befragten zu konkreten Ängsten bekannt und zwei (ein Physiker und ein Neurophysiologe) haben als ihre Befürchtung »das erfolgreiche, billige und massenhafte Klonen von Menschen« genannt. Das ist sicher keine repräsentative Umfrage, aber doch bemerkenswert, da die Befragten aus unterschiedlichen Fächern und Ländern stammen und durch den Auswahlprozeß, den sie durchlaufen haben, als Angehörige der Spitzengruppe ihrer Fächer ausgewiesen werden. Das Dogma von der Wertfreiheit der Wissenschaft hat seine Geltung verloren.

Der vorliegende Band hat frühzeitig in den gesellschaftlichen Diskurs um die geplante »Perfektionierung«, um das erstrebte »Design«, um die für möglich gehaltene »Blaupause« des Menschen und die dadurch ausgelöste Wandlung des Menschenbildes eingegriffen. Da die hier verhandelte Entwicklung in vollem Gange ist, sind die unterschiedlichen Perspektiven und die Thesen des Buches noch immer aufregend genug, um es in der gegenwärtigen Diskussion präsent zu halten und eine Titelauflage zu rechtfertigen. Einzelne Überlegungen mögen durch die rasche Entwicklung eingeholt worden sein, die Leser mögen einige an dieser Entwicklung beteiligte Fächer und deren Perspektiven vermissen, der Trend in Forschung und Entwicklung, der hier – durchaus kontrovers – beschrieben wird, ist ungebrochen.

Im Januar 2009 *Wolfgang Frühwald*

Wolfgang Frühwald

Einführung

Die täglich in Fülle entstehenden, neuen Erkenntnisse der Neurowissenschaften, der klassischen Naturwissenschaften und der Biowissenschaften verändern (zusammen mit den elektronischen Möglichkeiten ihrer Verbreitung) die Welt. Wir bemerken die Geschwindigkeit dieser Veränderungen nur deshalb selten, weil wir im Strom der Entwicklung mitgerissen werden. Doch die Rasanz der Veränderung ist eine Konstante dieser Entwicklung, die sich wellenförmig (mit nur geringen Retardationen) seit dem Ende des 18. Jahrhunderts ausbreitet und als ein zentrales Element menschlicher Erfahrungen Moderne konstituiert. Diese Moderne entwirft inzwischen ein *Design* des Menschen, welches nicht nur die Oberfläche des Körpers betrifft, die Kosmetik, die Moden, die Hygiene, Gesten und Bewegungen, sondern welches beginnt, den menschlichen Körper von innen her zu verändern. Um Menschenzüchtung oder Therapie (oder auch um beides) geht inzwischen der Streit, in den die Dichter, die Essayisten und die Künstler ebenso verstrickt sind wie die Philosophen, die Theologen, die Hirnforscher und die Genetiker. Sobald nämlich, heißt es bei Jürgen Habermas, »Erwachsene eines Tages die wünschenswerte genetische Ausstattung von Nachkommen als formbares Produkt betrachten und dafür nach eigenem Gutdünken ein passendes Design entwerfen würden, übten sie über ihre genetisch manipulierten Erzeugnisse eine Art der Verfügung aus, die in die somatischen Grundlagen des spontanen Selbstverhältnisses und der ethischen Freiheit einer anderen Person eingreift und die, wie es bisher schien, nur über Sachen, nicht über Personen ausgeübt werden dürfte«.[1] Das ist die in die Formel von Sache versus Person gefaßte Verführung, welcher die Moderne in ihren avancierten Wissenschaften ausgesetzt ist; eine Verführung, der nicht nur Sektenführer und Phantasten der Science-Fiction-Welten erliegen, sondern auch seriöse Wissenschaften. Die Vermutung, daß sich der Mensch nicht mehr nach dem Bilde und dem Gleichnis eines ihn übergreifenden Schöpfers geschaffen sieht, sondern daß er sich nach dem Bilde seiner selbst neu zu erschaffen versucht, wird nahezu täglich bestätigt. Wir dürften Gott, meinte immerhin James D. Watson, dessen zusammen mit Francis Crick verfaßte Beschreibung der Doppelhelix am Anfang all dieser Entwicklungen steht, nicht mehr die Zukunft des Menschen überlassen.[2] Der Mensch versucht demnach, in die natürliche Evolution mit technischen Mitteln einzugreifen und sie dadurch zu beschleunigen. »›Mitspieler der Evolution‹ oder gar ›Gott spielen‹ sind die Metaphern für eine, wie es scheint, in Reichweite rückende *Selbsttransformation der Gattung.*«[3]

Der politische Streit um diese tief in die Grundlagen moderner Gesellschaften und sogar des Menschseins eingreifenden, wissenschaftliche Fragen weit übersteigenden Möglichkeiten der Genetik hat sich inzwischen von den nationalen Konfliktparteien auf die Ebene der Vereinten Nationen verlagert, wo die Auseinandersetzung um ein allgemeines oder ein eingeschränktes Verbot der Klonierung menschlicher Embryonen an Schärfe zunimmt. In Deutschland lautet das Stichwort für den Konflikt – trotz der u. a. von Habermas deutlich geäußerten Skepsis – »liberales Forschungsklima«,[4] die Vereinten Nationen werden insbesondere von Wissenschaftlern aus den USA, aus Südkorea, Australien und Großbritannien aufgefordert, das sogenannte »therapeutische Klonieren«, das sich nur im Ziel, nicht in der Technik vom »reproduktiven Klonieren« unterscheidet, nicht in ein geplantes Klonierungsverbot mit einzubeziehen. In diesen Ländern wird versucht, den Streit um den Lebensbeginn und sein Ende als einen politisch-weltanschaulichen Konflikt zwischen einer fundamentalistischen und einer liberalen Weltsicht erscheinen zu lassen. Die seltsame, für so elementare Fragen wie die nach dem Lebensbeginn völlig unangemessene Konstellation greift offensichtlich auch auf andere Länder (u. a. auf Deutschland) über. In den USA hat sich eine Koalition aus 43 demokratischen und 14 republikanischen Senatoren (darunter John Kerry und Hilary Rodham Clinton) gebildet, die den Tod des an der Alzheimerschen Krankheit leidenden ehemaligen Präsidenten Ronald Reagan zum Anlaß nahmen, Präsident Bush aufzufordern, die Forschung an embryonalen Stammzellen in Zukunft auch mit staatlichen Geldern zu fördern.[5] Fast zur gleichen Zeit (im Juni 2004) hat der Dekan der »Medical School« der Columbia University (wie schon andere vor ihm) die Gegner der Forschung an embryonalen Stammzellen des Menschen eines religiösen Fundamentalismus bezichtigt,[6] ohne zu bedenken, daß es einen Relativismus gibt, der an dogmatischer Strenge den Fundamentalismen aller Art in nichts nachsteht. Doch ist dies nicht der einzige Streit, der inzwischen um Ethikferne oder -nähe der Wissenschaft entbrannt ist und die Kompetenz der Vereinten Nationen berührt. Die lange Jahre gültige (oder zumindest behauptete) Verbindung von Ethik und Wissenschaft nämlich löst sich heute auch deshalb auf, weil die zunehmenden Kosten für Wissenschaft und Forschung die Gegenstände, über die geforscht wird, zu limitieren beginnen. Afrika ist der Kontinent, an dem sich Ethiknähe und Ethikferne der Wissenschaft zu bewähren haben, wenn zum Beispiel viele hundert Millionen Menschen aus Armut nicht am Gesundheitsmarkt teilnehmen können.[7] Die Verschiebung in der Aufmerksamkeit der medizinischen Forschung von den Infektions- zu den neurodegenerativen Krankheiten benachteiligt ohnehin Kontinente, auf denen die Infektionskrankheiten keineswegs als besiegt deklariert werden können.

Welches Bild sich der Mensch von sich selbst macht, damit ihm das (ethisch ohnehin problematische) Design der folgenden Generationen nicht mißlingt und entgleitet, ist eine Frage von großem Gewicht. Noch kennen wir das Bild und die Bilder des Menschen, nach denen er sich selbst neu zu erschaffen sucht, erst in Umrissen. Daß aber in wenigen Generationen Menschen existieren könnten, deren Eltern nie geboren wurden, weil ihre Ursprünge auf im Labor gezüchtete Stammzell-Linien zurückführen, ist keine Utopie der Science-Fiction-Literatur, sondern längst Alltag des wissenschaftlichen Fragens. Auch die Frage des reproduktiven Klonierens von Menschen, also die Herstellung zeitversetzter Kopien lebender Menschen, wird heute schon häufig (abwiegelnd) nur noch mit dem Verweis auf die vermutlich geringe Zahl solcher Klone innerhalb einer die Sechs-Milliarden-Grenze rasch überschreitenden Menschheit beantwortet. Die geringe Zahl solcher Klone rechtfertige unter dem Horizont einer »Ethik des Heilens« auch ihre Herstellung, Fragen der Norm des Menschlichen seien dabei nicht berührt. Wie steht es aber um negativ oder positiv formulierte Normen? Das Tötungsverbot, so postulierte Norbert Brieskorn, habe »Vorrang vor dem Gebot zu helfen, etwa gegen Krankheiten«, und er schließt in diese Prädominanz des Tötungsverbotes auch den »elementaren Lebensschutz des Embryos« mit ein.[8] In derart grundlegenden Konflikten werden die »großen Geschichten« – etwa von der Art: »Adam begegnet der Eva, Kain beneidet den Abel«[9] –, die seit Jahrtausenden in immer neuen Fassungen erzählt werden, in anderer Weise geträumt und überliefert als bisher.[10] Die Reichweite der bereits jetzt möglichen biotechnischen Eingriffe in das Leben des Menschen, meinte Jürgen Habermas, stelle nicht nur schwierige moralische Fragen, sondern Fragen einer anderen, bisher nicht gekannten Art. »Die Antworten berühren das ethische Selbstverständnis der Menschheit im Ganzen«.[11] Entlang an bisher nicht gestellten Fragen bewegt sich heute die Debatte über das sich verändernde Menschenbild und über das Verhältnis von Ethik und Forschung.

Die Erfindung der Schrift muß in der Geschichte des Menschen einen kulturellen und sozialen Wandel ohnegleichen ausgelöst haben. Die Verwandlung von Hörbarem in Sichtbares und Dauerhaftes hat die Sinneshierarchien des Menschen verwandelt. Das Auge wurde dem Ohr übergeordnet. Bis ins 18. Jahrhundert nach Christus hat es gedauert, ehe dem Sehen das Berühren gleichgeordnet wurde. Erträglich wurde für die Menschen der Übergang vom Hören zum Lesen, vom Reden zum Schreiben wohl dadurch, daß zunächst nur auserwählte Gruppen schreiben und lesen konnten, die Priester, die Seher, die Weisen. Der Beginn der Fernkommunikation, die dem gesprochenen Wort Dauer verliehen hat, so daß längst untergegangene Kulturen auf später lebende Menschen wirken können, hatte sichtbare soziale Folgen. Es gibt eine Theorie, die besagt, daß der Übergang von der mündlichen Überlieferung kultureller Erzählgemeinschaften zur Schriftkultur die Ablösung des Matriarchats durch das Patriarchat zur Folge gehabt habe. »Literatur« (geschriebene Rede) also wäre demnach eine Erfindung der Männer, mündlich erzählen könnten vor allem die Frauen. Vor vielleicht 5000 Jahren hat der Mensch die Schrift erfunden, die Sprache sicher lange vorher; die Schätzungen schwanken zwischen 100 000 und mehreren hunderttausend Jahren. Vor 500 Jahren wurde der Druck erfunden und mit ihm die Autorität des lateinisch geschriebenen Wortes gestürzt. Die Reformation war wohl die unmittelbare soziale Folge. Heute scheint sich die Galaxis Gutenbergs, der Kontinent der Drucküberlieferung des Wissens, in ein neues, ein digitales Zeitalter hineinzudrehen, und der Zusammenbruch der lange Jahrzehnte hindurch zweipoligen Welt, ihr Übergang zu einer vielpoligen (oder, wie man in den USA meint, zu einer einpoligen Welt) ist nicht die geringste Folge der aus Digitalisierung und Vernetzung und Satellitenkommunikation entstehenden neuen Kultur. An der Abfolge der Fristen von (mehreren) 100 000 Jahren, 5000 Jahren, 500 Jahren aber ist ein Prinzip abzulesen: das der Beschleunigung aller

Lebensvorgänge. Dieses Prinzip prägt die geschichtliche Spur, die der Mensch in die geschichtslose Natur gezeichnet hat. Der Historiker Reinhart Koselleck und seine Schule haben so zum Beispiel eine sprunghafte Beschleunigung des Erfahrungswandels seit dem Ende des 18. Jahrhunderts, zwischen etwa 1770 und 1830, an der Wandlung geschichtlicher Grundbegriffe abgelesen und diesen Erfahrungswandel zum leitenden Kriterium im Prozeß der Modernisierung (das heißt der rationalen Entzauberung[12] der Dingwelten) gemacht.

Nun aber scheint es, als stehe uns eine neue, bisher ungekannte Beschleunigung bevor. Die natürliche Evolution und der beschleunigte kulturelle Wandel kreuzen sich, da es dem Menschen gelungen ist, nicht nur in das Innere der Materie, sondern auch in das Innere des Lebens vorzudringen. Der technische, menschliche Eingriff in das in Jahrmillionen entstandene Erbgut könnte dann zu einer Beschleunigung der natürlichen Evolution führen, die man – gemischt aus Natur und kulturellem Eingriff – als eine »zweite Evolution« bezeichnen müßte. Ihre Konsequenzen sind kaum abzusehen, der Wandel der Welt- und der Menschenbilder aber, der eine solche Entwicklung unweigerlich begleitet, ist in vollem Gange.

Vielleicht ist das, was hier gemeint ist, am besten an einem kurzen Text eines ganz unverdächtigen Zeugen abzulesen. Joseph von Eichendorff, der romantische Dichter, wurde gegen Ende seines Lebens von jener Geschwindigkeits-Revolution überrascht, die Goethe im zweiten Jahrzehnt des 19. Jahrhunderts (unter Bezug auf die italienischen Eilposten, die *velociferi*, und unter Benutzung der Doppeldeutigkeit des an »Luzifer« anklingenden Neologismus) als »veloziferisch« bezeichnet hat.[13] Diese Revolution äußerte sich in einer Beschleunigung aller Lebensvorgänge, für welche Dampf und Maschine der äußere Ausdruck waren und die Dampf-Eisenbahn das umfassende Bild. Eichendorff, der Dichter der Wanderschaft und des Waldes, der Poet der Sehnsucht und des Posthorns, hörte bei dem Versuch, Erinnerung und Gedächtnis für die Menschheit zu bewahren, den fordernden, die Zukunft ankündigenden Pfiff der Lokomotive und hat in einem ironisch-heiteren Text beschrieben, was die Beschleunigung an Verlusten mit sich führte:

> »An einem schönen warmen Herbstmorgen kam ich auf der Eisenbahn vom andern Ende Deutschlands mit einer Vehemenz angefahren, als käme es bei Lebensstrafe darauf an, dem Reisen, das doch mein alleiniger Zweck war, auf das allerschleunigste ein Ende zu machen. Diese Dampffahrten rütteln die Welt, die eigentlich nur noch aus Bahnhöfen besteht, unermüdlich durcheinander wie ein Kaleidoskop, wo die vorüberjagenden Landschaften, ehe man noch irgendeine Physiognomie gefaßt, immer neue Gesichter schneiden, der fliegende Salon immer neue Sozietäten bildet, bevor man noch die alten recht überwunden.«[14]

In diesem Text ist das Reisen der Zweck des Reisens, die Geschwindigkeit ist nur eine Dreingabe, kein Selbstzweck. Denn das Reisen führt, recht verstanden, nirgendwohin, wenn nicht zu sich selbst. Dieses Reisen ist ein bildendes Reisen, das Landschaften und Länder kennen lehrt, das Gemeinschaft bildet und den »Duft der Pflaume«[15] erhält. Aus der zunehmenden Geschwindigkeit aber ergibt sich eine groteske Veränderung der durcheilten Landschaft: sie wird durcheinandergeschüttelt wie die Splitter in einem Kaleidoskop, und mehr als die Haltepunkte vermag das Gedächtnis dann im Zerrspiegel durchraster Natur nicht mehr zu fassen. Aus Bahnhöfen besteht die Lebensreise, aus flüchtig wahrgenommenen Stationen, welche sich gleichen. Am Ende der Reise aber liegt das alte Ziel, das Ende des individuellen Lebens. Was einstmals zwischen den Stationen lag, das farbige, das duftende, das mit allen Sinnen zu erfassende Leben, ist durch den beschleunigten Erfahrungswandel ärmer, blasser, duftlos geworden. Noch einen Verlust beschreibt dieser Text. Nach dem Verlust des Reisens (zugunsten des Transports), nach dem kaleidoskopartigen Zerfall des Weltbildes beschreibt Eichendorff auch den Verlust der menschlichen Gemeinschaft. Die Herzbruderschaft, wie sie die gemeinsame Fußwanderung bei Studenten und Handwerksburschen gebildet hatte, das » Kunstwerk der Geselligkeit«,[16] das der romantische Salon (mit Gesang und Spiel und Gespräch) hatte erzeugen wollen, sind der Geschwindigkeit des Transportes zum Opfer gefallen. Die flüchtige Reisebekanntschaft, der Wechsel unvertrauter Gesichter, der Sozietätswechsel begründet auch im Sozialen – wie vorher im Verhältnis zur Natur – ein neues Existenzgefühl. Es ist gekennzeichnet von Nützlichkeitsdenken, vom Verlust der Zwecklosigkeit (und damit vom Verlust bildender Elemente) und von der Vereinzelung des Menschen.

Wenn in einem eher heiteren, keineswegs fortschrittskritischen Text das Erschrecken vor dem neuen Geschwindigkeitsschub so deutlich ist wie bei Eichendorff, wie deutlich muß dieses Erschrecken erst an der Grenzlinie sein, an der eine der natürlichen Evolution vorauseilende kulturelle und soziale Wandlung beginnt, in die natürliche Evolution beschleunigend einzugreifen! Man hat das Erschrecken des 19. Jahrhunderts vor den Beschleunigungsphänomenen der Zeit das »kosmische Erschrekken« genannt.[17] Der Begriff meint das Erschrecken des Menschen vor der Erkenntnis, allein zu sein im Weltall, in einen kosmischen Abgrund sehen zu können, in dem vielleicht kein Gott wohnt. Das Erschrecken des späten 20. Jahrhunderts aber ist »szientifisches Erschrecken«, das heißt das Erschrecken vor einer prozeßhaft gewordenen Wissenschaft, in deren Ablauf einzelne Forscherinnen und Forscher nicht mehr steuernd eingreifen können, das Erschrecken vor den das Menschheitsparadigma verändernden Möglichkeiten der Forschung, vor ihrem »digitalen Evangelium«, das den neuen Menschentypus als eine bloße Kopie von Gehirndaten einzureihen versucht in eine unendliche und unsterbliche Kette von Molekülen. Unsere Moderne erschrickt vor der Vorstellung eines perfektionierten, eines optimierten Menschen, jenseits des Wünschens und Begehrens, welche die heute lebende Menschheit eines (nicht allzu fernen) Tages als »ein gescheitertes Experiment«[18] erscheinen lassen könnte.

Der literarisch-künstlerische Ausdruck dieses Erschreckens sind Science Fiction, Utopie und ein neuer Ästhetizismus. Doch während eine ältere Schriftstellergeneration vor dem heraufdämmernden Zeitalter resignierte, sich wie Wolfgang Hildesheimer in die ästhetizistische Collage oder die Fotografie zu retten suchte, betrachten andere Autoren (Hans Magnus Enzensberger, Durs Grünbein, Michel Houellebecq) diese Situation als die Herausforderung und die Basis ihres Werkes. Der Angriff auf den Menschen, sagt Durs Grünbein, sei machtlos. Und er versucht dies im Fortgang seines Werkes zu belegen. Das Erschrecken, von dem ich gesprochen habe und von dem die Feuilletons voll sind, ist eine, wie mir scheint, tiefreichende geistige Bewegung, eine Art von »seismischer Verschiebung« im Kontinent der menschlichen Existenz. So jedenfalls hat George Steiner den neuen Beschleunigungsschub bezeichnet,[19] so tönt es aus vielen Literaturen in englischer, französischer und deutscher Sprache.

In der Vortragsreihe (entstanden im Rahmen der Mainzer Gutenberg-Stiftungsprofessur im Sommer 2003), deren Texte hier im Druck vorgelegt werden,[20] wird versucht, das Erschrecken unserer Tage, das Erschrecken des Menschen vor dem eigenen Spiegelbild, das heißt vor jenem Bild, nach welchem der Mensch den Menschen künftig schaffen möchte, auf seinen Realitätsgehalt hin zu befragen. Es gehört zu den Regeln der Mainzer Professur, daß ein Vortragender etwa die Hälfte der Vorlesungen übernimmt, für die andere Hälfte aber Gäste einlädt. So erklärt sich der literaturwissenschaftliche Schwerpunkt der Vorlesungsreihe. Ich versuche dabei, die unterschiedlichen Perspektiven miteinander zu verbinden und zu befragen. Diese Perspektiven entstammen der Hirnforschung (Wolf Singer), der klinischen Neurologie (Johannes Dichgans), der Molekularbiologie (Konrad Beyreuther), der Theologie (Karl Kardinal Lehmann) und der Literatur (Durs Grünbein). Es sind avancierte Lebens- und Erkenntnisformen, die hier befragt werden, bekannte Wissenschaftler und ein Dichter, die Stellung nehmen und diskutieren, Menschen, die nicht nur neue Fragen stellen, sondern auch neue Antworten suchen. Wer die ganze Reihe der Texte verfolgt, wird hinterher mehr wissen als zuvor und sich fundiert an einer Diskussion beteiligen können, die uns alle angeht, die im Laufe der Jahre noch dichter und intensiver werden wird, als sie es heute schon ist.

Daß Theologie und Literatur zu den weltbildprägenden Denkformen des Zeitalters gezählt werden, ist kaum verwunderlich. Es ist aber vielleicht eine Erklärung dafür notwendig, daß die Neurowissenschaften hier stärker vertreten sind als die Molekularbiologie, die als Leitwissenschaft doch scheinbar die Physik abgelöst hat. Ich bin überzeugt davon, daß das neue Jahrhundert nicht so sehr ein Jahrhundert der Genbiologie werden wird, sondern eine Epoche einleitet, die von der Hirnforschung dominiert werden wird. Diese Entwicklung wird im gleichen Tempo weitergehen, in dem jenes *brain mapping* voranschreitet, das den unbekannten Kontinent des Gehirns (wie einst die Kontinente der Welt, ihre Ozeane oder das menschliche Erbgut) zu kartieren unternimmt. Die seit 2001 geführte Auseinandersetzung um den »freien Willen« des Menschen, die (wegen des Schuldbegriffes und wegen der Zurechenbarkeit von abweichendem Verhalten) zu einer heftigen Kontroverse zwischen Hirnforschung und Jurisprudenz geführt, aber inzwischen auch Geschichte, Literaturwissenschaft und Philosophie infiziert hat, ist nur eine erste Anwendung der mit Autorität und Einfluß auftretenden Hirnforschung. Das berühmte Experiment des Neurophysiologen Benjamin Libet (aus dem Jahr 1979), wonach die Entscheidung zu einer (einfachen) Handlung im Hirn von Testpersonen bis zu einer halben Sekunde früher fällt, ehe dieser Person die Entscheidung bewußt wird, scheint der Ausgangspunkt für weitreichende Forschungen über das Verhältnis von Hirnaktivitäten und Bewußtsein geworden zu sein. Der Münchner Psychologe Wolfgang Prinz hat dabei die Kontur des (von Juristen und Philosophen nicht akzeptierten) neurophysiologischen Menschenbildes mit dem einprägsamen Satz umschrieben: »Wir tun nicht, was wir wollen, sondern wir wollen, was wir tun.«[21]

Alle diese Entwicklungen also sind sozial eingebunden, und darum geht die Diskussion. Daß uns über dem Fortschrittsjubel der Wissenschaft das Bild des Menschen nicht verlorengeht, das Bild eines Wesens, das Sehnsüchte kennt, welches das Schöne kennt und um seine Sterblichkeit weiß, auch darüber wird zu sprechen sein. Noch glaube ich an die grenzsetzende Macht der menschlichen Vernunft und an Enzensbergers Pragmatismus, der uns sagt: »Wer Cybersex mit Liebe verwechselt, ist reif für die Psychiatrie. Auf die Trägheit des Körpers ist Verlaß. Das Zahnweh ist nicht virtuell. Wer hungert, wird von Simulationen nicht satt. Der eigene Tod ist kein Medienereignis. Doch, doch, es gibt ein Leben diesseits der digitalen Welt: das einzige, das wir haben.«[22] Wir sollten es leben und es beschützen.

Anmerkungen

1 Jürgen Habermas: Die Zukunft der menschlichen Natur. Auf dem Weg zu einer liberalen Eugenik? Frankfurt am Main 2001, S. 29 f.

2 FRANKFURTER ALLGEMEINE ZEITUNG 26. September 2000.

3 Habermas, S. 42. Jürgen Habermas hat viel Widerspruch gegen seine wie mir scheint gemäßigte und kluge Warnung vor der bevorstehenden »Selbsttransformation der Gattung« erhalten. Eine schlüssige Widerlegung seiner ebenso knappen wie einleuchtenden Beschreibung der sich täglich (in dem von ihm vorhergesagten Sinn) verändernden Situation ist mir unter diesen Widersprüchen nicht begegnet.

4 So zum Beispiel Hans Schöler im Interview mit der Zeitung DIE WELT am 5. Juni 2004.

5 Die SÜDDEUTSCHE ZEITUNG vermutet (am 9./10. Juni 2004, S. 13, in einem Artikel unter der Überschrift »Die Krokodile des toten Präsidenten«) zu Recht, daß »die Bandagen härter werden, mit denen um die vermeintlichen Verlokkungen auf dem vermuteten Zukunftsmarkt Nummer Eins gekämpft wird. Noch vor der Beerdigung [...] ist die präsidiale Leiche zu einem Politikum geworden«.

6 Unter der Überschrift »Experts oppose ban on stem cells« berichtete THE WASHINGTON TIMES am 3. Juni 2004 über den Protest der genannten Länder und den Fundamentalismusvorwurf von Gerald Fischbach von der Columbia University.

7 Vgl. dazu die ungemein spannend zu lesende Dokumentation einer Tagung der

Jungen Akademie an der Berlin-Brandenburgischen Akademie der Wissenschaften: Katja Becker, Eva-Maria Engelen und Milos Vec (Hg.): Ethisierung – Ethikferne. Wie viel Ethik braucht die Wissenschaft? Berlin 2003.

8 Norbert Brieskorn: Menschenwürde als normative Grundlage? Regelsuche im pluralen Staat in Abwesenheit einer einzigen und letzten Instanz. In: zur debatte. Themen der Katholischen Akademie in Bayern 344 (2004), S. 25.

9 So hat Wolfgang Koeppen einst mir gegenüber (mündlich) den Inhalt von Literatur zusammengefaßt.

10 Vgl. George Steiner: Grammatik der Schöpfung. München 2001, S. 271.

11 Habermas, S. 32.

12 Der Begriff der rationalen Entzauberung der Welt nach Max Weber.

13 Vgl. Manfred Osten: »Alles veloziferisch« oder Goethes Entdeckung der Langsamkeit. Zur Modernität eines Klassikers im 21. Jahrhundert. Frankfurt am Main 2003.

14 Wilhelm Kosch (Hg.): Sämtliche Werke des Freiherrn Joseph von Eichendorff. Historisch-kritische Ausgabe. Bd. 10: Historische, politische und biographische Schriften. Regensburg 1911, S. 379.

15 So soll nach dem Bericht Ludwigs I., Königs von Bayern, Goethe die Folgen der Eisenbahnreisen (die es in Deutschland damals noch gar nicht gab) gekennzeichnet haben.

16 Terminus nach der Formulierung des romantischen Lyrikers Clemens Brentano.

17 Vgl. Wolfgang Frühwald: Der Zerfall des Individuums. Über szientifisches Erschrecken in der Literatur. Heidelberg 1993, S. 5. Terminus nach William H. Rey.

18 So Professor Hans Moravec in: Robot: Evolution from Mere Machine to Transcendent Mind. Zitiert bei: Hans Magnus Enzensberger: Die Elixiere der Wissenschaft. Seitenblicke in Poesie und Prosa. Frankfurt am Main 2002, S. 173.

19 Vgl. George Steiner: Grammatik der Schöpfung, S. 273, 285.

20 Bis Juni 2004 wurde an einzelnen Stellen der Vorträge Material einbezogen, das 2003 noch nicht zur Verfügung stand.

21 An Stelle umfangreicher Literaturangaben aus einer öffentlichen und internen, wissenschaftlichen Diskussion verweise ich auf die beiden »Magazine« des Wissenschaftszentrums Nordrhein-Westfalen 12. Jahrgang, Ausgabe 3/2001 zum Thema »Homo ex machina – Geformt nach welchem Bilde?« und 14. Jahrgang, Ausgabe 2/2003 zum Thema: »Bildgebende Verfahren der Hirnforschung – dem Ich auf der Spur?«, sowie auf Heft 1 »Debatte«, der Dokumentation wissenschaftlicher Streitgespräche in der Berlin-Brandenburgischen Akademie der Wissenschaften: Zur Freiheit des Willens. Streitgespräch in der Wissenschaftlichen Sitzung der Berlin-Brandenburgischen Akademie der Wissenschaften am 27. Juni 2003, Berlin 2004.

22 Hans Magnus Enzensberger: Das digitale Evangelium. Propheten, Nutznießer und Verächter. In: ders.: Die Elixiere der Wissenschaft. Seitenblicke in Poesie und Prosa. Frankfurt am Main 2002, S. 97.

Beschleunigung

Wolfgang Frühwald

Die zweite Evolution: Kunst und Wissenschaft im Zeitalter der Erfahrungsexplosion

1. Der Traum des Ikaros

Der Traum des Menschen vom Fliegen gehört zu den ältesten Menschheitsträumen. In der antiken Sage entflohen Daidalos und sein Sohn Ikaros dem kretischen Labyrinth durch Flügel, die mit Wachs zusammengefügt waren. Doch kam Ikaros, entgegen der Warnung des Vaters, der Sonne zu nahe, seine Flügel schmolzen, und Ikaros starb durch den Sturz ins Meer. Durch die Jahrtausende hindurch ein mythisches Zeichen für die Hybris des von seinem Können verblendeten Menschen! Die Brüder Jacques und Joseph Montgolfier immerhin, die 1782 den gelungenen Versuch eines Ballonaufstieges unternahmen und die nach ihnen benannten Montgolfièren konstruierten, wurden zu korrespondierenden Mitgliedern der Pariser Akademie der Wissenschaften ernannt. Doch ihr Ruhm verblaßte, weil das lenkbare Luftschiff noch lange auf sich warten ließ. Erst am 2. Juli 1900 begann mit dem Start des ersten Zeppelin-Luftschiffes das Jahrhundert des lenkbaren Fliegens. Als dieses noch immer »Luftschiff« genannte Fluggerät sich zu seiner ersten großen Reise aufschwang, war der österreichische Schriftsteller Stefan Zweig »auf dem Wege nach Belgien zufällig in Straßburg« und erlebte dort, wie der Zeppelin »unter dem dröhnenden Jubel der Menge das Münster umkreiste, als wollte er, der Schwebende, vor dem tausendjährigen Werke sich neigen«.[1] In der Tat: nun war »ein anderer Rhythmus [...]

in der Welt«, es schien eine Zeit zu beginnen, welche die nationalistische Vereinzelung überwand, in der die Fülle der Erfindungen und der Entdeckungen den Völkern die Eingebung gab, menschheitlich zu denken. Als der französische Aeronaut Louis Blériot am 25. Juli 1909 in einem Eindecker-Flugzeug in 27 1/3 Minuten als erster den Ärmelkanal überflog, war der Jubel in Europa groß.

> »Wir jauchzten in Wien, als Blériot den Ärmelkanal überflog, als wäre er ein Held unserer Heimat [schrieb Stefan Zweig in seinem letzten Buch 1942]; aus Stolz auf die sich stündlich überjagenden Triumphe unserer Technik, unserer Wissenschaft war zum erstenmal ein europäisches Gemeinschaftsgefühl, ein europäisches Nationalbewußtsein im Werden. Wie sinnlos, sagten wir uns, diese Grenzen, wenn sie jedes Flugzeug spielhaft leicht überschwingt, wie provinziell, wie künstlich diese Zollschranken und Grenzwächter, wie widersprechend dem Sinn unserer Zeit, der sichtlich Bindung und Weltbrüderschaft begehrt! Dieser Aufschwung des Gefühls war nicht weniger wunderbar als jener der Aeroplane; ich bedaure jeden, der nicht jung diese letzten Jahre des Vertrauens in Europa miterlebt hat. [...] nur wer diese Epoche des Weltvertrauens miterlebt hat, weiß, daß alles seitdem Rückfall und Verdüsterung gewesen.«

Die Künstler und die Schriftsteller haben vermutlich zuerst den Traum des Fliegens geträumt, und nicht zufällig ist Daidalos ein Bildhauer. Hugo Eckener, der Pionier der Zeppelin-Fahrten, dem 1928 mit LZ 127 die Atlantiküberquerung und 1929 die Weltumrundung gelang, war Schriftsteller, ehe er 1908 in das Zeppelinwerk in Friedrichshafen eingetreten ist. Dort wurde er Vorsitzender des Werkes, erlebte 1937 die Brandkatastrophe des »Hindenburg« genannten LZ 129 und damit den Niedergang des Luftschiffbaus. Flugkritische Lieder sind eher selten; der erfüllte Ikaros-Traum ruft auch bei eingefleischten Technik-Zweiflern Begeisterung hervor. Ein kritisches Lied ist von Justinus Kerner überliefert, der 1845 dem Ende der romantischen Wandergemeinschaft nachtrauerte und das Zeitalter des Reisens der Vision menschlicher Mobilität geopfert sah. »Unter dem Himmel« ist dieses mißmutige Lied überschrieben, das (schon vor der Mitte des 19. Jahrhunderts) den verschmutzten Rhein und die Verkehrserschließung Europas durch Dampfwagen und Eisenbahn zu Zeugen gegen den Traum von der Beherrschung der Luft genommen hat. Obwohl dann ein Franzose, Henri Giffard, 1852 das erste erfolgreiche, lenkbare Luftschiff konstruierte, wurde die Beherrschung der Luft zunächst der technisch begabten, pragmatisch-erfindungsreichen Handelsnation England zugetraut:

»Laßt mich in Gras und Blumen liegen
Und schaun dem blauen Himmel zu,
Wie goldne Wolken ihn durchfliegen
In ihm ein Falke kreist in Ruh.

Die blaue Stille stört dort oben
Kein Dampfer und kein Segelschiff,
Nicht Menschentritt, nicht Pferdetoben,
Nicht des Dampfwagens wilder Pfiff.

Laß satt mich schaun in diese Klarheit,
In diesen stillen, sel'gen Raum:
Denn bald könnt' werden ja zur Wahrheit
Das Fliegen, der unsel'ge Traum.

Dann flieht der Vogel aus den Lüften,
Wie aus dem Rhein der Salmen schon,
Und wo einst singend Lerchen schifften,
Schifft grämlich stumm Britannias Sohn.

Schau ich zum Himmel zu gewahren,
Warum's so plötzlich dunkel sei,
Erblick ich einen Zug von Waren,
Der an der Sonne schifft vorbei.

Fühl Regen ich beim Sonnenscheine,
Such nach dem Regenbogen keck,
Ist es nicht Wasser, wie ich meine,
Wurd' in der Luft ein Ölfaß leck.«[2]

Kerner, der späte Romantiker, der in seinem württembergischen Idyll eine psychosomatische Praxis (mit magnetischen Heilkuren) betrieb, meinte, daß durch Verkehr und Technik, also durch die als beängstigend empfundene, laute und dampfschnaubende Beschleunigung des Lebens die Poesie aus der Welt entschwinde:

»Satt laßt mich schaun vom Erdgetümmel
Zum Himmel, eh' es ist zu spät,
Wann, wie vom Erdball, so vom Himmel
Die Poesie still trauernd geht.

Verzeiht dies Lied des Dichters Grolle,
Träumt er von solchem Himmelsgraus,
Er, den die Zeit, die dampfestolle,
Schließt von der Erde lieblos aus.«

Vermutlich ist damals tatsächlich eine bestimmte Art von Poesie aus der Welt gegangen, die romantisch-idealistische, die (nach Kierkegaard) an jedem Erlebnis die Taufe der Vergessenheit vollzogen hat, um es der Ewigkeit der Erinnerung zu weihen,[3] nicht aber die Poesie überhaupt. Diese hat sich vielmehr im 19. Jahrhundert der neuen technisch-naturwissenschaftlichen Gegenstände und des ihnen zugrundeliegenden Denkens bemächtigt und Wirklichkeit, nicht mehr Wahrheit gesucht. So hat einer der jungen Realisten, Gottfried Keller, auch sogleich dem Romantiker geantwortet und in einem technikstolzen und zukunfts-optimistischen Text »An Justinus Kerner« den Sieg der Menschheit über nunmehr alle Elemente besungen, über das Wasser, die Erde und mit Hilfe des Feuers jetzt auch über die Luft:

»Dein Lied ist rührend, edler Sänger!
Doch zürne dem Genossen nicht,
Wird ihm darob das Herz nicht bänger,
Das, Dir erwidernd, also spricht:

Die Poesie ist angeboren,
Und sie erkennt kein Dort und Hier;
Ja, ging' die Seele mir verloren,
Sie führ' zur Hölle selbst mit mir.

Inzwischen sieht's auf dieser Erde
Noch lange nicht so graulich aus;
Und manchmal scheint mir, Gottes: Werde!
Ertön' erst recht dem ›Dichterhaus‹. [...]

Ich grüße dich im Schäferkleide
Herfahrend, – doch mein Feuerdrach'
Trägt mich vorbei, die dunkle Heide
Und deine Geister schaun uns nach!

Was deine alten Pergamente
Von tollem Zauber kund dir tun,
Das seh' ich durch die Elemente
In Geistes Dienst, verwirklicht nun.

Ich seh' sie keuchend sprühn und glühen,
Stahlschimmernd bauen Land und Stadt,
Indes das Menschenkind zu blühen
Und singen wieder Muße hat.

Und wenn vielleicht, nach fünfzig Jahren,
Ein Luftschiff voller Griechenwein
Durch's Morgenrot käm' hergefahren –
Wer möchte da nicht Fährmann sein? [...]«[4]

Schon Gottfried Keller also hat um die Mitte des 19. Jahrhunderts den Erfolg der modernen Technik mit jenen Menschheitsträumen in Verbindung gebracht, die in Märchen, Mythen und Sagen durch die Jahrhunderte tradiert wurden. Das 20. Jahrhundert hat dann die Realisierung dieser Träume und Visionen gebracht, da die moderne Wissenschaft Energien von unvorstellbarer Gewalt freigesetzt, die Konstanz der Elemente durchbrochen hat, in das Innere der Materie und sogar in das Innere des Lebens eingedrungen ist. Nicht die Geheimnisse der Welt, sondern deren rasche Entzauberung übersteigt das Fassungsvermögen der Menschen. Den Erfahrungswandel und seine Wirkung auf die Weltbilder können noch viele Mitlebende selbst zum Beispiel an der Lektüre von Jules Verne testen, dessen Bücher im 19. Jahrhundert die technischen Errungenschaften des 20. Jahrhunderts vorweg entworfen haben: die Mondreise, die rasche Fahrt rings um die Erde, die U-Boot-Technik. Nur eine seiner Visionen ist bisher nicht Realität geworden: »Voyage au centre de la terre« (1864), die Reise ins Erdinnere, das uns trotz Tiefbohrung, Schallmessung, Seismik und Tektonik noch verschlossen ist.

Um mir die Geschwindigkeit des Erfahrungswandels gegenwärtig zu halten, greife ich zur Geschichte der eigenen Familie und muß nur eine Generation zurückgehen: Mein Vater wurde im Januar 1900 geboren, er war also gerade sieben Monate alt, als der erste Zeppelin startete. Er war neun Jahre alt, als Blériot den Ärmelkanal überflog. Er war 14 Jahre alt, als in Europa jener neue dreißigjährige Krieg begann, der das 20. Jahrhundert zum blutigsten Jahrhundert der neueren Geschichte machte. Mit 18 Jahren trug er noch die kaiserliche Uniform, mit 22 Jahren erlebte er in der Inflation die Zerstörung der bürgerlichen Vermögen und des bürgerlichen Wertesystems. Mit 24 Jahren, als sich die Wirtschaft in Deutschland in der Ära Stresemann zu erholen und Deutschland europäisch zu werden schien, hat er geheiratet. Sein erstes Kind, mein Bruder, kam 1931 im Jahr der Weltwirtschaftskrise zur Welt, sein zweites, ich, vier Jahre später. 39 Jahre war er alt, als Hitler seinen Krieg begann, mit 45 Jahren hatte er ihn – eher zufällig – überlebt. Mein Vater war 53 Jahre alt, als Crick und Watson die Struktur des DNA-Moleküls, die Doppelhelix, beschrieben. Doch obwohl er ein eifriger Leser der populärwissenschaftlichen Zeitschrift »Kosmos« war, konnte er dieser Lektüre nicht entnehmen, welcher Umsturz im Reich der Wissenschaft und der Wirtschaft sich dadurch ereignete, daß nun nach Physik und Chemie auch die Biologie die Grenze zur wirtschaftlichen Verwertbarkeit ihrer Erkenntnisse zu überschreiten begann. Aufregender und spektakulärer war da schon das Jahr 1957, als die Russen mit dem Start des »Sputnik« genannten Satelliten das Zeitalter der Weltraumfahrt und zugleich das der Satellitenkommunikation eröffneten. Oder das Jahr 1961 – mein Vater war noch im Beruf – als Yury Gagarin am 12. April als erster Mensch im All in knapp eineinhalb Stunden die Erde umrundete. »Ich sah die Wolken und ihre leichten Schatten auf der fernen, lieben Erde. Für einen Moment erwachte in mir der Bauernsohn. Der vollkommen schwarze Himmel sah wie ein frischgepflügtes Feld aus, und die Sterne waren die Saatkörner«, so soll Yury Gagarin das von keinem Menschen vor ihm geschaute Antlitz des Kosmos beschrieben haben.[5] Am 13. August dieses denkwürdigen Jahres 1961 wurde – ein fataler Rückschritt im Zeitalter der Beschleunigungen – quer durch Berlin eine Mauer, »die« Mauer, gebaut, welche die sozialen Systeme der Welt, Kapitalismus und Sozialismus, voneinander auf Dauer trennen sollte. 1969 schließlich betrat der erste Mensch den Mond, 1989 fiel die Mauer. 60 Jahre nur waren zwischen dem ersten Kanalflug und der Landung der amerikanischen Raumfähre auf dem

Mond vergangen, kaum die Spanne eines Menschenlebens. Und die auf 100 Jahre gebaute Mauer hatte gerade einmal 28 Jahre überdauert.

2. Beschleunigung des Erfahrungswandels

Die Beschleunigung des Erfahrungswandels (so hat Reinhart Koselleck verdeutlicht), aber nicht nur des Erfahrungswandels, sondern inzwischen der Lebensvorgänge selbst, ist das zentrale Kriterium der Moderne. Diese Erfahrung ist in der Nachmoderne ins Extrem gesteigert und mündet in eine kaum faßbare Erfahrungsexplosion. Das Lebenstempo der großen Städte dieser Welt ist auch für geübte Reisende nur schwer zu ertragen. »Hurry up«, heißt es in New York, kaum daß der Kaffee ausgetrunken ist. »We need the place.« Und mit dem sich steigernden Lebenstempo geht das Vergessen einher: »›History is five years old‹, sagt eine kalifornische Redensart.«[6] Die heute in Kunst und Wissenschaft anzutreffende Konjunktur von Erinnerung und Gedächtnis, die seit der letzten Dekade des 20. Jahrhunderts zu ganzen Bibliotheken über Gedächtnis, Erinnerung und Vergessen geführt hat, ist somit das Pendant zu immer rascher entschwindenden, noch vor wenigen Jahren als selbstverständlich und verfügbar angesehenen Wissensbeständen, zu einem Verlust, der auch durch die Erschließung des virtuellen (das heißt nur im Computer existierenden) Speicherraumes nicht aufgewogen wird. Die Beschleunigungsturbulenzen eines radikalisierten Prozesses der Modernisierung, in denen wir leben, führen zu Erinnerungsverlusten, die nicht nur Traditionen verschütten, sondern jetzt einem Kontinuitätsbruch gleichkommen. Längst Gewußtes wird ohne Widerspruch als neu ausgegeben, tatsächlich Neues in seinem Wert nicht erkannt, Nachgeahmtes als grundlegend original empfunden. »Sind wir nicht immer mehr dem anonymen Druck einer richtungslosen Beschleunigung ausgesetzt, einer undurchsichtigen Mobilisierung unserer Lebenswelt?« fragte Johann Baptist Metz schon 1995. »Die Beschleunigungsverhältnisse, in denen wir in Europa leben [...], der überstürzte Wechsel im Verbrauch und in den Moden, auch den geistigen und kulturellen, macht unsere Identität fraglich.«[7] Ob wir das Problem des Gedächtnisses tatsächlich durch die Erfindung elektronischer Datenspeicher gelöst haben, ist zweifelhaft. Trotzdem dringt die von Hans Magnus Enzensberger geprägte Formel »gespeichert, das heißt vergessen« nur langsam in die Erfahrungswelt der Moderne ein. Die Beschleunigung des Erfahrungswandels, die Ausdifferenzierung aller Wertsysteme, die rationalistische Entzauberung der Dingwelten wirken sämtlich in eine schon von Theodor W. Adorno beschriebene Richtung: demnach tendieren bürgerliche Gesellschaften dazu, Erinnerung, Zeit und Gedächtnis dem Fortschrittsgedanken zu opfern, das heißt als eine Art von irrationalem Rest zu liquidieren.[8] Insofern ist die theorielose Datenexplosion moderner Lebenswissenschaften ein integraler Bestandteil dieser (inzwischen weltumspannenden) kulturellen Bewegung.

Zu einer zweiten Evolution allerdings wird (oder kann) diese Bewegung erst dort geraten, wo der manipulierende Eingriff des Menschen in das Innere des Lebens eine Evolutionsbeschleunigung bewirkt, welche das in Jahrmillionen entstandene Erbgut in Zeiträumen verändert, die sich den bisher bekannten Anpassungsgesetzen entziehen. Eine solche Beschleunigung aber wäre keine bloße Fortsetzung der modernen Erfahrungs-Akzeleration, sondern eine qualitativ neue Entwicklung. Sie würde zu Mutationen führen, welche sich auch die Science-Fiction-Literatur noch nicht vorzustellen vermag. Stephen Hawking, der theoretische Physiker, empfiehlt, ähnlich wie viele Naturwissenschaftler und Informatiker, die Lektüre der unterschiedlichen Science-Fiction-Formen. Diese Literatur nämlich sei allein fähig, uns an die Gedankensprünge zu gewöhnen, welche uns die rasante Entwicklung der modernen Wissenschaft zumutet. Nur an einem dramaturgischen

Detail der bekannten »Star Trek«-Serie des Fernsehens hat Hawking Kritik geübt: er glaube nämlich nicht, sagte er, daß die Menschen auch im vierten Jahrtausend noch so aussähen wie wir heute und die dort agierenden, von der Erde abstammenden Menschen. Dem evolutionsbeschleunigenden Eingriff in den Genotyp werde die Änderung des Phänotyps folgen, nicht in den nächsten hundert Jahren, aber vielleicht doch in tausend Jahren?

3. Das kollektive Gedächtnis der Menschheit

Wenn die moderne Naturwissenschaft, deren Fortschritt prozeßhaft oder – wie der Oxforder Kulturkritiker George Steiner betonte – »träge und ozeanisch«,[9] also nicht aufzuhalten ist, unter den Wogen dieses ihr eingeschriebenen Fortschritts auch Erinnerung und Gedächtnis begräbt, so sind Kunst und Literatur, als das immer abzurufende und immer präsente, kollektive Gedächtnis der Menschheit, das widerständige Gegengewicht zu dieser Bewegung. Der in sich erinnerungslose Fortschritt ist völlig auf dieses Gegengewicht angewiesen, damit ihm der Bezug zum Menschen, der allein ihm Ziel und Weg sein kann, nicht verlorengeht. Die Widerständigkeit dieser »anderen Form« des Denkens und Fühlens hat Steiner in der Frage zusammengefaßt, was denn der Fortschritt gegenüber Homer, Dante und Dostojevskij sei? »[Die Kathedrale von] Chartres altert nicht.«[10] Verstreut über den philosophischen Diskurs melde sich, meinte Johann Baptist Metz, ein solches »Grenzwissen« immer wieder. Er verweist dabei unter anderem auf Willi Oelmüllers »Philosophische Aufklärung« (1994) und auf Leszek Kolakowskis bemerkenswertes Paradoxon: »Es gibt zwei Umstände, deren wir uns immer gleichzeitig erinnern sollten: Erstens, hätten nicht die neuen Generationen unaufhörlich gegen die ererbte Tradition revoltiert, würden wir noch heute in Höhlen leben; zweitens, wenn die Revolte gegen die ererbte Tradition einmal universal würde, werden wir uns wieder in den Höhlen befinden.«[11]

Im Unterschied zu den Naturwissenschaften, die auf das Einzelne und das Spezielle gerichtet sein müssen, um ihren Auftrag zu erfüllen, versuchen Kunst und Literatur noch immer das Ganze oder zumindest »ein Ganzes« zu beschreiben, den Versuch des Menschen, die Welt sich anzuverwandeln, auch wenn er sie längst als ganze nicht mehr denken kann. Die Wissenschaft befördert den Zerfall von Welt- und Menschenbildern im gleichen Maße, in dem Kunst und Literatur versuchen, solche Welt- und Menschenbilder herzustellen. Verbindung – haben schon die Autoren des frühen 19. Jahrhunderts erkannt – ist die Arbeitsweise der Kunst, Trennung die der Wissenschaft. Der Abstand zwischen den von menschlicher Rationalität geschaffenen Möglichkeiten der Weltveränderung und dem Bewußtsein solcher Möglichkeiten, des Heilens ebenso wie des Zerstörens, wird im gleichen Maße größer, in dem die explosionsartige Ausdehnung aller Menschen- und Welterfahrungen die Begreifbarkeit verhindert. Da sich die Naturwissenschaften, das heißt die durch Physik, Chemie und Biologie gewonnenen Erkenntnisse (die mathematischen ohnehin), ins Unvorstellbare und Abstrakte (also das Nicht-Anschauliche) hinein entwickelt haben,[12] ist die »lebendige Berührung mit dem Ganzen«, wie sie die seit Jahrtausenden unveränderten Sehnsüchte des Menschen erhoffen, an jenen Bruchzonen angesiedelt, an denen Kunst, Literatur und – Religion tätig sind.

Längst zwar werden die kollektiven Bilder der Schöpfung, des Menschen und der Welt nicht mehr allein von Kunst und Literatur geprägt, doch sind Kunst und Literatur noch immer seismische Instrumente, welche Brüche und Verwerfungen, eruptions- und bebengefährdete Zonen in der Tektonik der hochindustrialisierten Welt und der Mentalität ihrer Gesellschaften anzeigen. Wissenschaftler, die wissen wollen, wo sie ihre Ergebnisse kulturell und sozial einzuordnen haben, damit sie nicht verlorengehen und von kollektiven Ängsten verschlungen werden, werden die Äußerungen des ästhetisch-humanen Denkens kontinuierlich verfolgen. Sie werden an den nicht leicht zu lesenden und der Auslegung bedürftigen Gedächtnisfiguren erkennen, wie weit sie sich selbst von jenem sozialen Ganzen entfernt haben, in das Wissenschaft einzubetten ist, wenn sie die Grundlagen ihrer Existenz bewahren möchte. Auch darauf, auf die sozialen Bedingungen des Denkens, hat George Steiner hingewiesen: »Das umgebende Klima kulturell-gesellschaftlicher Verschiebungen, der ›Relativität‹ sowohl im technischen, Einsteinschen Sinne als auch in demjenigen moralischer und ästhetischer Werte hat einen großen Teil der Atomtheorie, des Unschärfeprinzips, der Komplementarität hervorgebracht, welche in den zwanziger und dreißiger Jahren des 20. Jahrhunderts mit unglaublicher Geschwindigkeit aus dem Boden schossen. Insbesondere läßt sich schwer vorstellen, daß ein Unschärfeprinzip hätte behauptet werden können, bevor infolge der Katastrophe von 1914-1918 die Zuversicht und der rationale Determinismus in menschlichen Angelegenheiten zusammengebrochen waren.«[13] Dieses Verhältnis von Sozial- und Denkgeschichte ist grundsätzlich unerforscht. Daß es ein solches Verhältnis aber gibt, daß es die Entwicklung von Hochkulturen begleitet, scheint mir außer Zweifel zu stehen. Niels Bohr, dessen physikalisches Institut in Kopenhagen in den zwanziger und dreißiger Jahren des 20. Jahrhunderts eine Art von Genie-Schmiede gewesen ist, in der sich die künftigen Nobelpreisträger gleichsam drängten, hat in einem häufig zitierten Wort nicht nur das Verhältnis von Kunst und Wissenschaft, sondern auch dieses hier gemeinte Verhältnis von Sozial- und Denkgeschichte schlagzeilenartig zusammengefaßt. Da seine Wissenschaft, sagte er, nicht von der Natur handle, sondern von dem, was Menschen über die Natur aussagen könnten, würden literarische Techniken zu einem wichtigen Bestandteil der Physik.[14] In dieser Arbeitsgruppe, in der so ausgeprägte Individualitäten so vieles Einzelne und Hochspezielle und Weiterführende dachten und diskutierten und entdeckten, hat Niels Bohr die einsame und freie Denkbemühung eingebettet in ein die Grenzen der Physik weit überschreitendes Gruppengespräch, das man mit einem romantischen Terminus fast ein »Kunstwerk der Geselligkeit« nennen könnte. In diesem Sinne hat der Physiker Wolfgang Paul (im Gespräch mit mir) sein Fach eine »ambulante Wissenschaft« genannt.

4. Der Einbruch der Poesie in die Welt der Fakten

Es geht also nicht um gesellschaftliche Kontrolle von Wissenschaft, nicht um Begrenzung und Bedingung des wissenschaftlichen Denkens, das grundsätzlich frei und ungebunden bleiben muß. Es geht vielmehr um die komplexen Bedingungen des Lebens, die vielleicht nicht für die Wissenschaft, aber doch für den einzelnen und die einzelne, welche Wissenschaft betreiben, genau so existieren wie für Menschen, die keine Wissenschaft betreiben. Es geht um eine gemeinsame Aufgabe, darum, die sich immer breiter öffnende Kluft zwischen dem wissenschaftlichen Erkenntnisfortschritt und dem komplexen Lebendigen in täglicher Bemühung zu verringern. Solange nämlich die wissenschaftliche Rationalität nicht mit Kunst und Literatur Wege in tiefere Bewußtseinsschichten des Menschen findet, solange Entdeckergeist und Erfinderfreude von der stummen Angst und dem lauten Entsetzen einer ständig wachsenden Zahl wissenschaftsskeptischer Menschen begleitet werden, kann die Wissenschaft sich nicht in der Freiheit entwikkeln, die sie zu ihrer vollen Entfaltung braucht. Doch auch die Umkehrung dieses Satzes ist richtig: Solange Schriftsteller und Künstler ihre erste Aufgabe darin sehen, das Angstgedächtnis der Menschheit zu sein und den Untergang eigener Vorstellungswelten als den Untergang der Welt zu verkünden, wird der universale Anspruch des ästhetischen Denkens weiter an Geltung und Kraft verlieren. Wissenschaftliche und ästhetische

Kultur einander zu nähern, miteinander ins Gespräch zu bringen scheint mir eine Aufgabe von Gewicht. Dort, wo diese Aufgabe ernst genommen wird, wird der Streit um Wissenschaft als Lebensform, um die kulturelle und soziale Bedeutung von Wissenschaft und damit auch um ihre Förderung und ihre Finanzierung nicht in jenen grundsätzlichen ethischen Streit ausarten, in dem wir uns gegenwärtig festgebissen haben. Es ist ein Streit, den Ethikräte nun einmal nicht schlichten können.

Hans Magnus Enzensberger hat in seinem Buch »Die Elixiere der Wissenschaft« (2002), dem er nicht zufällig einen an den phantastischen Dichter E. T. A. Hoffmann anklingenden Titel gegeben hat, einen anderen Weg eingeschlagen als die Science-Fiction-Literatur oder jene von Carl Djerassi so genannte Science-in-Fiction-Literatur,[15] in der alle wissenschaftlichen Details der Realität entsprechen, aber in einen erzählerischen Zusammenhang eingebettet sind. Enzensberger hat vielmehr die Poesie in der Wissenschaft aufgesucht und damit den vielen einsam entgleitenden Denkrichtungen ein (klassisch zu nennendes) Angebot gemacht: ihre Osmose in dem, was den Menschen noch immer (stammesgeschichtlich) von seinen tierischen Vorfahren unterscheidet: dem Sinn für das Schöne. Enzensbergers lyrische und prosaische »Seitenblicke« in die Wissenschaft und ihre Geschichte, mit kritischen und öffentlich heftig debattierten Höhepunkten in Aufsätzen wie »Das digitale Evangelium« und »Putschisten im Labor«, mündet in ein Postskriptum: »Die Poesie der Wissenschaft«.[16] Darin wird zwar die Poesie als ein »minoritäres Medium« bezeichnet, während »die Naturwissenschaften zur kulturellen Supermacht aufgestiegen« seien, doch scheint ihm die erkenntnisleitende Funktion der metaphorischen Rede, deren sich (auch) die Naturwissenschaften zur sprachlichen Darlegung und zur Diskussion ihrer Ergebnisse bedienen, als der versteckte Einbruch der Poesie in die nur scheinbar in sich geschlossene Welt der »Fakten«. Zwar tut Enzensberger die in neuerer Zeit forcierten Versuche, dem Sprachzwang in den experimentellen Wissenschaften (durch Datenanzüge und Datenhandschuhe) zu entkommen, etwas schnell ab, doch ist seine These, wonach es keinen Fortgang der Forschung ohne »sprachliche Überlieferung« gebe, wenigstens für den geschichtlichen Augenblick (noch) wahr. Mit der metaphorischen Rede, dem Instrumentarium jeder wissenschaftlichen Erzählung, bricht die Phantasie, die Poesie, das schlechthin Flüchtige und Ungreifbare in die rational geordnete Welt der Forschung ein. So ist Enzensberger Behauptung, »daß die avancierteste Wissenschaft zur zeitgenössischen Form des Mythos geworden« sei, nur schwer zu widersprechen. »Gleichsam hinter dem Rücken ihrer eigenen Ideologie kehren in ihren Konzeptionen, von den meisten Forschern unbemerkt, alle Ursprungsfragen, Träume und Alpträume der Menschheit in neuer Gestalt wieder. Ihre Metaphern sind nur der sprachliche Ausdruck dieser Mythenproduktion.« Damit ist die »Einbildungskraft«, jenes schon von Kant, von Goethe, den Romantikern umrätselte, kultivierte und kritisierte, ideenwirkende und textschaffende Vermögen des Menschen, das durch die Jahrtausende hindurch, von den frühesten Höhlenzeichnungen und der Erfindung des ersten Werkzeugs bis zur abstrakten Malerei und der Satellitentechnologie erhalten geblieben ist, ein, wenn nicht sogar das verbindende Element von Wissenschaft und Kunst. Diese Einbildungskraft ist ein Merkmal der Spezies Mensch und deshalb in unterschiedlichsten Variationen immer gleich wirksam, in Kunst und Literatur ebenso wie in der Wissenschaft. »Letzten Endes kann es der Welt gleichgültig sein, wo sich die Einbildungskraft der Spezies zeigt, solange sie nur lebendig bleibt.«[17]

So wird auch Durs Grünbeins Zutrauen verständlich, der den Angriff auf den Menschen, wie er heute, nicht in der Absicht des einzelnen Forschers oder der einzelnen Forscherin, aber in der Tendenz bestimmter Forschungsentwicklungen erkennbar ist, für »machtlos« hält. Grünbein ist einer der sprachmächtigsten Vertreter jener »intelligiblen Dichtung«, die Enzensberger wieder erstehen sieht. Er macht sich die von Friedrich Schlegel als p^2 bezeichnete Poesie zu eigen, welche die Evolutionsidee in der Literatur bezeichnet. »Poesie im Quadrat, das hieß nun: totale Selbstkontrolle beim Schreibprozeß. Den Spieltrieb ein für allemal an die Leine der Reflexion zu legen. Die Dichtung der Zukunft sei grundsätzlich intelligibel, oder sie werde gar nicht mehr sein. [...] Es seien die Naturwissenschaften, die ignoriert hätten, daß auch Poesie unters Energieerhaltungsgesetz falle [...].«[18] Mit diesen für die Zukunft der Poesie zuversichtlichen, aber auch ein wenig selbstironischen Überlegungen endet Grünbeins (fingiertes) Tagebuch des Jahres 2000: »Das erste Jahr. Berliner Aufzeichnungen«. Es ist das erste Jahr des neuen Millenniums, das mit einem »romantischen« Gespräch über die Poesie in freundschaftlicher Geselligkeit zu Ende geht, es ist zugleich das erste Lebensjahr von Vera, der Tochter des erzählenden und reflektierenden Ich. Daher ist das Buch durchzogen von jenen freundlichen Versen, die im folgenden Jahr (2002) in einem Inselbändchen mit dem Titel »Una storia vera« gesammelt wurden.[19] Der Antrieb zu diesen Versen war »keineswegs Affenliebe, sondern? – Anthropologie«. Anthropologie, in Auseinandersetzung mit den, um mit Friedrich Schlegel zu sprechen, »größten Tendenzen des Zeitalters«, ist auch der Schlüssel zu Grünbeins »Das erste Jahr«. Und natürlich gehört Wissenschaft zu den »größten Tendenzen des Zeitalters«, eine Wissenschaft, die hoffnungsvolle, aber, auf dem Weg von der Gewebezüchtung zum Homunculus, auch furchterregende Möglichkeiten in sich birgt, eben jene Entwicklungsbeschleunigung, welche Geburt und Zeugung eliminiert und eine künstliche Schöpfung an deren Stelle setzt. »Endlich ist sie wieder in Gang gekommen, die schwere Arbeit der Menschheit an der ganz großen, der völkerverbindenden Katastrophe. [...] Weil aus dem Uterus das Naturgesetz folgt, alles Leben als Geborenes definiert ist und mit ihm Familie und Gesellschaft, wird die Gefahr einer künstlichen Schöpfung buchstäblich namenlos sein. Wir wissen ganz einfach nicht, was uns erwartet. Einmal der Natur ins Handwerk gepfuscht, nie wiedergutzumachen. Einmal enteignet, wächst sie uns über den Kopf. So wird Genetik zum Motor der Anomie.«[20]

Gegenüber dem hier aufgerufenen, mythischen Menschheits-Gedächtnis nützt es nichts, die Überlegenheit der wissenschaftlich angeblich besser Informierten auszuspielen und darauf hinzuweisen, daß alle diese Möglichkeiten in der Realität des Forschungsalltags noch meilenweit entfernt liegen. Wenn das Denken des Menschen sich erst einmal in solchen Vorstellungen einer künstlichen Schöpfung eingenistet hat, wird es Schritt für Schritt vorangehen, um die erdachten Möglichkeiten zu realisieren. Denn es gilt ja doch scheinbar das Glück des Menschen: die völlige (auch soziale) Gesundheit, den makellosen Körper, das lebenswerte Altern, ein 200 Jahre dauerndes Leben, einen schmerzfreien Tod? Erschreckend war an Weihnachten 2002 nicht die Meldung von der Geburt des ersten menschlichen Klonbabys, sondern die Reaktion der seriösen Wissenschaft auf diese Propagandameldung einer obskuren Sekte. Statt Lachen und Kopfschütteln artikuliertes Entsetzen! Die Realisierung eines menschheitlichen Alptraumes wurde demnach für möglich gehalten. Insofern ist es kein Beitrag zur Science-Fiction-Literatur, wenn Grünbein die wissenschaftlichen Vorstellungen von Realität einfach konsequent weiterdenkt: »Als zoologisches Geschöpf kann der Mensch nur überleben, indem er sich immer neu definiert und nach dem letzten Evolutionsstandard aktualisiert, wie es die Anthropologie lehrt. Sobald er aufhört, sich zu verändern, ist er zum Aussterben verurteilt. [...] Die Beschleunigung, mit der er die Schöpfung in seine Geschichte hineinreißt, erfaßt ihn am Ende selbst als Drohung baldiger Ausrottung. [...] Keine Frage, auch nach dem Aussterben des Menschen wird es noch menschenähnliche Wesen geben. Nur wird keiner von denen, die dann entfernte Planeten besiedeln, je mehr verstehen, worum unseresgleichen damals geweint hat hier. Eine der Lehren aus der Evolution, vielleicht die bitterste, ist ja: es gibt kein Organ für die absoluten Verluste.«[21]

Noch Wolfgang Hildesheimer hat 1983/84 vor dieser Erkenntnis (öffentlichkeitswirksam) resigniert, sich vom Schreiben, das ihn stets aufs neue mit Fortschritten konfrontiert hat, die dem Verlust des tradierten Menschenbildes galten, in die Malerei, die ästhetizistische Collage gerettet. Manche tun es ihm heute nach. Für den jüngeren Autor aber ist die gleiche Erkenntnis die Herausforderung seines Lebens und der reflektierte Ausgangspunkt seines Werkes. Stoff zum Nachdenken! Denn es gibt keine einfache Lösung. Die Weltbilder und darin eingeschlossen auch die Menschenbilder sind im Fluß. Wenn nicht nur alle Lebewesen einen gemeinsamen genetischen Code haben, sondern auch die Trennung zwischen Information und Wirklichkeit aufgehoben werden muß, ist die Frage nach dem Geheimnis des Lebens, nach dem von Einstein so benannten »großen Schleier« vor dem »Kern der Dinge« vielleicht doch eine Frage, die wissenschaftlich nicht beantwortet werden kann?[22]

Anmerkungen

1 Stefan Zweig: Die Welt von gestern. Erinnerungen eines Europäers. Frankfurt am Main 1947, S. 228. Das folgende Zitat von Stefan Zweig ebd. S. 229. Die genannte Verdüsterung bezieht sich auf die Zeit der Weltkriege 1914 bis zu Stefan Zweigs Freitod 1942.

2 Wolfgang Frühwald (Hg.): Gedichte der Romantik. Stuttgart 1984, S. 288f. Erstdruck des Gedichtes 1845. Das folgende Zitat ebd.

3 Vgl. Theodor W. Adorno: Zum Gedächtnis Eichendorffs. In: ders.: Noten zur Literatur I. Frankfurt am Main 1958, S. 134.

4 Gottfried Keller: Erwiderung auf Justinus Kerner's Lied: Unter dem Himmel. In: Kai Kaufmann (Hg.): Gottfried Keller. Gedichte. Frankfurt am Main 1995, S. 154-157. Kellers Antwort-Gedicht hat insgesamt neun Strophen. Die Handschrift des Gedichtes ist auf den 3. November 1845 datiert.

5 Zitat bei Christa Wolf: Der geteilte Himmel. Erzählung. München 1973, S. 143.

6 Durs Grünbein: Aus der Hauptstadt des Vergessens. Aufzeichnungen aus einem Solarium. In: FRANKFURTER ALLGEMEINE ZEITUNG. Bilder und Zeiten, 7. März 1998. Zitiert bei: Aleida Assmann: Erinnerungsräume. Formen und Wandlungen des kulturellen Gedächtnisses. München 1999, S. 404. Vgl. auch Durs Grünbein: Das erste Jahr. Berliner Aufzeichnungen. Frankfurt am Main 2001, S. 252: »Die Stadt als Termitenhaufen, das ist New York, Urbanität in höchster Konzentration: Leben und Sterben, Weltruhm und tiefste Verlorenheit, alles dicht ineinanderverschlungen auf wenigen Quadratkilometern Bühnenfläche.«

7 Johann Baptist Metz: Zwischen Erinnern und Vergessen. Der Christ im Umgang mit der Geschichte. In: Maximilian Liebmann, Erich Renhart, Karl Matthäus Woschitz (Hg.): Metamorphosen des Eingedenkens. Gedenkschrift der Katholisch-Theologischen Fakultät der Universität Graz 1945-1995. Graz, Wien, Köln 1995, S. 26.

8 Vgl. dazu Jan Assmann: Das kulturelle Gedächtnis. Schrift, Erinnerung und politische Identität in frühen Hochkulturen. München 1992, S. 85.

9 George Steiner: Grammatik der Schöpfung. München 2001, S. 222. 10 Ebd. S. 258 ff.

11 Metz, S. 32.

12 Vgl. dazu Carl Friedrich von Weizsäcker: Zum Weltbild der Physik. Leipzig 2002, S. 48 ff.

13 Steiner, S. 222.

14 Vgl. u. a. Anton Zeilinger: Einsteins Schleier. Die neue Welt der Quantenphysik. München 2003, S. 213; Hans Magnus Enzensberger: Die Elixiere der Wissenschaft. Seitenblicke in Poesie und Prosa. Frankfurt am Main 2002, S. 273.

15 Carl Djerassi: Cantors Dilemma. München 1996 (englischsprachige Erstausgabe 1989).

16 Dieser Aufsatz Enzensbergers, in dem seine Sammlung »Die Elixiere der Wissenschaft« gipfelt, findet sich a.a.O. S. 261-276. Ihm sind die nachfolgenden Zitate entnommen.

17 Enzensberger, S. 274. Vgl. dazu auch Jochen Schulte-Sasses Artikel »Einbildungskraft/Imagination« in: Ästhetische Grundbegriffe. Historisches Wörterbuch in sieben Bänden. Bd. 2. Stuttgart und Weimar 2001, S. 88-120.

18 Grünbein: Das erste Jahr, S. 328.

19 Durs Grünbein: Una Storia Vera. Ein Kinderalbum in Versen. Frankfurt am Main 2002 (Insel-Bücherei Nr. 1237).

20 Grünbein, Das erste Jahr, S. 121 f.

21 Ebd. S. 177.

22 Vgl. dazu Zeilinger, S. 213 das Kapitel »Information und Wirklichkeit«.

Wolfgang Frühwald

Sternenstaub – Zum wissenschaftlichen Weltbild am Beginn des 21. Jahrhunderts

Vorbemerkung

Wenn Literatur tatsächlich, wie behauptet wird, das kollektive Gedächtnis der Menschheit spiegelt, erfahren wir beim Vergleich der Literatur der achtziger Jahre des 20. Jahrhunderts mit der Literatur am Ende dieses Jahrhunderts eine überraschende Tatsache. Damals, in den achtziger Jahren, war die Literatur angefüllt mit Untergangsvisionen und apokalyptischen Szenarien. Von Uwe Johnson, Max Frisch und Friedrich Dürrenmatt, von Wolfgang Hildesheimer, Christa Wolf und Umberto Eco bis zu William Golding und Mario Vargas Llosa schien es nur noch eine Frage der Zeit zu sein, wann der Mensch die Erde verlassen werde, der Untergang stand unmittelbar bevor.[1] Die Dinosaurier, jene Herrentiere, welche in einer erdgeschichtlich kurzen Zeit von der Erde getilgt waren, schienen Vorbild auch für das Schicksal des Menschen zu sein. Am Beginn des 21. Jahrhunderts scheint dagegen die Zeit der Katastrophenstimmungen vorüber und nicht einmal gehäuft auftretende wirkliche Katastrophen können die Menschen in ihrer Zukunftserwartung beirren. Noch wissen wir zwar nicht, welche Zukunft wir haben werden, aber *daß* wir eine Zukunft haben werden, ist (auch den neuen Katastrophenfilmern) nicht zweifelhaft. Man könne, sagt Hugo Loetscher, dem 20. Jahrhundert, dem blutigsten in der Folge der neueren Jahrhunderte, vieles vorwerfen, »eines muß man ihm zugutehalten, es hat das einundzwanzigste möglich gemacht«, obwohl es lange Zeit nicht so ausgesehen hat.[2] Das neue Jahrhundert wird diese Überlebensqualität erst noch beweisen müssen – und seit dem 11. September 2001 sind die Aussichten wieder düsterer geworden. Insgesamt aber hat sich die Dinosaurier-Mode rasch gewandelt. Nicht nur als Spieltiere und Gummibonbons sind die »Dinos« heute verbreitet, der Film berichtet statt von ihrem Untergang von ihrer Wiedererweckung, durch eben jene Gentechnik, der Wolfgang Hildesheimer noch 1983/84 die Zerstörung der bewohnbaren Erde zugetraut hat. Wer etwa den Film »Schindlers Liste« mit der älteren »Holocaust«-Serie aus den USA vergleicht, den vielfach preisgekrönten Film »Titanic« mit den Katastrophenfilmen der achtziger Jahre, wird sogleich bemerken, daß es sich bei den neueren Produktionen um Rettungsgeschichten handelt, nicht um Untergangsszenarien. Das Jahrhundertende, sofern es sich mit Katastrophenängsten, Untergangsvisionen und Endzeitvorstellungen verbindet, ist schon seit dem Ende der achtziger Jahre vorbei, das 21. Jahrhundert liegt offen und für viele Länder und Kulturen (außerhalb der europäischen Depression) auch hoffnungsfroh vor uns.

An der Erfahrung der Zeitbeschleunigung, der wir in Moderne und Nach-Moderne alle unterliegen, hat nicht zuletzt die Wissenschaft Anteil, die seit rund 40 Jahren nicht nur zu einem ökonomischen Faktor ersten Ranges geworden ist, sondern in Theorie, Methode und Experiment am Beginn des Jahrhunderts einen Aufbruch erlebt, wie er vielleicht nur alle 500 Jahre einmal zu verzeichnen ist. Dieser Aufbruch wird – so jedenfalls lehrt es die Geschichte der Revolutionen, auch und gerade die der wissenschaftlichen – kulturrevolutionäre Folgen haben, so daß es gut ist, ihn wenigstens in Ausschnitten zu kennen. Die Skizze dieses Aufbruchs, die ich zu geben versuche, legt keinen Wert auf Vollständigkeit und keinen Wert auf wissenschaftliche Sprache. Ich versuche, die einer Explosion gleichende Entwicklung von Forschung und Wissenschaft am

Beginn des neuen Jahrtausends zu *erzählen* und nehme dabei Lücken und Unschärfen, um der Erzählbarkeit willen, in Kauf.

1. Die Dekade der Maus

Daß wir am kalendarischen Ende des 20. Jahrhunderts in einer »Dekade des Gehirns« (*decade of the brain*) lebten, ließen wir uns einige Jahre gerne gefallen. Schließlich ist das Gehirn ein anerkannt edler Bestandteil unseres Körpers, den wir sicher nicht immer so nutzen, wie es möglich wäre, der aber seit Juni 1997 auch durch die Gesetzgebung des Deutschen Bundestages geadelt ist. Alle – durch neue absehbare Entwicklungen rasch wieder hinfällig werdenden[3] – Diskussionen um das sogenannte Hirntodkriterium nämlich, das bei der Intensiv- und der Transplantationsmedizin eine so große Rolle spielt,[4] sind von der Vorstellung getragen, daß sich die den Menschen zum Menschen machenden Vorgänge im Gehirn abspielen und vom Gehirn aus gesteuert werden. Daß der Mensch tot ist, wenn seine Gehirntätigkeit vollständig und irreversibel ausgefallen ist, haben wir seit 1997 auch in Gesetzesform gegossen und alle volkssprachlichen Bilder vom »letzten Hauch«, vom »letzten Atemzug«, vom »letzten Muckser«, vom »letzten Zappler« und vom »letzten Herzschlag« sind nun als unwissenschaftlich abgetan und durch das eher abstrakt-wissenschaftlich bestimmbare Kriterium des irreversiblen Ausfalls der Gehirntätigkeit ersetzt. Der hirntote Mensch aber, so der Gesetzgeber, wird dann nur noch als ein Organbehältnis angesehen, dessen übrige Körperfunktionen durch technisch-mechanische Mittel ersetzt werden dürfen, weil die einzelnen Organe eines so als tot erklärten Menschen (mit seiner oder seiner Angehörigen Zustimmung) entnommen und schwer kranken anderen Menschen lebensrettend eingepflanzt werden dürfen. Daß der Deutsche Bundestag dann über eine so weitreichende Verfügung über unser Leben und unser Sterben, unseren Leib und seine Organe repräsentativ demokratisch abgestimmt hat, so daß wir durch Mehrheitsbeschluß des Parlamentes jetzt zu wissen meinen, wann der Mensch tot ist und ob es einen auch leiblichen Prozeß des Sterbens und des Abschiednehmens gibt oder nicht, berührt selbst dann sonderbar, wenn die Bundestagsdebatte über das Organtransplantationsgesetz am 25. Juni 1997 mit großem Ernst (ohne Fraktionszwang) geführt wurde und insgesamt eine (auch in der Stammzellen-Debatte nicht wiederholte) Sternstunde dieses Parlamentes gewesen ist. Die Politik ist uns mit diesem Gesetz buchstäblich »auf den Leib gerückt«, so nahe wie bei keinem anderen Gesetz zuvor. Die Gentechnik-Debatte des Deutschen Bundestages im Juni 2001 war eine ähnlich verantwortungsbewußte Debatte, doch da es nicht um ein Gesetz ging, sind ihre Wirkungen rasch verpufft. Und die Expertenkulturen, von denen Jürgen Habermas meint, daß sie sich meist so arrogant von unserem Alltagshandeln abschließen, greifen nun im politischen Streit um enge oder weite Zustimmungsregelungen, im Streit um die Gültigkeit von Patientenverfügungen, um den Lebensanfang bei der Gametenverschmelzung oder erst bei der Nidation, in das Leben und das Sterben jedes einzelnen ein.

Inmitten der »Dekade des Gehirns« aber erschien dann eine »Dekade der Maus« (*decade of the mice*), und wir wußten nicht, was wir davon halten sollten. Die literarisch gebildeten oder halbgebildeten Menschen wissen zwar zumindest aus der Lektüre von Thomas Mann, daß der Gehirnstand von Ratte und Maus dem des Menschen sehr ähnlich ist. Mit dem Gehirn des Schweines steht es ebenso, doch meint vermutlich die berühmte Verszeile Gottfried Benns: *Die Krone der Schöpfung, das Schwein, der Mensch* –[5] anderes und Schlimmeres. Immerhin sind Schweine heute die Modelltiere der Xenotransplantation, an ihren Organen wird die Verträglichkeit tierischer Organe im menschlichen Körper erprobt. Daß einmal Ratten und Mäuse zu Modelltieren der Krankheitsursachen-Forschung avancieren würden, haben sich Felix Krull und sein Lübecker Schöpfer Thomas Mann, hat sich auch der Berliner Facharzt für Haut- und Geschlechtskrankheiten Gottfried Benn nicht träumen lassen. Doch hat gerade Benn das Wort »Gen« am Anfang von dessen Weltkarriere in die Poesie gerettet. 1953 begann mit der Beschreibung der Doppelhelix in der Zeitschrift »Nature« das Zeitalter der Molekularbiologie und der daraus folgenden Gentechnik; auf den 6. Januar 1956 hat Gottfried Benn sein letztes Gedicht »Kann keine Trauer sein« datiert, in dem der Tod des Menschen (auch der des schöpferischen Künstlers) als die natürliche Folge der Evolution beschrieben wird und im Abweisen der Trauer die Fähigkeit zur Trauer als das eigentlich Menschliche präsent ist:

»In jenem kleinen Bett, fast Kinderbett, starb die Droste
(zu sehn in ihrem Museum in Meersburg),
auf diesem Sofa Hölderlin im Turm bei einem Schreiner,
Rilke, George wohl in Schweizer Hospitalbetten,
in Weimar lagen die großen schwarzen Augen
Nietzsches auf einem weißen Kissen
bis zum letzten Blick –
alles Gerümpel jetzt oder garnicht mehr vorhanden,
unbestimmbar, wesenlos
im schmerzlos-ewigen Zerfall.

Wir tragen in uns Keime aller Götter,
das Gen des Todes und das Gen der Lust –
wer trennte sie: die Worte und die Dinge,
wer mischte sie: die Qualen und die Statt,
auf der sie enden, Holz mit Tränenbächen,
für kurze Stunden ein erbärmlich Heim.

Kann keine Trauer sein. Zu fern, zu weit,
zu unberührbar Bett und Tränen,
kein Nein, kein Ja,

Geburt und Körperschmerz und Glauben
ein Wallen, namenlos, ein Huschen,
ein Überirdisches, im Schlaf sich regend,
bewegte Bett und Tränen –
schlafe ein!«[6]

Seit die berühmte Harvard-Maus hergestellt wurde, das heißt eine Maus, »die genetisch so verändert wurde, daß sie immer und unweigerlich an Krebs erkrankt, wobei die Art des Krebses davon abhängt, in welches der an die hundert Krebsgene eingegriffen wird«,[7] avancierte die Labormaus – das war früher ein Wort aus dem sexistischen Vokabular männlich bestimmter Arbeitswelten – zu einem Modellorganismus, an dem erblich bedingte Krankheiten des Menschen erzeugt, in ihrer Entstehung und ihrem Verlauf erforscht und – vielleicht einmal – auch geheilt werden können. Unterschiedliche technisch hervorgerufene Gendefekte erzeugen unterschiedliche Krankheiten, Krebs, Diabetes, die Alzheimersche Krankheit, und wer eine jeweils neue *knock-out*-Maus (also eine Maus, bei der ein Gen ausgeschaltet ist) herstellt, zu dem wallfahrten die Forscher aus aller Welt. Daß die dem Menschen in seiner Gen-Ausstattung und nach der Zahl der etwa 3 Milliarden Erbbausteine so nahe verwandte Maus[8] uns einmal werde helfen können, einer der größten Menschheitsgeißeln, den Krebserkrankungen, auf die Spur zu kommen, ist allen Unkenrufen zum Trotz einer der großen Durchbrüche der biomedizinischen Forschung. Dieser Durchbruch geschah in dem Augenblick, in dem der von dem amerikanischen Präsidenten Richard Nixon seinerzeit ausgerufene dreißigjährige Krieg gegen den Krebs schon verloren war, weil in diesen dreißig Jahren intensiver Krebsforschung die Zahl der Krebstoten statistisch nochmals angewachsen, nicht gesunken war. Mit Mäusen und Ratten als Modelltieren für komplizierte menschliche Krankheiten und Krankheitsverläufe stehen wir vor einer inhaltsschweren medizinischen Revolution. Wir haben die Möglichkeit, in genveränderten Säugetieren Modelle menschlicher Krankheiten (monogener und polygener Krankheiten) herzustellen, um die komplexen Systeme des menschlichen Oganismus, zum Beispiel das Nerven- oder das Immunsystem, zu erforschen. Auf den weißen Labormäusen ruhen die Hoffnungen von vielen Tausenden todgeweihter Menschen. Mehrere hundert auf Gentechnik beruhende Pharmaka sind weltweit in Erprobung, 300 davon werden bereits klinisch getestet, rasche Erfolge sind allerdings nicht zu erwarten, die Krankheitsursachen-Forschung steht erst am Anfang ihrer Entwicklung.[9] Ob sie für diese Entwicklung tatsächlich embryonale, menschliche Stammzellen braucht, also den Weg in die verbrauchende Forschung an menschlichen Embryonen gehen muß, ist eine umstrittene und nicht bewiesene These einer Gruppe von Forschern, die auf das schnelle Wachstum dieser Stammzellen baut.

Das Jahrzehnt der Maus war nicht zufällig in die Dekade des Gehirns eingelagert, weil nämlich offenkundig aus der Verbindung von Neurobiologie, Neurophysiologie, Entwicklungsbiologie und Genetik ein neues Wissenschafts-Paradigma entsteht, das sich einer zusammenhängenden Theorie nicht mehr verweigern könnte, wenn denn eine solche Theorie angestrebt würde. Wenn die Bildung einer solchen Theorie gelänge, würde sie tief auch in die Geheimnisse der Sozial- und Geisteswissenschaften eindringen. »Eine allgemeine Theorie des evolutiven Wandels zu entwerfen«, meint Rüdiger Wehner, »rückt in den Bereich des Möglichen. Gleichzeitig dürften sich damit die Gewichte in Jacques Monods *Le Hasard et la Nécessité* ein wenig mehr zum Notwendigen hin verschieben.«[10] Angesichts dieser Perspektive der Wissensentwicklung aber ist die verbreitete These vom baldigen Forschungsende, weil alles schon erforscht oder auch »überforscht« sei, eine lächerliche Reprise der Situation, die schon Ende des 19. Jahrhunderts einmal diskutiert wurde. Als sich nämlich Max Planck 1880, mit 22 Jahren, für das Fach Theoretische Physik habilitierte, gab es in Deutschland gerade zwei Lehrstühle seiner Disziplin.

Es sei, meinten Plancks Mentoren, in seinem Fach alles längst erforscht, neue Ergebnisse könne man nicht mehr erwarten. Und mit Max Planck hat die moderne Physik erst begonnen. Der Theoretischen Biologie scheint es heute ähnlich zu ergehen. Eine empirisch abgestützte und weiterentwickelte Evolutionstheorie würde wie eine universelle Säure (*universal acid*)[11] wirken, die alle unsere tradierten Bilder vom Menschen, von der Welt und der Schöpfung zersetzen könnte.

Die Rede von »menschlichen« Genen scheint mir dabei irreführend zu sein, weil es strenggenommen keine menschlichen, keine pflanzlichen und keine tierischen Gene gibt, sondern nur Gene, in denen die archaische Erbsubstanz des Lebens hochkonserviert erhalten ist. Auch wenn eine konsistente Theorie der Evolution, durch welche die Übergänge von einem organismischen Organisationsniveau zum anderen erklärt werden könnte, noch nicht die durch Jahrtausende vergeblich gesuchte Weltformel bringen wird, so wird sie doch in das Problem der Kausalität (der Ursächlichkeit) eindringen und damit auch das Definitionsmonopol im Reich der Begriffe erstreben. Die Fülle der ihr zur Verfügung stehenden Daten und die Computer-Werkzeuge zu deren Ordnung und Bewältigung rufen geradezu nach einer solchen Theorie. Philosophie und Theologie nehmen an dieser Debatte noch nicht so prominent teil,[12] wie dies wünschenswert wäre; sie überlassen einstweilen noch das Feld den philosophierenden Naturwissenschaftlern, während Soziologie, Ökonomie, Informatik und andere Fächer der Sozial- und Geisteswissenschaften gleichsam mit fliegenden Fahnen in das Lager der naturwissenschaftlichen Theoriebildung überlaufen. Daß sich bei solchen Grenzverschiebungen zusammen mit den Methoden auch die Inhalte der Fächer ändern werden, ist unzweifelhaft. Es ist, als würde unter all den kulturellen Überschreibungen, mit denen der Mensch das Buch der Natur seit Jahrtausenden bedeckt hat – also in einem Prozeß, den wir kulturellen Wandel nennen –, die Urschrift des Lebens wieder sichtbar. Sie wird, richtig verstanden, zu radikal neuen Denkformen zwingen, zu veränderten Welt- und Menschenbildern, zur Überprüfung überkommener Ethik-Konzepte, kurz zur Anerkennung neuer Wirklichkeiten.

2. Die überschaubare Wissensstrecke

Philip und Phylis Morrison haben zusammen mit dem Studio von Charles und Ray Eames (1977) einen bekannten Wissenschaftsfilm gedreht, aus dem auch ein Buch entstanden ist »Zehn^{hoch}. Dimensionen zwischen Quarks und Galaxien« (1991). Darin wird die These vertreten, daß das Wissen des Menschen etwa 41 Zehnerpotenzen tief in den Makrokosmos und den Mikrokosmos vorgedrungen ist, von 10^{-16} m im Bereich des Atomkerns und der Quarks bis in eine Entfernung von etwa 10^{25} m, also in eine Entfernung von etwa 1 Milliarde Lichtjahre von der Erde. Bei 10^{-9} m, im Nanobereich, arbeiten längst Ingenieure und Biotechnologen, die Herstellung von Computern mit biologischen Komponenten ist angedacht, erste Versuche der Kombination von Nervenzellen (der Schnekken) mit Chips ist geglückt, die Strecke des Wissens dehnt sich fast bis ins Unendliche. Auf der Strecke dieses Wissens begegnen wir den Leitbildern des 20. Jahrhunderts, dem Bild des Blauen Planeten und dem von der Doppelhelix (der DNA), doch ist deutlich, daß die zu durchmessende Strecke des Wissens nach außen ebenso offen ist wie nach innen. Ob sich das Dunkel des Weltalls mehrt, weil die Galaxien mit unvorstellbarer Geschwindigkeit auseinanderfliehen, ob das All vielleicht, dem Herzschlag des Menschen vergleichbar, in kosmischen Zeiträumen pulsiert, ist ebenso ungewiß wie die Frage, welche Zustände bei 10^{-17} m anzutreffen sind, ob die Entfernungen nach innen ebenso zunehmen wie die nach außen. Bei etwa 10^{-31} m erwarten manche Theoretiker völlig neue Strukturen. Der Ozean des Nichtwissens wird größer mit jeder neuen Türe der Erkenntnis, die wir aufzustoßen versuchen. Der Quantenphysiker Anton Zeilinger vertritt (im Gegensatz zu Ludwig Wittgenstein) die These, daß die Welt zwar alles ist, »was der Fall ist« (so Wittgensteins Behauptung), aber auch alles, »was der Fall sein kann«. Dies aber bedeutete, daß in der subatomaren Welt die uns geläufigen Anschauungsformen und die kategoriale Einbindung des Menschen in Raum, Zeit und Kausalität versagen, daß die Weltbilder nicht feststehen.[13] Eines allerdings scheint deutlich: die Bewegungen der Planeten um ihre Sonnen, der Sonnensysteme um das Zentrum der Galaxien, die Ballungen der Quasare und der Galaxien im All und die »Bewegungen« der Protonen und Neutronen im Atomkern sind einander entsprechende Vorgänge, einer gemeinsamen, unbekannten »Bewegungsursache« unterworfen, wenn man im subatomaren Bereich überhaupt noch von Bewegung sprechen kann. Die Verbindungen von Kohlenstoff und Wasserstoff, die wir im Inneren der genetischen Botschaft des Lebens zu lesen gelernt haben, finden sich auch im Gas zwischen den Sternen, die Entsprechungen von makrokosmischen und mikrokosmischen Strukturen gehen so weit, daß die Zahl menschlicher Körperzellen verglichen wird mit der Zahl der Sterne im Weltraum. »In den ersten Vorstufen von Galaxien«, sagt Gerhard Börner, »die sich formten, als das Universum etwa ein Siebtel seiner heutigen Größe aufwies und 300mal dichter war als heute, entstanden auch die ersten Sterne. Im Inneren dieser massereichen Sterne wurden die schweren Elemente – Kohlenstoff, Sauerstoff, Eisen etc. – gebraut. Jedes Kohlenstoff- und Sauerstoffatom in unserem Körper entstand im Inneren eines Sterns, wurde nach dessen Explosion in den interstellaren Raum geschleudert, um schließlich bei der Entstehung des Sonnensystems auf der Erde zu enden. Wir bestehen buchstäblich aus Sternenstaub. Wir sind Sterne einer zweiten Generation, bei deren Entstehung schon die schweren Elemente zur Verfügung standen [...]« Nach den Jahrhunderten, in denen, Schleiermachers Wort zufolge, das Christentum mit der Barbarei, die Wissenschaft mit dem Unglauben gegangen ist, klopft hier, unter der Perspektive evolutiver Notwendigkeiten, die Gottesfrage wieder an die Tür.[14] Der »Mensch« wird vielleicht im neuen Jahrhundert neu erfunden werden, das aber bedeutet, daß auch alle seine Bilder neu geschaffen werden, die Bilder vom Menschen, von der Welt, von der Schöpfung und ihrem Schöpfer.

3. Perspektivenwandel

Neben der Frage nach dem Aufbruch und der Konjunktur der Neurowissenschaften und der Genbiologie gibt es ungezählte weitere Beispiele für die Erschließung wissenschaftlichen Neulands, die zusammen erst das Bild eines neuen Wissenschafts-Kontinents entwerfen. Nur wenige Beispiele werden hier skizziert, die großen Bereiche der Informationswissenschaften, unter deren Einfluß die Welt erstmals als ganze erfahren wird, und der Nanotechnologie, die erst am Anfang (einer allerdings stürmisch verlaufenden) Entwicklung steht, bleiben hier ausgespart.

3.1 Geologie

Ausgerechnet die Wissenschaften von der festen Erde, die Geowissenschaften, haben uns in jüngster Zeit gelehrt, daß die Erde, auf der wir und von der wir leben, nicht fest, sondern ungemein beweglich und schwankend ist.[15] Diese Wissenschaften nämlich haben in eben den fünfzig Jahren, in denen die biologischen und die medizinischen Wissenschaften ihre Datengebirge aufgetürmt haben, durch die uns inzwischen Wege und Stege verlorengegangen sind, begonnen, eine neue Erddimension zu erschließen. Nach der Erforschung der Lage an der Erdoberfläche, auf der heute kein »weißer Fleck« mehr existiert, nach der Erforschung von Atmosphäre, Stratosphäre und Weltraum, nach der Erforschung der ozeanischen Böden wird nun das Erdinnere in einer Tiefe von etwa 100 km erschlossen. Zum ersten Mal sind die Ozeanböden geologisch vollständig kartiert, so daß wir unsere Lage einschätzen, Katastrophen und Veränderungen besser vorhersagen können. Die durch Tiefseebohrungen und das Kontinentale Tiefbohrprogramm bestätigte Theorie der Platten-Tektonik besagt, daß die Erdoberfläche, Kontinente ebenso wie ozeanische Böden, aus einem Mosaik von Platten besteht. »Sie sind rund 100 km dick, können aber laterale Dimensionen von Tausenden von Kilometern haben. Normalerweise bestehen sie aus einer um 6 Kilometer dicken ozeanischen und einer bis über 40 Kilometer mächtigen kontinentalen Kruste und dem obersten Teil des Erdmantels. Diese sogenannten Lithosphärenplatten driften auf einem plastischen Untergrund, der Asthenosphäre, relativ zueinander in verschiedene Richtungen.«[16] Aus dem Erdinneren aber steigt ständig glutflüssiges Material auf und verändert die Kruste. Die Grenzlinie zwischen Kruste und Erdmantel zu erbohren und damit experimentell zu beweisen, was theoretisch festzustehen scheint, ist der Wunschtraum der Meeresgeologen heute. Wo die über die Erde (oft relativ schnell, das heißt mehrere Zentimeter pro Jahr) wandernden Platten aufeinandertreffen, wo etwa wie am San-Andreas-Graben in Kalifornien – er zieht sich wie eine gewaltige Narbe durch das Land[17] – die nach Nordwesten wandernde Pazifische Platte unter die in andere Richtung wandernde nordamerikanische Kontinentalplatte gedrückt wird, verkaufen geschäftstüchtige Makler in den USA schon einmal Küstengrundstücke in der Wüste Nevada. Nach dem großen Beben, das alle erwarten und von dem niemand spricht, könnte nämlich Kalifornien vom Festland abgesprengt sein, könnte die Küstenlinie im Südwesten der USA entlang der Wüste Nevada verlaufen. Wir nennen derartige erdgeschichtliche Vorgänge Katastrophen. Doch die Natur kennt keine Katastrophen, ihre

Bewegungen sind katastrophal nur für das seiner selbst bewußte Leben. Die Immobilienhändler in Kalifornien also handeln in Wahrheit mit einer sehr »beweglichen« Ware und die Wissenschaften von der festen Erde sind Wissenschaften von der dynamischen Erde, sie sind aus Erdgeschichtswissenschaften zu prädiktiven Wissenschaften geworden, die fieberhaft an der Verbesserung ihrer Katastrophenvorhersage arbeiten. Mit den Summen, welche die internationalen Bohrprogramme der Geologen verschlingen, können nur die Weltraumforschung, die Hochenergiephysik und die Genom-Programme konkurrieren.

3.2 Komplexitätsforschung

Wir stehen vor der fast unlösbaren Aufgabe, in allen Natur- und Lebensbereichen komplexe Systeme zu erforschen. Nicht nur hochkomplizierte Systeme, sondern komplexe Systeme, zum Beispiel vielzellige Organismen, bei denen das Ganze jeweils mehr ist als die Summe der Einzelteile. Das bedeutet, daß bei solchen Systemen niemals vom Teilsystem auf die Funktionsweise des Gesamtsystems geschlossen werden kann, sondern daß das Ganze als Ganzes erforscht werden muß. Dies ist bis heute die Rechtfertigung für Tierversuche, weil alle Ersatzmethoden den komplexen Organismus in seiner Funktion noch immer nicht abzubilden oder zu simulieren verstehen. »Im Verlauf der Evolution hat die Komplexität biologischer Systeme von selbstreplizierenden Molekülen über Prokaryoten, Protisten (einzelligen Eukaryoten) bis hin zu mehrzelligen Organismen und Superorganismen (in Form geschlossener Sozialverbände) ständig zugenommen. Vielfach gingen dabei Systeme höherer Komplexität aus dem Zusammenschluß niederorganisierter Systeme hervor. In jedem Fall war jedoch mit dieser Zunahme an Komplexität eine Leistungssteigerung verbunden, die sich zum großen Teil aus der kooperativen Arbeitsteilung zwischen zunehmend spezialisierten Nukleinsäuren und Proteinen, Zellen und Zellverbänden, Spermium und Ei oder Soma und Keimbahn ergab.«[18] Die höher organisierten Organismen zahlen für ihre Leistungsfähigkeit einen hohen Preis: den individuellen Tod. »Als das Leben erfunden wurde«, meint Ernst Pöppel, das Phänomen der Selbstreplikation damit umschreibend, »war der Tod nicht dabei. Für die ersten Lebewesen war Unsterblichkeit ein wesentliches Kennzeichen ihrer Existenz. Der individuelle Tod kam viel später hinzu; Tod ist erst möglich geworden durch die sexuelle Fortpflanzung. Sterben kann immer nur der einzelne, das Individuum, und das Individuum bestimmt sich aus seinem Werden.«[19] Das also könnte die biblische Erzählung vom Sündenfall und der Vertreibung aus dem Paradies meinen, daß der Preis, den die Individuen für ihr Leben bezahlen, ihr Tod ist. Das komplexeste und damit auch das leistungsfähigste System, das wir kennen, ist das menschliche Gehirn. In ihm interagieren ständig zwischen 10 und 100 Milliarden Nervenzellen.[20] 10^{300} Funktionszustände sollen in jedem Augenblick, »der für den Menschen etwa 30 Tausendstel Sekunden lang sein mag«, möglich sein.[21] Da wir aber nur 10^{82} Teilchen im Weltraum kennen, bedeutet die Zahl 10^{300} de facto die Zahl »Unendlich«. Dieses komplexe Gebilde Gehirn haben wir nicht nur zu erschließen begonnen, wir bilden die Nervenbahnen des Gehirns auch ab in den Kommunikationsnetzen der elektronischen Weltverbindungen, anders ausgedrückt: wir bilden unsere elektronischen Welten nach den Schaltplänen des menschlichen Gehirns. Mit großen Maschinen, zum Beispiel den PET-Geräten (Positronen-Emmissions-Tomographie), lesen wir zwar nicht die Inhalte, aber doch die Struktur von Gedanken, können auf dem Computer-Bildschirm sichtbar machen, ob die diagnostizierte Person stumm zählt oder ebenso stumm denkend Sätze bildet. Und trotzdem – vielleicht sogar deswegen – stehen wir am Rande eines Ozeans des Nichtwissens, auf den wir uns ähnlich zaghaft und neugierig hinausbegeben wie die Eroberer und die Entdecker des 16. Jahrhunderts auf die ihnen unbekannten Meere. Auch wenn wir nicht, wie diese Konquistadoren, die Schiffe verbrennen, ehe wir uns an die Eroberungen der neuen Welt machen, so werden doch auch unsere Schiffe zur Heimfahrt nicht mehr taugen; sie stehen alt und museumsreif in den Technikmuseen des 20. Jahrhunderts.[22] Und die zu entdeckende innere Welt scheint uns so fremd und exotisch wie den Konquistadoren das verlockende Eldorado; immer wenn wir meinen, sie begriffen zu haben, entschwindet sie uns in das Dunkel der Komplexität.

3.3 Extraterrestrik

Für das Jahr 2019 hat die NASA, sicher auch um ihr Budget zu sichern, aber nicht nur deswegen, die erste bemannte Mars-Expedition angekündigt. Eine solche Expedition – mit einer Reisezeit von etwa 18 Monaten – ist eine qualitativ andere Reise als eine Mondfahrt, auch wenn sie durch die Entdeckung von Wasserreserven in Form von Eis erleichtert werden könnte. Bei einer Marsfahrt verlassen die Raumschiffe das Magnetfeld der Erde und sind der tödlichen Strahlung des Weltraums direkt ausgesetzt. Der Landung des Menschen auf dem Mars werden – so sagen Aachener Ingenieure voraus – innerhalb von etwa 50 Jahren (und das heißt noch in der Lebenszeit heute lebender Menschen) ortsfeste Raumstationen auf Mond und Mars folgen, das Zeitalter der Besiedelung des Weltraums durch den Menschen beginnt. Wegen der langen Wege werden die Baumaterialien für ortsfeste Stationen auf dem Mars nicht transportiert werden können, sie müssen dem Marsboden selbst entnommen werden, und schon gibt es Szenarien über den Bau von Siedlungen, über Energieversorgung, Sozialsysteme, Mobilität und Kommunikation auf dem Mars. Mit diesem ersten Besiedelungsschritt aber beginnt das extraterrestrische Zeitalter der Menschheit, und das menschliche Denken steht vor Abenteuern, für die es keine »irdischen« Grenzen mehr gibt.

Am 21. November 1998 lautete die Schlagzeile der »Bildzeitung«: »Der Mensch verläßt die Erde«, und gemeint war der Bau einer neuen mobilen Raumstation. Verglichen mit der Überschrift von Wolfgang Hildesheimers Interview im Magazin »Stern« am 12. April 1984, das unter der Überschrift stand: »Der Mensch wird die Erde verlassen«, ist eine neue Zeit angebrochen. Denn Hildesheimer meinte das Ende des Begriffes der Menschheit, »so wie wir ihn benutzen und gewöhnt sind«, er meinte »Endzeit« und die grundlegende Veränderung »seiner« Welt: »Der Mensch wird in Bälde die Erde verlassen haben. Mag sein, vielleicht kommen eines Tages wieder Menschen, oder es bleiben auch einige übrig. Aber diese Übriggebliebenen werden sich nicht gerade um Shakespeare oder Mozart kümmern.«[23] Heute beginnt sich das Denken des Menschen in Räumen einzunisten, denen der Begriff des Lebens fremd ist. Der Mensch verläßt den Raum, in dem Leben entstanden ist, der in mehr als einem Sinne seine »Heimat« ist; er versucht, die Evolution gleichsam von hinten zu überholen, den sechsten Schöpfungstag, seinen Genesis-Tag, mit dem ersten zu konfrontieren, als erst der Himmel und die Erde geschaffen wurden. Wir stehen vor völlig unbekannten Herausforderungen an die Technik, die Ökonomie, an das soziale und das kulturelle Denken, und die Universität hat die Aufgabe, all dem »vorauszudenken«. Heimweh aber wird die extraterrestrisch lebenden Menschen nicht nach einer Region, einer Stadt, einer Sprache erfassen, sondern nach dem fernen »blauen Planeten« am Rande der Galaxie.

Drei Perspektiven eröffnen sich somit aus der Wissenschaft in die nicht mehr allzu ferne Zukunft:

1. Wir sind endlich den Ursachen des Lebens auf der Spur, seiner Entwicklung, der Entwicklungsgeschwindigkeit, seinen Defekten, seinen für das Individuum oft verhängnisvol-

len Veränderungen. Zugleich also mit dem Verlassen des tradierten »Lebensraumes« wird Leben selbst Ziel der Forschung. Ursachenforschung lautet die erste Perspektive.

2. Wir sehen uns im Inneren wie im Äußeren einer komplexen (im Unendlichen sich verlierenden) Welt gegenüber, die *immer* mehr ist als die Summe ihrer Teile, die in allen natürlichen und in allen vom Menschen geschaffenen Systemen (in deren Wechselwirkung) als ganze erforscht werden muß. Daß wir – wie Franz-Xaver Kaufmann meint – dabei die Welt als Ganzes nicht mehr denken können, weil schon die Erforschung der Teile unsere Fähigkeiten übersteigt, ist eines jener Paradoxe, denen sich moderne Wissenschaft ausgesetzt sieht. Komplexitätsforschung ist die zweite Perspektive.

3. Damit erwacht ein Begriff zum Leben, der seit dem 18. Jahrhundert in einer idealistischen Nische geschlummert hat, den wir jetzt erst, mit neuen Kommunikationstechniken und -möglichkeiten, mit extraterrestrischem Siedlungsdenken konkret erfahren können und erfahren werden: die Menschheit. Die Menschheit, verstanden als die Gesamtheit einer Lebensform, deren gemeinsame Herkunft, deren Verbindung, deren Entwicklung wir erforschen und erschließen.

4. Historische Anthropologie

An dieser Stelle kommen die Geistes- und die Kulturwissenschaften ins Spiel, da die Frage nach der Menschheit sogleich die nach dem kulturellen und dem sozialen Wandel aufwirft, der mit evolutivem Denken allein nicht zu fassen ist. Und das Verhältnis von natürlicher Evolution und kulturellem Wandel ist noch immer, wie zu Beginn des 20. Jahrhunderts, ideologieanfällig. Offenkundig – und das ist eine Geschichte, die heute schon erzählt werden kann – hat jede Epoche nur eine bestimmte Anzahl von Themen und Problemen, auf die hin sie bezogen ist, derer sie sich mit Aussicht auf Lösung in ihren Diskursen annehmen kann. Unsere Zeit scheint in allen Wissenschaftszweigen fasziniert von jenen »Körperwelten«, die in der gleichnamigen Ausstellung Günther von Hagens' seit 1997/98 Triumphe feierte, ehe sich die zünftige Anatomie 2004 öffentlich gegen den ästhetisierenden Umgang von Hagens' mit dem menschlichen Körper und den daraus gewonnenen Präparaten wandte. Mehr als 700000 Besucher hat diese Ausstellung allein in Mannheim angezogen. Der Erfinder jenes Plastinationsverfahrens, das die Anatomie verändert, weil es menschliche und tierische Präparate in jedem Zustand plastinieren, also so mit Kunststoff anfüllen kann, daß sie haltbar sind und in jeder Lage geschnitten werden können, schreibt sich die Erfindung einer neuen Kunstform zu und verlegt den Anatomiekeller, ohne Formalingestank, ins Museum. Dabei spielt er, recht theatralisch, mit den spätzeitlichen Ausprägungen menschlichen Verhaltens, wie sie die Jahrhundertenden und Jahrhundertanfänge charakterisieren, mit Neugier, Tabubruch, Szientismus und ästhetischer Inszenierung von Natur; und demonstriert (neben dem Geschäft mit dem Schauder), daß uns im Geschwindschritt einer radikalisierten Moderne das Band, das uns an die Natur fesselt, unsere Körperlichkeit, verlorenzugehen scheint. Der Jahrhundertbeginn ist weltweit von diesen Körperwelten fasziniert. Die Hirnforschung, die Neurowissenschaften, die Genforschung, aber auch die Informationswissenschaften, die wie selbstverständlich von »neuronalen Netzen« sprechen, als seien Urbild und Abbild dasselbe, und von einer Mensch-Maschine-Synthese träumen, vollziehen den einen Schritt der Konzentration: den auf die Entdeckung des menschlichen Körpers und seiner Funktionsweisen. So gehören die PET-Maschinen und die Historische Anthropologie zum gleichen Ensemble der Körperentdeckung, weil die Historische Anthropologie nicht mehr nach menschlichen Universalien fragt, sondern von der These ausgeht, daß *der* Mensch, in seiner spezifischen, von anderem Leben unterschiedenen Existenz, nur in der jeweiligen Erscheinungsweise eines historisch faßbaren und zu beschreibenden Zustandes zu erkennen ist. Geschlechtergeschichte und Körpergeschichte sind daher die großen Themen der Historischen Anthropologie. »Dieser Körper«, sagt Aleida Assmann,[24] »ist niemals reine Natur, sondern immer schon geformt, markiert und klassifiziert. Die Herausforderung der Historischen Anthropologie besteht heute nicht zuletzt darin, zu konkretisieren, was die Abstraktion der Aufklärung ausblendete, und zu bilanzieren, was die Hegelsche Erfolgsgeschichte des kolonialisierenden Geistes geflissentlich übersah.«

Ob die These von Stephen Jay Gould richtig ist, wonach die Evolution in den letzten 500 Millionen Jahren kein neues Prinzip mehr hervorgebracht hat, sondern nur noch Verzweigungen der Artenvielfalt, ist schwerlich beweisbar, aber des Nachdenkens wert. »Full House«, so der Titel von Gould's Bestseller[25], bedeutet ja, daß die Lebensbühne gefüllt, daß sogar die biologische Evolution an ein Ende gekommen ist. Immerhin scheint ein Ergebnis der erzählenden Evolutionsforschung deutlich zu sein: Die Menschen sind vermutlich die leistungsfähigste Spezies auf Erden, aber auch die zerbrechlichste. Und die Überlebenskunst der Halobakterien, die lange vor der Entwicklung von Pflanzen auf der Erde existierten und noch immer existieren, die Netzbaukunst der Spinne, das Radarsystem der Fledermäuse, die natürliche Statik der Weizenähre etc. sind Rätsel und Entwicklungen, die menschlichen Fähigkeiten weit überlegen sind. Was also heute in Frage steht, ist das »anthropische Prinzip«, die These, daß die Schöpfung ganz auf den Menschen hin orientiert und seiner Herrschaft unterworfen ist. Wenn der Mensch aber nur eine und vielleicht sogar eine sehr zerbrechliche und vergängliche Art unter Millionen anderer Lebensformen der Erde ist, dann könnte es sein, daß wir das biblische Gebot des *dominium terrae*, der menschlichen Herrschaft über die Erde, falsch gelesen haben. Die wenigen Arten nämlich, mit denen und über die wir herrschen, sind nur ein schmaler Ausschnitt aus der Geschichte der Evolution. Selbst ein möglicher Holocaust des Menschen an seinesgleichen wird die Kakerlaken kaum bekümmern. Es könnte also sein, lautet die von Odo Marquard vorgestellte These,[26] daß der Evolutionstheorie ihr Historismus, wonach jede Epoche um ihrer selbst willen und nicht um der Folgeepochen willen existiert, erst noch bevorsteht: »Vielleicht gibt es schon irgendwo einen evolutionsbiologischen Ranke mit dem Satz: ›jede Art ist unmittelbar zu Gott‹; jedenfalls die Evolutionstheorie hat ihren Historismus noch vor sich [.. .].«[27] Unter allen Kränkungen, die der Mensch im Laufe seiner Erkenntnisgeschichte zu ertragen hatte, wird dies die bitterste sein, doch fürchte ich, daß sie uns bevorsteht.

5. Die Universität

Vielleicht ist die Stärke der Universität heute gerade ihre Schwäche? Dies klingt zunächst paradox und ist es wohl auch, aber von Paradoxen ist die moderne Welt erfüllt, von ihnen ist sie vermutlich getragen. Wer aufmerksam die Medienberichterstattung verfolgt, wird beobachten können, daß im gleichen Ausmaß, in dem die Forschungsberichterstattung immer breiteren Raum einnimmt, sich in den Zeitungen die Seiten drei, zwei und sogar die Titelseiten erobert, beim Rundfunk und bei den Fernsehsendern in immer bessere Sendezeiten vordringt, die Orte und die Institutionen, an denen diese Forschungsergebnisse noch immer zum größten Teil entstehen, die Universitäten, in Verruf geraten sind. Das Beste, was ihnen geschieht, ist, daß nichts über sie berichtet wird, die allgemeine Meinung aber ist, daß sie ihren Aufgaben nicht mehr gewachsen seien, von unfähigen Managern geleitet, von faulen und privilegierten Professoren bevölkert und von Studentenmassen überlaufen würden, denen ebendiese Professoren die ihnen geschuldete beste Ausbildung verweigern. Auch wenn dies ein Zerrbild der heutigen Universität ist, ist es doch der vorherrschende politische Eindruck. Und Eindrücke sind nun einmal politische Fakten. Wer die Fakten verändern will, muß zuerst die Eindrücke verändern. Die Stärke der Universität, ihre enorme, geradezu explodierende Forschungsleistung, ist zugleich ihre Schwäche. Unter der durchaus falschen Maxime, daß *jede* Universität in *jedem* Fach und durch *jedes* Mitglied des Lehrkörpers nicht nur das Recht, sondern auch die Pflicht zur Forschung (wie Recht und Pflicht zur Lehre) habe, ist die grundständige Ausbildung vernachlässigt worden, sind jene Bereiche gestärkt und ausgebaut worden, die forschungsintensiv sind, also vor allem die Graduiertenstudien, die Promotionsforschung etc., wo die Universitäten zu einem »Großbetrieb Forschung« geworden sind. In diesem Großbetrieb funktioniert die Graduiertenausbildung mit all den Indikatoren, deren angeblicher Mangel der Universität vorgeworfen wird: mit internationaler Verflechtung, mit hohem Ausländeranteil, mit weit geöffneten Toren zur Praxis, mit eng kooperierenden Forschungsteams, mit Wettbewerbsbewußtsein, Drittmitteleinwerbung und einem ganz selbstverständlich etablierten und akzeptierten, periodischen Evaluationssystem. Zugleich sind im Schatten dieses Großbetriebes überforschte Gebiete zersplittert, sind Fassaden entstanden, hinter denen es keine bewohnbaren Häuser mehr gibt, geben sich Gebiete als Forschung aus, die sich für ihre Anerkennung als Forschung auf schmale und schmalste Spezialistengruppen berufen müssen. Wir konstatieren also eine Zweiteilung der Universität, wo sich eine mehr oder weniger defizitäre grundständige Ausbildung mit der forschungsintensiven und leistungsstarken Graduiertenausbildung trifft, wo gerade in und mit der Graduiertenausbildung noch immer eine Job-Maschine existiert. Ohne sie könnte die europäische Industrie in einem ganz auf Wissen und Information verlagerten Wettbewerb nicht bestehen. Daß sich die Graduiertenausbildung besonders in den Ingenieurwissenschaften, den Natur- und Lebenswissenschaften und einigen wenigen Gebieten der Sozialwissenschaften bewährt, ist kein Zufall. Dort nämlich existieren internationale Produktionsnetze, in denen Wissen organisierender, produzierender und produzierter Faktor zugleich ist, in denen die Einheit von Theorie und Praxis, die Leibniz schon gefordert hat, ganz selbstverständlich existiert. Der Wissenstransfer jedenfalls muß in diesen Netzen weder theoretisiert noch ideologisiert werden, weil er dem System inhärent ist. Daß die Wirtschaftswissenschaften (jedenfalls in Deutschland) an diesen Produktionsnetzen kaum beteiligt sind, sondern derzeit eine eklatante Forschungsschwäche aufweisen, hat u. a. dazu geführt, daß eine ganze Reihe von privaten »Business-Schools« gegründet worden sind, die sich als Universitäten ausgeben, obwohl sie auf das Fächerspektrum von Managerschulen eingeschränkt sind und den Forschungsfaktor fast völlig ausgeblendet haben. In den genannten leistungsstarken Betriebseinheiten aber wuchern Utopien, mehr Dystopien als Eutopien, Vorstellungen nämlich, daß man im Grunde auch unabhängig von der Universität existieren könnte, daß die Universität als Institution nicht mehr sei als ein Postamt oder eine Erstattungsstelle für Reisekosten. Und die Prüfungs-, Sitzungs- und Unterrichtspflichten werden dann nur noch als Last, nicht mehr als Aufgabe verstanden.

Trotzdem sind dies Utopien, die keinen Ort in der Realität der Universität haben. Die vielen jungen Menschen, welche das, übrigens hochqualifizierte, Produktionspersonal dieser Wissensfabriken sind, sind nämlich deshalb so »billig«, weil sie durch Produktion und bei der Produktion von Wissen selbst lernen, zu ihrem Doktorexamen geführt und zugleich in Forschungs- und Expertennetze integriert werden, die ihren »Marktwert« erst eigentlich ausmachen. Ich rede ungern in diesem Vokabular über junge Menschen, aber den Personalvorständen der Industrie, die davon sprechen, daß die Einstellung eines jungen Ingenieurs oder einer jungen Chemikerin – bei 25 angenommenen Dienstjahren – eine Investition von etwa 5 Millionen € bedeutet, müßte schon deutlich sein, daß die Firma mit dieser Investition nicht nur die Arbeits- und die Innovationskraft eines Menschen, sondern zugleich die Eintrittskarte zu einem Forschungsnetz erwirbt, aus dem sie wirtschaftlichen Nutzen ziehen wird. Willig bleiben die jungen Menschen nur, wenn man ihnen die Möglichkeit gibt, (1) früh selbständig zu arbeiten und (2) ihre Laufbahnarbeiten in einem überschaubaren Zeitrahmen abzuschließen.

Dies alles aber bedeutet, daß die Universitäten endlich beginnen müßten, als Universitäten, das heißt als Häuser des Wissens über die neuen Inhalte zu sprechen, die in ihren Fächern und Disziplinen längst präsent sind, täglich neu produziert und fortgeschrieben werden, ohne daß die Organisationsstrukturen (im Grunde noch die des 19. Jahrhunderts) davon sichtbar berührt wären. Die gravierende Schwäche aller serienweise über die Universität hereinbrechenden Organisationsveränderungen (in Deutschland ebenso wie in anderen Ländern Europas und der Welt) ist das Faktum, daß die Organisationsstrukturen nicht den neuen Inhalten folgen, sondern ausschließlich Gruppeninteressen, von Politikern, Lobbyisten, von sozialen oder wirtschaftlich-finanziellen Überlegungen. Nur die Universität selbst ist aber in der Lage, diesem unheilvollen Reformgebaren Einhalt zu gebieten, indem sie versucht, Subjekt und nicht nur Objekt der Reform zu werden, indem sie versucht, über die von ihr geschaffenen neuen Inhalte ihre neuen Organisationsstrukturen zu bestimmen.

Solange die moderne Universität existiert, haben sich an ihr und von ihr angeleitet zwei Diskurse durchkreuzt: der technisch-naturwissenschaftliche und der humanitäre Diskurs. Dabei ist Diskurs mehr als Gespräch, eben alles das, was eine Gesellschaft (auch eine Teilgesellschaft) an Problematisierungen und Lösungsvorschlägen kennt. An der Wende vom 18.

zum 19. Jahrhundert, als die Mechanisierung menschlicher Arbeit die Signatur der Zeit war, hat der Humanitätsdiskurs, angeleitet von Goethe und Schiller, aber auch von Alexander von Humboldt, von seinem Bruder Wilhelm, von Fichte, Schelling, Hegel, Schleiermacher, dann von Stifter und Grillparzer und anderen, den Technikdiskurs noch dominiert. An der Wende vom 19. zum 20. Jahrhundert, als Europa und die industrielle Welt nicht mehr mechanisiert, sondern elektrifiziert wurden, ist uns der Humanitätsdiskurs monistisch entglitten, hat der Sozialdarwinismus auf eine für Europa unheilvolle Weise versucht, beide Diskurse zu vereinen. Am Beginn des 21. Jahrhunderts, an dem Arbeit und Freizeit mit Informationsmedien durchsetzt werden, ist der technisch-naturwissenschaftliche Diskurs in Gefahr, in technizistisches Innovationsgerede abzugleiten, der Humanitätsdiskurs in Gefahr, sich fundamentalistisch und moralistisch zu verengen oder (ebenso töricht) sich wertneutral bedenkenlos allen »Fortschritten« des Experiments zu öffnen. Dabei ist nur in der Verschränkung der beiden Diskurse Humanität zu bewahren und jenes Basiswissen zu gewinnen, das dann – und nur dann, bei der Verschränkung der Diskurse – so faszinierend ist, daß es zu Höchstleistungen anleitet und jungen Menschen eine lebenswerte und lebenswürdige Zukunft zeigt. Die Verschränkung aber kann die Universität leisten, daher hat sie ihren Namen und ihren Auftrag, nicht die spezialisierte Forschungsstätte außerhalb jener Kommunikation, die durch Bildung und Ausbildung mit Studentinnen und Studenten hergestellt wird. Daß die Universität diesen Auftrag erfüllt, darin liegen ihre Würde und ihre Zukunft begründet. Erfüllt sie ihn nicht, könnte es sein, daß die Menschen eines Tages leichten Herzens auf sie verzichten.

Anmerkungen

1 Zu verweisen ist z. B. auf Max Frischs Erzählung »Der Mensch erscheint im Holozän« (1979), auf William Goldings Roman »Darkness Visible« (1979), auf Umberto Ecos auch verfilmten Bestseller »Il nome della rosa« (1980), auf Uwe Johnsons »Skizze eines Verunglückten« (1981), auf Mario Vargas Llosas Roman »La guerra del fin del mundo« (1982), auf Christa Wolfs zu einem Kultbuch für Frauen avancierte Erzählung »Kassandra« (1983), auf Wolfgang Hildesheimers apokalyptisches Interview, das er Tilman Jens im STERN (April 1984) gegeben hat, und auf viele andere Untergangstexte der Zeit. Zwar scheint sich die Untergangsmode der achtziger Jahre im Jahr 2004 zu wiederholen, doch nimmt die Kritik (und die öffentliche Debatte allgemein) Filme wie »The Day After Tomorrow« gelassener hin als ähnliche Katastrophenszenarien in den achtziger Jahren des vergangenen Jahrhunderts. Die Implosion des Ostblocks hat (trotz allem) die Welt sicherer gemacht.

2 Hugo Loetscher: Ein Rückblick auf unser Jahrhundert von einem pazifischen Ufer aus. In: Georg Sütterlin (Hg.): Das Hugo Loetscher Lesebuch. Zürich 1984, S. 188. Dieser Text war Hugo Loetschers, des weltläufigen Schweizer Satirikers, Beitrag zur Untergangsdiskussion des Tages. Sie erschien vom Rande des Pazifik aus eher provinziell.

3 Die Organzüchtung, über die seit November 1998 in den Zeitungen berichtet wird, könnte in der Tat die Transplantationsmedizin (auf Spenderseite) revolutionieren. Die an Mäuseembryonen in Deutschland erfolgreich durchgeführten Experimente wurden in den USA – auf der Basis deutscher Versuchsprotokolle – auf den Menschen übertragen. Die ethischen Fragen dieses Verfahrens sind nicht ausdiskutiert.

4 Zur Diskussion um das Hirntodkriterium verweise ich auf das Jahrbuch für Wissenschaft und Ethik (Bände 1 und 2, 1996, 1997) sowie auf das umstrittene Buch von Johannes Hoff und Jürgen in der Schmitten (Hg.): Wann ist der Mensch tot? Organverpflanzung und »Hirntod«-Kriterium. Hamburg 1994.

5 Es handelt sich um das zweite Gedicht aus dem Zyklus »Der Arzt«.

6 Mit diesem Gedicht hat Gottfried Benn seine letzte Gedichtsammlung eröffnet: Gesammelte Gedichte. Wiesbaden und Zürich 1956. Am 7. Juli 1956 ist Benn gestorben.

7 Vgl. Ernst-Ludwig Winnacker: Das Genom. Möglichkeiten und Grenzen der Genforschung. Frankfurt am Main 1996, S. 141. Vgl. auch ders.: Am Faden des Lebens. Warum wir die Gentechnik brauchen. München und Zürich 1993.

8 Vgl. die Tabelle bei Winnacker, Das Genom, S. 19.

9 Zu den Ab- und Irrwegen der Gentherapie vgl. Winnacker: Das Genom, S. 120-122. Die Versuchung, Erfolge statt in Labor und Krankenhaus auf Pressekonferenzen zu erzielen, ist noch immer groß. Seriöse Ergebnisse werden nach wie vor zuerst in Fachzeitschriften, erst dann in populären Medien mitgeteilt. Nur wiederholte und so fremdgetestete Ergebnisse sind als seriös einzustufen.

10 Rüdiger Wehner: Theoretische Biologie. Zukunftsperspektiven der modernen Biologie. In: NEUE ZÜRCHER ZEITUNG, 25. Juni 1997. Zu den – gelegentlich auch hybriden – Versuchen einer einheitlichen Theoriebildung auf der Basis natur-

wissenschaftlich-evolutiver Gesetzmäßigkeiten – und solche Theorien sind sämtlich auf der Suche nach einer »Weltformel« – vgl. auch Edward O. Wilsons Versuch einer Theorie der Einheit des Wissens: Consilience. The Unity of Knowledge. New York 1998.

11 Begriff nach Daniel Dennet, vgl. Wehner a. a. O.

12 Immerhin engagieren sich in dieser Diskussion Sozialethiker wie Wolfgang Huber und Theologen wie Karl Kardinal Lehmann, Johannes Reiter, Eberhard Schockenhoff. Welchen Leserkreis die seit 2002 erscheinende »Zeitschrift für Biopolitik« erreicht, kann ich schwer beurteilen. Ihre Themen sind eher konventionell und werden nicht kontrovers diskutiert.

13 Anton Zeilinger: Einsteins Schleier. Die neue Welt der Quantenphysik. München 2002, S. 231 u.ö.

14 Vgl. Franz Kardinal König: Die Gottesfrage klopft wieder an unserer Tür. Vorwort zu: Carlo Maria Martini/Umberto Eco: Woran glaubt, wer nicht glaubt? Wien 1998, S. 11-18.

15 Bei der Darstellung von Ergebnissen der Meeresgeologie folge ich dem informativen und spannenden Bericht von Eugen Seibold und Jörn Thiede: Die Geschichte der Ozeane nach Tiefseebohrungen. Mainz 1997 (Akademie der Wissenschaften und der Literatur Mainz. Abhandlungen der mathematischnaturwissenschaftlichen Klasse 1997, Nr. 2).

16 Seibold/Thiede a. a. O. S. 8.

17 Vgl. Kontinentales Tiefbohrprogramm der Bundesrepublik Deutschland. Ergebnisse eines Projekts zur Erforschung der Erdkruste. Bonn 1996, S. 30 f.

18 Wehner a.a.O.

19 Ernst Pöppel und Anna-Lydia Edingshaus: Geheimnisvoller Kosmos Gehirn. Nach einer Idee von Günter Koch. München 1994, S. 11.

20 Vgl. dazu u. a. Klaus Mainzer: Computer – Neue Flügel des Geistes? Die Evolution computergestützter Technik, Wissenschaft, Kultur und Philosophie. Berlin, New York 1994, bes. S. 571 ff.; ders.: Thinking in Complexity. The Complex Dynamics of Matter, Mind, and Mankind. 2nd Revised and Enlarged Edition. Berlin, Heidelberg, New York 1996; ders.: Gehirn, Computer, Komplexität. Berlin, Heidelberg, New York 1997.

21 Ernst Pöppel: Quid est homo? – Einige Thesen aus der modernen Hirnforschung. In: Sekretariat der Deutschen Bischofskonferenz (Hg.): Quid est homo? Zur anthropologischen Relevanz der modernen Wissenschaften. Beiträge eines Gesprächs zwischen Bischöfen und Wissenschaftlern am 3. Juni 1982. Bonn 1982.

22 Zum Vergleich des 20. Jahrhunderts mit der Entdeckungsgeschichte der Frühen Neuzeit ist auf Loetscher a. a. O. S. 186 zu verweisen.

23 Tilman Jens: Interview mit Wolfgang Hildesheimer. »Der Mensch wird die Erde verlassen.« In: STERN Nr. 16, 12. April 1984, S. 58 und S. 60.

24 Aleida Assmann: Historische Anthropologie. In: Deutsche Forschungsgemeinschaft. Perspektiven der Forschung und ihrer Förderung. Aufgaben und Finanzierung 1997-2001. Weinheim, New York u.a. 1997, S. 94. Vgl. zu den Methoden kulturwissenschaftlich und anthropologisch verfahrender Geisteswissen-

schaften auch Jan Assmann: Das kulturelle Gedächtnis. Schrift, Erinnerung und politische Identität in frühen Hochkulturen. München 1992, und: Christoph Wulf (Hg.): Vom Menschen. Handbuch Historische Anthropologie. Weinheim und Basel 1997.

25 »Full House. The Spread of Excellence from Plato to Darwin« ist erstmals 1996 in New York erschienen. In deutscher Sprache erschien das Buch unter dem Titel »Illusion Fortschritt. Die vielfältigen Wege der Evolution« in Frankfurt am Main 1998.

26 Vgl. Odo Marquard: Apologie des Zufälligen. Philosophische Studien. Stuttgart 1987, S. 111-113. Diese These von Odo Marquard wurde im Streit um seine Akzeptanztheorie zur Legitimation der Geisteswissenschaften übersehen.

27 Marquard, S. 111.

Körperbilder

Wolfgang Frühwald

»Leib sein« und »Körper haben«. Visionen und Utopien des menschlichen Körpers in Wissenschaft und Kunst

Vorbemerkung

Die Körpergeschichte und der Körperdiskurs, so scheint mir, sind die Schnittstellen, an denen sich heute die Künste und die unterschiedlichsten Wissenschaften treffen. Ihr gemeinsames Interesse gilt der durch die Jahrtausende hindurch physisch gleichen, aber kulturell veränderten, jetzt auch durch wissenschaftlichen Eingriff veränderbaren Erscheinungs- und Funktionsweise des menschlichen Körpers. Unter Diskurs verstehe ich dabei jene Problematisierungen und Lösungswege, welche eine Gesellschaft aus dem sozialen Wandel und seinen Brüchen ausfiltert, um sich selbst damit zu konfrontieren. Das literarische Gespräch ist nur ein Teil dieses umfassend verstandenen Diskurses.

1. Das 18. Jahrhundert

Im Londoner University College begegnet der Besucher auf dem Weg zum Speisesaal in einer schwach beleuchteten Ecke der sitzenden, altertümlich gekleideten Gestalt eines Mannes. Der Besucher erhält auf die Frage, wer dies denn sei, die Antwort, dies sei Jeremy Bentham. Er sei der Stifter des College, der von den Studenten am Tag des Stiftungsfestes aus seinem Glaskasten herausgeholt werde, damit er wie seit alters mit am

High Table sitzen und dort noch nach fast zweihundert Jahren die Früchte seiner Wohltaten genießen könne. Nun war Jeremy Bentham (1748-1832, der Zeitgenosse Goethes, nur ein Jahr älter als dieser, aber im gleichen Jahr wie dieser gestorben) nicht irgendein Stifter, sondern ein bekannter Rechtsphilosoph. Er war der Begründer jenes Utilitarismus, der behauptete, daß die Menschheit von zwei Hauptmotiven geleitet werde, von Schmerz und Lust (*pain and pleasure*), auch daß Ziel aller Gesetzgebung das größte Glück für die größte Anzahl von Menschen (*greatest happiness of the greatest number*) sein müsse. Bentham war so recht ein Sohn des vernunftgeleiteten, aber auch zu Exzessen neigenden 18. Jahrhunderts. Seit August 1792 war er, zusammen mit Klopstock, Schiller u.a., Ehrenbürger der revolutionären Französischen Republik. Es sei doch schön, meinte ich zu dem Kollegen, der mich durch das University College führte, daß Traditionspflege bei ihnen noch immer so hochgehalten werde und sie zum Zeichen dafür die lebensgroße Puppe von Jeremy Bentham in das Leben ihres College einbezögen. Aber nein, antwortete der britische Kollege, das ist keine Puppe, das ist er, *Jeremy Bentham himself.* Bentham nämlich hatte verfügt, daß seine Fakultätsgenossen die Zinsen seines hinterlassenen Vermögens gebrauchen dürften, solange er leibhaftig in ihrer Mitte sei. Die Professoren des University College haben die ihnen damit gestellte Aufgabe trickreich gelöst. In der Encyclopaedia Britannica liest sich dies dann so: »After Bentham's death, in accordance with his directions, his body was dissected in the presence of his friends. The skeleton was then reconstructed, supplied with a wax head to replace the original (which had been mummified), dressed in Bentham's own clothes and set upright in a glass-fronted case.« Da grüßt er nun seit mehr als einem Jahrhundert aus seinem Glaskasten die Besucher des College und sitzt einmal im Jahr, von fröhlichen Studenten durchs Haus getragen, wie zu Lebzeiten am *High Table,* um gleichsam mitzufeiern, mitzuspeisen, mitzulachen.

Die Geschichte des erfüllten Testamentes von Jeremy Bentham ist hoch charakteristisch für jenes 18. Jahrhundert, in dem die Faszination der Körperlichkeit des Menschen, seine *leibhafte* Verfassung die Basis eines weit fortgeschrittenen Humanitätsdenkens abgegeben hat. Johann Gottfried Herder, Goethes Freund und später sein Kritiker, hat einen solchen Begriff von »Menschheit« im Unterschied zu »Tierheit« und »Gottheit« entfaltet und meinte damit das Ideal der Entwicklungsfähigkeit des Menschen zu Vernunft und Kultur, zum Ebenbild seines Schöpfers. »Ich wünschte«, sagt Herder, »daß ich in das Wort Humanität alles fassen könnte, was ich bisher über des Menschen edle Bildung zur Vernunft und Freiheit, zu feinern Sitten und Trieben, zur zartesten und stärksten Gesundheit, zur Erfüllung und Beherrschung der Erde gesagt habe: denn der Mensch hat kein edleres Wort für seine Bestimmung als Er selber ist, in dem das Bild des Schöpfers unserer Erde, wie es hier sichtbar werden konnte, abgedruckt lebet.« »Humanität« also bedeutet das, was der Mensch selber ist, was seine Bestimmung und ihm gemäß ist, die Position des Maßes und der Mitte. Schiller und ihm folgend Heinrich von Kleist haben diese Position der zerbrechlichen Menschennatur als eine Stellung zwischen Engel und Teufel definiert. Für Herder ist die ganze Schöpfung nur einem großen Gesetz unterworfen, der Bildung zur menschlichen Gestalt. Lange vor Darwin hat er das eine, in allem Erschaffenen wirkende Naturgesetz postuliert, das hingeordnet ist auf die schöne und reine Menschengestalt: »Beim Menschen ist auf die Gestalt, die er jetzt hat, alles eingerichtet; aus ihr ist in seiner Geschichte Alles, ohne sie nichts erklärlich und da auf diese, als auf die erhabne Göttergestalt und künstlichste Hauptschönheit der Erde auch alle Formen der Tierbildung zu konvergieren scheinen, und ohne jene, so wie ohne das Reich des Menschen, die Erde ihres Schmucks und ihrer herrschenden Krone beraubt bliebe; warum sollen wir dies Diadem unsrer Erwählung in den Staub werfen [...]« Die Neugierde, den menschlichen Körper, diese wundersam lebendige, die Schöpfung repräsentierende und ihrer selbst bewußte Gestalt zu erforschen, sie auch über den letzten Atemzug hinaus in ihren Defekten und ihrer Funktionsweise zu kennen, ist vermutlich das hervorstechende Merkmal der Moderne, bis tief ins 19. Jahrhundert hinein. Die von Ernst Heilborn berichteten Anekdoten erklären die Neugierde der Menschen auf den im Blick der Zeitgenossen maschinell verfaßten Menschenkörper recht plastisch. Alexander von Sternberg, so wird von Heilborn berichtet, habe »seine Frau schwerlich geliebt. Nachdem sie aber gestorben war, ließ er an ihrem Sarg ein Schiebefenster anbringen, durch das er die Leiche von Zeit zu Zeit beobachtete. Rahel [Varnhagen], deren Namen man ungern und nur mit seelischem Widerstreben in solchem Zusammenhang nennt, [da sie das Urbild der Frauenemanzipation schon im 18./ 19. Jahrhundert gewesen ist], hatte die Bestimmung getroffen, daß sie in einen schlichten Sarg mit Glasdeckel oder doch mit kleinen grünen Scheiben gelegt werden sollte, der nicht in die Erde zu versenken, sondern in einem kleinen Gebäude beizusetzen sei«. Und am Schluß von Goethes Roman »Die Wahlverwandtschaften« (1809) gibt Eduard seine Zustimmung zur Bestattung Ottilies nur, »wenn sie im offenen Sarge hinausgetragen, und in dem Gewölbe allenfalls nur mit einem Glasdeckel zugedeckt« werde. Es ist, als werde in solchen Verfügungen das Märchen von Schneewittchen lebendig. Deren Glassarg, in dem die Zwerge das am giftigen Apfel (der Neugier und der Erkenntnis) erstickte Mädchen so ausstellten, daß es von allen Seiten in seiner unverwesten Schönheit zu sehen war, erschien zuerst in der Fassung der »Kinder- und Hausmärchen« der Brüder Jakob und Wilhelm Grimm im Jahre 1812. In anderen, von den Brüdern Grimm mitgeteilten Fassungen wickeln die Zwerge das von der bösen Stiefmutter vergiftete Schneewittchen in ein Tuch, um den Körper zu verbrennen. Oder sie legen es in einen silbernen Sarg. In der Fassung letzter Hand der »Kinder- und Hausmärchen« (1857) finden die Zwerge, »wie sie abends nach Hause kamen, [...] Sneewittchen auf der Erde liegen, und es ging kein Atem mehr aus seinem Munde, und es war tot«. Doch der Leichnam zeigte auch nach drei Tagen noch keine Spuren der Verwesung, das Mädchen »sah noch so frisch aus wie ein lebender Mensch und hatte noch seine schönen roten Backen«. Da sprachen die Zwerge zueinander:

> »Das können wir nicht in die schwarze Erde versenken, und ließen einen durchsichtigen Sarg von Glas machen, daß man es von allen Seiten sehen konnte, legten es hinein und schrieben mit goldenen Buchstaben seinen Namen darauf, und daß es eine Königstochter wäre. Dann setzten sie den Sarg hinaus auf den Berg, und einer von ihnen blieb immer dabei und bewachte ihn. Und die Tiere kamen auch und beweinten Sneewittchen, erst eine Eule, dann ein Rabe, zuletzt ein Täubchen. Nun lag Sneewittchen lange, lange Zeit in dem Sarg und verweste nicht, sondern sah aus, als wenn es schliefe, denn es war noch so weiß als Schnee, so rot als Blut und so schwarzhaarig wie Ebenholz.«

So hat es der Königssohn entdeckt und sich sogleich unsterblich in das scheintote Schneewittchen verliebt. Über das glückliche Ende dieser Geschichte haben wir uns wohl alle gefreut, und unsere Kinder und Enkel freuen sich wie wir.

Christoph Wilhelm Hufeland, der von 1762 bis 1836 lebte und zunächst in Weimar, dann in Berlin Leibarzt gewesen ist, hat 1797 mit dem Buch »Die Kunst das menschliche Leben zu verlängern« einen in viele Weltsprachen übersetzten Bestseller geschrieben. Darin ist die weit fortgeschrittene Diätetik der Zeit (das heißt die Gesundheitslehre, die Kunst des richtigen Lebens) so konzentriert, daß er den von der Medizin im Stich gelassenen Menschen des späten 18. und des frühen 19. Jahrhunderts wie ein Wundertäter erschien. In Weimar hat Hufeland unter anderem die herzogliche Familie sowie Goethe,

Schiller, Herder und Wieland behandelt, in Berlin und Königsberg (insbesondere auf der Flucht vor Napoleon, im frühen Winter 1806) auch die preußische Königin Luise. »Das beste Mittel gegen Erkältung«, heißt es in Hufelands später »Makrobiotik« genanntem Buch, »ist, sich täglich zu erkälten.« Goethe hat 1797 (in einem Brief aus Frankfurt) Christiane Vulpius gebeten, aus seiner Bibliothek (wenn nötig mit Hilfe ihres Bruders) Hufelands »Buch über das lange Leben, in zwei Bänden« zu suchen und es seiner (Goethes) Mutter »mit einem dankbaren, heitern Briefe« zuzusenden. Hufeland – das scheint mir für den Körperdiskurs der Zeit charakteristisch – hatte unter Lichtenbergs Anleitung in Göttingen über den Scheintod promoviert. In dieser Zeit, die keine amtliche Leichenschau kannte, wurden in Deutschland Leichenschauhäuser gebaut, in denen die Toten drei Tage lang aufgebahrt wurden. Ein erstes dieser Schauhäuser stand 1791 in Weimar. Von der Vorstellung, lebendig begraben zu werden, waren die Menschen an der Wende zur Moderne gepeinigt. Die Nachricht, die im Mai 2004 in unseren Zeitungen zu lesen war, daß in Brasilien an den Särgen Alarmanlagen angebracht würden, um lebendig Begrabene zu retten, klang wie eine Geschichte aus dem späten 18. Jahrhundert.

Das Interesse am menschlichen Körper, auch in seinem Sterben und seinem Tod, entsteht also auf dem Höhepunkt des Modernisierungsschubes zwischen etwa 1780 und 1830. In der »Berlinischen Monatsschrift«, einem Kernorgan der Aufklärung, in der Kant (1784) die berühmte Frage beantwortete: »Was ist Aufklärung?«, findet sich im gleichen Jahr (1784) unter dem Stichwort »Körperwelt« eine Debatte über die Hexenprozesse und die Hinrichtungen mit dem Schwert, die wegen der ungeübten Henker in ein blutiges Schlachten ausgeartet waren. So ist es nicht abwegig zu bemerken, daß die Neugier auf den menschlichen Körper durch die Revolutionsereignisse in Frankreich mit verursacht wurde. Dort sahen Scharen von Zuschauern täglich die Guillotine, das angeblich humane und früher nur privilegierten Todeskandidaten vorbehaltene Fallbeil, in Betrieb. Sie sahen lebendige, auch jugendfrische Körper zu Tausenden so enthauptet, wie dies Bentham als Verfahren für den eigenen Leichnam vorgeschrieben hatte. Nicht zufällig hat Goethe die erste seiner »Römischen Elegien«, die er zum Druck gegeben hat, abweichend von der tatsächlichen Entstehung, mit der ominösen Jahreszahl der Revolution überschrieben: »Elegie. Rom 1789«. In dieser Elegie wird ein nebeneinander ruhendes Liebespaar beschrieben, wobei die Zeitgenossen wohl den Hinweis auf das Haupt der jungen Frau, das fest auf dem Halse sitzt und im Arm des Geliebten ruht, anders und aufmerksamer gelesen haben als wir heute. Auch so mancher schöne Kopf wurde damals vom Halse getrennt, und Goethe hat darüber in seiner Beschreibung der »Campagne in Frankreich« berichtet. In der erstveröffentlichten Elegie aber heißt es:

> »Dich Aurora hat auch Amor der lose verführt.
> Du erscheinest mir nun als seine Freundin und weckest
> Mich an seinem Altar, wieder zum Dienste mich auf.
> Find ich die Fülle der Locken an meinem Busen! Das Köpfchen
> Drucket ruhend den Arm, der sich dem Halse bequemt.
> Welch ein freudig Erwachen! [...]«

Die klassisch-romantische, auch in der klassizistischen Damenmode der Zeit zum Vorschein kommende Entdeckung des Körpers und dessen Idealisierung, bleibt natürlich nicht auf die Kunst, die Wortkunst, die Skulptur, die Malerei, beschränkt. Diese Entdeckung des Körpers in der Kunst gehört vielmehr zu einem Diskurs, der die Wissenschaft, die Kunst, die Volksliteratur ebenso bewegte wie das Alltagsleben. Die Neugier auf das Interessante, die Begier, Neues von jenem Körper zu erfahren, dem das Ich zugehörig ist, ohne den es ein Ich und ein Selbst und die Erfahrung menschlicher Existenz überhaupt nicht geben kann, hat in dieser Zeit wie eine Epidemie um sich gegriffen. Sie steht am Beginn der neuzeitlichen Organmedizin, die freilich erst nach der Mitte des 19. Jahrhunderts auch therapeutische, zunächst, fast ein Jahrhundert lang, nur diagnostische Erfolge vorzuweisen hatte. Die diagnostischen Erfolge aber sind wiederum auf eine Körperentdeckung zurückzuführen, weil dem Sinn des Sehens, der jahrhundertelang als der Königssinn des Menschen gegolten hat, nun das taktile Vermögen zur Seite gestellt wurde. Die Entdeckung der Leiblichkeit des Menschen also hängt eng zusammen mit einem Wechsel in der Sinneshierarchie, in dem die Berührung neben das Sehen tritt, in dem in der Medizin Abhorchen, Abtasten, Abklopfen zu den nun systematisch ausgestalteten Methoden der Diagnose gehörten und die richtige Blitzdiagnose der ganze Stolz des Arztes war.

Wieder sind Goethes »Römische Elegien« der beste Beleg für den Diskurswandel. Der Chiasmus des berühmten Verses der Liebesnacht (»Sehe mit fühlendem Aug', fühle mit sehender Hand«), heute längst neurologisch bestätigt, enthält in sich eine Sinnesrevolution, die moderne Körperentdeckung, welche schließlich die sezierende Anatomie zur Leitwissenschaft der Zeit gemacht hat. Goethes Romanfigur Wilhelm Meister, dessen Leidenschaft noch 1795/96 dem Theater gehört, wird in dem Altersroman »Wilhelm Meisters Wanderjahre« (1820/21 und in der zweiten Fassung 1829) zum Wundarzt herangebildet und berichtet seinen Freunden, wie das Theater zu einer Stufe auf diesem Entwicklungswege wurde. Durch das Studium der Schauspielkunst, durch die Beobachtung des eigenen Körpers, der im Theater nur leicht bekleideten Körper der Mitspielenden, durch den »loseren Zustand, in dem eine solche Gesellschaft lebt«, sei er »mehr mit der eigentlichen Schönheit der unverhüllten Glieder bekannt [gemacht worden] als [in] irgend einem anderen Verhältnis«. So, berichtet Wilhelm Meister, sei er schließlich vorbereitet genug gewesen, »dem anatomischen Vortrage, der die äußeren Teile näher kennen lehrte, eine folgerechte Aufmerksamkeit zu schenken«. Unangenehm hindernd sei bei dem Studium der Anatomie aber »die immer wiederholte Klage vom Mangel der Gegenstände [gewesen], über die nicht hinreichende Anzahl der verblichenen Körper, die man zu so hohen Zwecken unter das Messer wünschte«.

In der sich zivilisierenden Zeit im letzten Drittel des 18. Jahrhunderts, in der – von Revolutionen abgesehen – die Hinrichtungen seltener wurden, konnten die Selbstmörder die Nachfrage nach zu sezierenden Körpern nicht mehr befriedigen. Es war eine Zeit, in welcher Grabraub und Leichenhandel blühten: »Kein Alter, keine Würde, weder Hohes noch Niedriges war in seiner Ruhestätte mehr sicher [heißt es in Goethes Roman »Wilhelm Meisters Wanderjahre«]; der Hügel, den man mit Blumen geschmückt, die Inschriften, mit denen man das Andenken zu erhalten getrachtet, nichts konnte gegen die einträgliche Raubsucht schützen; der schmerzlichste Abschied schien aufs grausamste gestört und indem man sich vom Grabe wegwendete mußte schon die Furcht empfunden werden, die geschmückten beruhigten Glieder geliebter Personen getrennt, verschleppt und entwürdigt zu wissen.«

In dieser Zeit wurde die Kunst des anatomischen Wachsmodells zur Perfektion gebracht. Vorbild dafür waren die prächtigen anatomischen Wachsskulpturen, die Kaiser Joseph II. für 30000 Gulden von Florentiner Künstlern aus Wachs und Terpentin (nach einem Geheimrezept) hatte anfertigen lassen. Noch heute sind in Wien etwa der Muskelmann in der Pose des antiken Rhetors oder der Lymphgefäßmann in der Pose der Gemälde Michelangelos zu sehen. Goethe haben diese Plastiken so beeindruckt, daß er meinte, in der Herstellung solcher Phantome die Lösung des Materialproblems für den anatomischen Unterricht seiner Zeit sehen zu können. Er hat die Kunst der anatomischen Plastik der Bildhauerei gleichgestellt. Goethe konnte im Kampf um Leichen oder Wachsmodelle recht drastisch werden. 1832 hat er in einer Denkschrift für die preußische Regierung noch einmal solche Wachsmodelle vorgeschlagen und auf den anhaltenden Mangel an zu sezierenden Leichen verwiesen: »Landes-Verräter mögen geviertteilt werden, aber gefallene Mädchen in tausend Stücke anatomisch zu zerfetzen, will sich nicht mehr ziemen.« Wie in unseren Tagen sich der illegale Organhandel mit dem Verbrechen verbündet, beschafften zu Goethes Zeiten Mörderbanden jene Leichen zur Sektion, die legal nicht zu beschaffen waren. Die Wachsplastik hat deshalb Goethe, der Künstler, über die »wirkliche Zergliederung, die immer etwas Kannibalisches« habe, gestellt, denn »Verbinden heißt mehr als Trennen, Nachbilden mehr als Ansehen«. An dieser Stelle und mit diesem Satz trennt sich im Grunde die moderne Wissenschaft von der Kunst, weil aus Trennung und Vereinzelung Technik und Experiment entstehen. Als Goethe die Anatomie im Bannkreis der Kunst erhalten wollte, als er die Studenten durch die Herstellung menschlicher Organe aus Wachs und anderem Material anatomisch unterrichten lassen wollte, nicht durch die Präparation von Leichenteilen, begannen jene Massensektionen, für welche die Wiener Klinik und die Wiener Schule der Anatomie berühmt geworden ist. Der Wiener Anatom Carl Rokitansky (1804-1878) hat jährlich rund 2000 Leichen seziert, wozu in den 47 Jahren seiner Tätigkeit noch etwa 25000 gerichtsmedizinische Obduktionen kamen. An der Wiener Gebärklinik, in der die Geburtshelfergriffe an Frauenleichen geübt wurden, war jener Ignaz Semmelweis (1846-1849) als Assistenzarzt tätig, der (schon 1847) die Kontaktinfektion als Ursache des bei den Gebärenden grassierenden Kindbettfiebers erkannte. Von seinen Kollegen wurde er als Spinner abgetan. Er starb in der Döblinger Irrenanstalt – und ging als »Retter der Mütter« in die Geschichte ein. Zu Rokitanskys Zeiten meinte noch Adalbert Stifter, ein Dichter aus der Schule Goethes, daß die Psyche des Menschen besser durch die literarische Herstellung von Menschen zu erforschen sei als durch Exploration und die beginnenden Menschenexperimente. »Verbindung« (Herstellung) war das große Thema der Literatur, »Trennung« war das (auch für andere Wissenschaften) leitende Thema der Anatomie, welche nun aufhörte, eine Kunst zu sein, um eine Wissenschaft zu werden.

Was an der Entwicklung von Goethes »Wilhelm Meister«-Romanen zwischen etwa 1795 und 1821 abzulesen ist, kann auch als die von Michel Foucault so genannte Archäologie des ärztlichen Blickes, besser sollte man sagen, als die Archäologie des diagnostischen Handelns verstanden werden, die Entstehung der modernen, naturwissenschaftlich verstandenen Krankheits-Phänomenologie, der, durch die langsamere Entwicklung von Chemie und Pharmazie, die therapeutische Entwicklung nicht nachgekommen ist. Joseph Skoda (1809-1881) war, neben Carl Rokitansky, einer der bekanntesten Vertreter der zweiten Wiener Schule. Er perfektionierte die physikalische Diagnostik und setzte sich – zu seinem Ruhme sei es gesagt – schon früh für seinen Kollegen Ignaz Semmelweis ein. Das Körperinteresse aber, das am Anfang der modernen Medizin steht, entwickelte sich intensiv seit dem Ende des 18. Jahrhunderts, in einer körper- und medizingeschichtlich wahren Schwellenzeit. Der Blick des Arztes wandte sich von der Hypothese des Zusammenhangs von Schönheit und Gesundheit ab und der Sammlung schwieriger und ausgefallener Körpersymptome zu. Gelegentlich schien ein rascher Tod und die damit mögliche Sektion zur Bestätigung der Blitzdiagnose – überspitzt ausgedrückt – geradezu als Ziel ärztlicher Bemühung zu gelten. Jean Pauls Dr. Katzenberger (in dem sarkastischen Roman »Dr. Katzenbergers Badereise«, 1809) ist zum Beispiel entflammt für Mißgeburten und menschliche Monstrositäten: »Eine Mißgeburt ist mir als Arzt eigentlich für die Wissenschaft das einzige Wesen von Geburt und Hoch- und Wohlgeboren; denn ich lerne mehr von ihm als vom wohlgeborensten Manne. Aus demselben Grunde ist mir der Fötus in Spiritus lieber als ein langer Mann voll Spiritus; und Embryonengläser sind meine wahren Vergrößer-Gläser des Menschen.« Der reisende Anatom meinte gar, er könne »z. B. mit einer weiblichen Mißgeburt, wenn sie sonst durchaus nicht wohlfeiler zu haben wäre, in den Stand der Ehe treten«, und selbst während der Schwangerschaft seiner Frau habe er nicht daran gedacht, »aufrechte Tanzbären, Affen oder kleine Schrekken und meine Kabinetts-Pretiosen fern von ihr zu halten, weil sie doch im schlimmsten Falle bloß mit einem monströsen Ehesegen mein Kabinett um ein Stück bereichert hätte«. Die Trennung des alten, dem Heilen und Helfen verpflichteten Arztbildes vom neuen Bild des Arztes, als Forscher, Entdecker und Diagnostiker, ist signifikant. Katzenbergers (fast zu seinem Leidwesen: schöne) Tochter Theoda ist im Irrtum, wenn sie das Handeln des Vaters, »als heilender Arzt Armen öfter als Vornehmen zu Hülfe [zu eilen] und dabei lieber in den seltensten gefahrvollsten als in gefahrlosen Krankheiten der Schutzengel« zu werden, seiner Uneigennützigkeit zuschreibt. Die Tochter, so berichtet der allwissende Erzähler dem Leser, wußte nicht, daß ihrem Vater »eigentlich die Wissenschaft, nicht der Kranke höher stand als Geld und daß er mit einer gewaltigen Gegnerin von kranker Natur am liebsten das medizinische Schach spielte, weil aus der größten Verwicklung die größere Lehrbeute zu holen war; ja er würde für eine stichhaltige Versicherung der bloßen Leichenöffnung jeden umsonst in die Kur genommen haben aus Liebe zur Anatomie«.

2. Das 21. Jahrhundert

Der Rückgriff in die Geschichte, in die »Sattelzeit« der Moderne am Ende des 18. und am Beginn des 19. Jahrhunderts, erlaubt Tendenzen am Beginn des (scheinbar rationalisierten) 21. Jahrhunderts besser zu verstehen, die sich parallel zu dem skizzierten Diskurs entwickeln. Der Körperdiskurs ist zu Beginn des 21. Jahrhunderts vielleicht noch lebhafter als in der Sattelzeit der Moderne; heute ist nicht nur von einem *iconic turn*, sondern auch von einem *body turn* die Rede. Dem Angstgedächtnis des Menschen entsprungen, nistet sich in diese Diskurse die Vorstellung ein, es könnte zu irreversiblen Veränderungen des Körpers und damit nicht nur zur Veränderung von *Menschenbildern*, sondern zu einer (auch äußerlich sichtbaren) Veränderung der Spezies kommen, welche uns eines nicht allzu fernen Tages vielleicht nicht einmal mehr ahnen läßt, was wir verloren haben. Die Vorstellung, der Körper und damit das leibhafte Zentrum unseres Ich, unseres Daseins, unserer Selbstreflexion könne uns (nicht nur mir, dem einzelnen, sondern der Menschheit als Spezies) abhanden kommen, speist sich daraus, daß nunmehr die molekularen Grundlagen des lebendigen Körpers erforscht und aufgeklärt werden, daß die Verwurzelung dieses zerbrechlichen Körpers in einer Erbsubstanz erkannt wird, welche über Jahrmillionen hin hochkonserviert erhalten blieb und jetzt erstmals dem Zugriff des Menschen offenliegt. Die Aufklärung der Funktionsweise und der Steuerung dieses Körpers durch das zentrale Nervensystem scheint möglich, die Verbindung von lebenden Zellen mit schneller als das menschliche Gehirn rechnenden Maschinen ist gelungen, der technische Eingriff in Bereiche, in denen die geschichtliche Spur des Menschen in die Ferne innen wie außen unendlicher Räume entschwindet, wurde möglich.

Jürgen Habermas hat erkannt, daß die heute mögliche, »auf menschliche Erbanlagen ausgedehnte Manipulation [...] die Unterscheidung zwischen klinischem Handeln und technischer Herstellung im Hinblick auf die eigene innere Natur rückgängig« macht. Er hat in einer aufschlußreichen Zusammenfassung von komplizierten Überlegungen Helmuth Pleßners darauf verwiesen, daß es für den Menschen, so wie wir ihn kennen und bewerten, notwendig ist, sowohl »Leib zu sein« als auch »Körper zu haben«: »Ihren Körper ›hat‹ oder ›besitzt‹ eine Person nur, indem sie dieser Körper als Leib – im Vollzug ihres Lebens – ›ist‹. Ausgehend von diesem Phänomen des gleichzeitigen Leibseins und Körperhabens, hat Helmuth

Pleßner ... [schon in den zwanziger Jahren des vorigen Jahrhunderts] die exzentrische Position des Menschen beschrieben und analysiert«. Pleßner hat verdeutlicht, daß Leib und Körper, »obwohl sie keine material von einander trennbaren Systeme ausmachen, sondern Ein und Dasselbe, nicht [zusammenfallen]. Der Doppelaspekt ist radikal« und gehört zur Bestimmung des Menschen, des Menschen jedenfalls, wie wir ihn seit Jahrtausenden kennen. Das Skelett des einem kulturellen Wandel unterworfenen Menschen hat sich seit 30000 Jahren nicht mehr verändert. Und weil dies so ist, haben wir uns an uns gewöhnt und fühlen uns in diesem Körper im Grunde doch wohl. Die notwendige Doppelung des Menschen aber, Leib zu sein und Körper zu haben, würde durch irreversible Eingriffe von (so Habermas) ehrgeizigen, experimentierfreudigen oder besorgten Eltern in das Erbgut ihrer Nachkommen zerstört, von denen sie zum Beispiel sportliche, künstlerische, intellektuelle Hochleistungen oder auch nur ein bestimmtes Geschlecht, bestimmte Haar- und Augenfarben erwarten. Das Kind (dessen Herkunft in Zukunft vielleicht nur auf bestimmte Stammzellinien, nicht mehr auf Personen zurückzuführen sein wird) erfährt dann die Perspektive auf den eigenen Leib als die »vergegenständlichende Perspektive von Herstellern oder Bastlern«. Denn die Eltern »haben ohne Konsensunterstellung allein nach eigenen Präferenzen entschieden, als verfügten sie über eine Sache«. Das ohnmächtige Bewußtsein, von einem Labor und sonst von nichts abzustammen, hergestellt und unveränderlich programmiert zu sein, hätte existentielle Folgen, welche so »hergestellte« und zur Person herangewachsene Menschen aus der Gemeinschaft des genetischen Zufalls ausschließen. Das ist die konkrete Gefahr der Moderne, vor der die Literatur, die Philosophie und die Theologie zu warnen beginnen.

Daß solche Vorstellungen nicht in das Reich der Horrorvisionen oder zur Science-Fiction-Literatur gehören, sondern zur Realität unseres Daseins, hat schon Hans Jonas in den achtziger Jahren des letzten Jahrhunderts überlegt. »In jedem Fall«, meinte er, »ist die Idee, die menschliche Konstitution zu überarbeiten, oder ›unsere Nachkommen zu entwerfen‹, nicht mehr phantastisch; noch ist sie untersagt durch ein unverletzliches Tabu. Sollte es zu *dieser* Revolution kommen, sollte technologische Macht wirklich an den elementaren Tasten zu basteln beginnen, auf denen das Leben für Generationen seine Melodie wird spielen müssen [...]: Dann wird eine Besinnung auf das menschlich Wünschenswerte und darauf, was die Wahl bestimmen soll – kurz, eine Besinnung auf das ›Bild des Menschen‹ – gebieterischer und dringlicher als jede Besinnung, die je der Vernunft sterblicher Menschen zugemutet wurde.« Darum also geht es im Körperdiskurs und in der Körperkonjunktur unserer Tage, um die Frage nach einem neuen »Bild des Menschen«, da sich die überlieferten Bilder, in denen immer zumindest der uns vertraute Leib im Mittelpunkt der Ich-Erfahrung stand, mit zunehmender Geschwindigkeit aufzulösen scheinen.

Charakteristisch für den modernen Körperdiskurs ist, um dieses Beispiel noch einmal anzuführen, der Publikumserfolg der Ausstellung »Körperwelten« des Anatomen Günther von Hagens. Diese Ausstellung wurde nicht nur von Skandalen, gerichtlichen Auseinandersetzungen und gänzlich unnötigen Provokationen begleitet, sondern auch von einem (gut gestalteten) Katalog interpretiert. Er gibt einer kontroversen, besonnenen Stimme Raum, der des badischen Landesbischofs der Evangelischen Landeskirche Ulrich Fischer. In dieser Ausstellung wird das Verfahren Günther von Hagens‘, menschliche und tierische Leichen plastinieren zu können, so angewandt, daß aus echten menschlichen Körpern und Körperteilen Kunstobjekte entstehen. Auch wenn Günther von Hagens meint, in der Tradition des anatomischen Theaters (seit der Renaissance) zu stehen, ist seine Ausstellung präparierter, plastinierter Menschenkörper doch eine (ihres Materials wegen problematische) Kunstausstellung. Der menschliche Körper wird als Körper ästhetisch zugerichtet, sein Leib vergessen, das Plastinat macht ihn zu einem Objekt der Neugierde, des ästhetischen Sehens, zu einem Exponat des anatomischen Museums. Insbesondere der Schubladenmann oder der auf vielen Plakaten abgebildete Mann, der in Siegerpose seine Haut über dem erhobenen rechten Arm (zu Markte) trägt, sowie das von Ulrich Fischer beschriebene Plastinat, »bei dem alle Einzelbestandteile des menschlichen Körpers, auf Nylonfäden aufgehängt, zu einem Mobile figuriert« waren, kennzeichnen die Auflösung des komplexen menschlichen Körpers, der als lebendiger Organismus immer mehr ist als die Summe seiner Teile, in ebendiese seine Teile. Es geht nicht darum, die uns allen bekannten, aufklappbaren (und aufklärenden) Lexikonbilder des menschlichen Körpers nun am menschlichen Körper selbst vorzuführen, es geht um die durch die Plastination mögliche ästhetische Zurichtung des Körpers, in der die Erinnerung an den Leib (als Subjekt dieses Körpers) schwindet. Sie, die ästhetische Zurichtung des toten menschlichen Körpers, ist der Kern der Auseinandersetzung um diese Ausstellung.

Dabei ist die Ausstellung »Körperwelten« nur *eine* Form des ästhetischen Experimentierens mit dem menschlichen Körper, immerhin noch von einem Anatomen aus einem vielleicht ursprünglich anatomischen Interesse gestaltet. Die Entdeckung der Biotechnologie durch die bildende Kunst hat weit problematischere Formen und Gestalten hervorgebracht, die ihrerseits noch einmal auf die Auflösung der Gestalteinheit des Körpers weisen. Jeremy Rifkin hat im Januar 2003 darüber berichtet, daß der amerikanische Künstler Eduardo Kac ein Team von Genetikern beauftragt habe, »ein transgenes Kaninchen mit dem fluoreszierenden Gen einer Qualle in seinem genetischen Code zu erzeugen. Das Kaninchen, das leuchtet, gilt als ein lebendes Stück genetischer Kunst«. Solche Genbasteleien, die nicht mehr mit irgendeinem humanitären Zweck verbrämt werden, sondern nur noch dem Experiment mit dem

Lebendigen dienen, haben so zugenommen, daß die von Hans Jonas noch als festgefügt benannte Tabugrenze längst durchbrochen ist. Im Jahr 2003, berichtet Rifkin, habe in den USA die Ausstellung »Genesis« die Runde gemacht. »Wie Kac beim leuchtenden Kaninchen benutzen viele der ausgestellten Arbeiten die Werkzeuge der genetischen Wissenschaft, um lebende Darstellungen zu erschaffen, so wie ihre Vorgänger Pinsel und Farbe benutzten, um etwas darzustellen.« Hier wird nicht eine neue Einheit von Kunst und Wissenschaft geboren, wie die Kuratorin des Whitney Museum of American Art meinte, hier wird mit dem Leben gespielt und an ihm gebastelt, hier werden unter dem Deckmantel der Kunst mutwillig jene Grenzen überschritten, die bisher die Arten voneinander getrennt haben. Chimären werden erzeugt, die Artgrenzen durchbrochen, Schaf und Ziege in einem »Geep« (aus »goat« und »sheep«) genannten Lebewesen gekreuzt. Und der Film »Spiderman«, der 2003 Tausende junger Menschen in die Kinos zog, ist so utopisch nicht. Denn das Experiment, Spinnen-Gene in Ziegenembryonen einzupflanzen, so daß die Ziegen eine Menge von Spinnwebfäden in ihrer Milch produzierten, scheint gelungen zu sein. Rifkin hat die Menschheit vor dieser High-Tech-Eugenik gewarnt, »deren kalte technologische Seite unter dem Mantel der Kunst versteckt wird«.

Zu den Genbasteleien moderner Kunst-Happenings aber treten die Angstfiguren jener virtuellen Menschen, von denen ästhetische und wissenschaftliche Phantasien schwärmen. Gundolf S. Freyermuth hat diese virtuellen Menschen als reine Datenwesen beschrieben, in denen »sich die Befreiung des Geistes aus dem Gefängnis des sterblichen Körpers« manifestiere. Er unterscheidet auf übersichtliche Weise die älteren »androiden Angstbilder« der utopischen Phantasie, wie die Automatenmenschen, Frankenstein oder autonom handelnde Maschinen, von denen des digitalen Zeitalters: Cyborgs, Klone, virtuelle Menschen. Zu den älteren Angstbildern künstlicher Menschen gehören Goethes Homunculus (im zweiten Teil des

»Faust«) ebenso wie jene singenden, schreibenden, weissagenden Automaten, die in der Realität schon des 18. Jahrhunderts verankert sind und in romantischer Literatur oftmals das »Wunderbare« verkörpern. Sie kennzeichnen, am Beginn einer die Gesellschaften des alten Europa ereilenden Zerstörung sozialer Milieus, die ungeheure Beschleunigung, mit welcher die Erfahrungswissenschaften und die Technik den humanen Diskurs der Zeit überholten. Homunculus und (menschenähnliche) Automaten aber weisen über sich hinaus in ein Zeitalter, in dem die ungeschlechtliche Vermehrung des Menschen, die Menschenzüchtung in einem künstlichen Uterus, die Herstellung »künstlicher Intelligenz« und die leistungssteigernde Verbindung lebenden Materials mit rechnenden Maschinen als gesellschaftlich anerkannte Forschungsziele gelten.

Sie erscheinen uns heute nicht nur deshalb als visionäre Überlegungen, weil sie am Anfang der Technik-Beschleunigung stehen, sondern weil sie die Macht jener Einbildungskraft beschreiben, die sich in Kunst und Wissenschaft jeweils auch wirklichkeitskonstituierend erwiesen hat und bis heute erweist. Goethes Homunculus, der nach Paracelsus gebildete Mensch im Glas (*in vitro*), ist im »Faust« ein Produkt des platten Verstandes und der dämonisch-lüsternen Neugier, ein Produkt Wagners und Mephistos, die zusammen den Weg der Natur verlassen, um künftig das Labor an die Stelle der Liebesnacht zu setzen:

> »MEPHISTOPHELES *leiser*
> Was gibt es denn?
>
> WAGNER *leiser*
> Es wird ein Mensch gemacht.

MEPHISTOPHELES
Ein Mensch? Und welch verliebtes Paar
Habt ihr in's Rauchloch eingeschlossen?

WAGNER
Behüte Gott! wie sonst das Zeugen Mode war
Erklären wir für eitel Possen.
Der zarte Punkt aus dem das Leben sprang,
Die holde Kraft die aus dem Innern drang
Und nahm und gab, bestimmt sich selbst zu zeichnen,
Erst Nächstes, dann sich Fremdes anzueignen,
Die ist von ihrer Würde nun entsetzt;
Wenn sich das Tier noch weiter dran ergötzt,
So muß der Mensch mit seinen großen Gaben
Doch künftig höhern, höhern Ursprung haben.«

In der gleichen Szene wird der (natürliche) Zufall vorausschauend seiner dominierenden Stellung im Kreislauf von Werden und Vergehen entsetzt, denn Wagners Prophezeiung lautet:

»Ein großer Vorsatz scheint im Anfang toll,
Doch wollen wir des Zufalls künftig lachen,
Und so ein Hirn, das trefflich denken soll,
Wird künftig auch ein Denker machen.«

Es könnte sein, daß Goethe, dessen Faust am Ende seines Lebens Wasserbauingenieur wird, zu den Überlegungen von Kopfgeburt und Maschinenmenschen durch die in Europa weithin diskutierten Automaten des französischen Mechanikers Jacques de Vaucanson angeregt wurde. Dessen mechanischer Flöten- oder der Tambourinspieler wurden noch übertroffen von der Sensation einer laufenden, schnatternden, fressenden, trinkenden und verdauenden Ente. Und wieder ist es kein Zufall, daß Vaucansons bewunderte Ente von einem Dichter der Moderne, von Hans Magnus Enzensberger, als poetischer Gegenstand neu entdeckt wurde. Jetzt aber als Symbol eines unreflektierten, daher stinkenden Fortschritts:

> »Auch die Ente wurde verbessert:
> Schließlich pickte sie Körner auf,
> verdaute sie sorgfältig, und *der Gestank,*
> *der sich jetzt im Raume verbreitet,*
> *ist unerträglich. Wir möchten dem Künstler*
> *die Freude ausdrücken, die seine zauberhafte*
> *Erfindung uns allen bereitet hat.* «

Übrigens wird auch Lamettries Traktat »L'homme machine« von 1748, in dem sprechende und denkende Androiden vorausgesagt wurden, unter die Quellenschriften Goethes gerechnet. Von Bedeutung scheinen mir dabei weniger die unmittelbaren Quellenbezüge als vielmehr die Intensität, mit welcher die Vorstellung denkender Maschinen und künstlicher Menschen im Angst- und Sensationsgedächtnis der Menschheit bewahrt wurde, um an bestimmten, gedanklich und technisch exponierten Stellen der kulturellen Entwicklung plastisch hervorzutreten. Der verzweifelte Ausruf des Schachgroßmeisters in unseren Tagen, als er sein Spiel gegen den Computer »Deep Blue« nicht gewinnen konnte – »Deep Blue denkt!« lautete dieser Ruf –, verdeutlicht den schmalen Grat zwischen Chance und Risiko, auf dem wir balancieren. Es ist ein Ruf der Verzweiflung über die Ohnmacht des einzelnen, dessen Verstandeskräfte der Schnelligkeit der Maschine nicht mehr gewachsen sind. Es ist zugleich ein Triumphschrei des menschlichen Erfindungsgeistes, daß nach der instrumentellen Verstärkung der Muskelkraft und der maschinellen Ersetzung der vereinten Kräfte vieler nun auch Verstand und Phantasie und Empfindung des Menschen technisch substituiert werden können. Vaucansons »Flötenbläser« und andere Musikmaschinen der Zeit stehen im Mittelpunkt von E.T.A. Hoffmanns Erzählung »Die Automate«, die um 1814 entstanden ist und 1819 erstmals gedruckt wurde. Die kunstvollen Maschinen sind hier Schreckensgestalten deshalb, weil sie menschliche Handlungen nachahmen und nichts als die Motorik simulieren, statt wie ein Instrument in Verbindung mit dem Menschen, seiner Kunstfertigkeit und seinem Gemüt die ursprüngliche Melodie der Natur zu suchen. Die hier beschriebenen Automaten sind »seelenlos«, »blicklos«, es sind »wahre Standbilder eines lebendigen Todes oder eines toten Lebens«. Die in diesen Maschinen geschehende Reduzierung des Menschen auf seine motorisch-mechanischen Fähigkeiten erzeugen den in Hoffmanns Erzählung benannten Eindruck des »Drückenden, Unheimlichen, ja Entsetzlichen«.

Der Komponist E.T.A. Hoffmann hat am Beispiel der Musik gezeigt, daß das Flötenspiel eben mehr ist als »der aus dem Munde strömende Hauch«, daß die »gelenkigen, geschmeidigen Finger, die dem Saiteninstrumente Töne entlocken, welche uns mit mächtigem Zauber ergreifen«, von jener »inneren Kraft des Gemüts« belebt sind, die auf das Lebendige, auf den ganzen bisher nicht erforschten und vermutlich (zum Trost der Ängstlichen) nie völlig erforschbaren Menschen weisen, nicht nur auf seine zu simulierenden Detailfähigkeiten. Die durchaus ernsthaften Versuche der Verbindung von biologischem Zellmaterial mit elektronischen Rechnern heute verdeutlichen, daß der Mensch versucht, den von Hoffmann beschriebenen Zustand der Simulation zu überwinden, die Maschine gleichsam zu beleben, ihr neuronale Fähigkeiten zu integrieren. In der Zielbestimmung allerdings (der nur vom ganzen Menschen zu leistenden Suche nach dem in den Tiefen der Natur verborgenen, »vollkommensten« Ton) scheint mir Hoffmann gedanklich schon weiter gewesen zu sein, als es solche Experimente sind. Auch der neue Versuch, Maschinenmenschen oder belebt-intelligente, selbstdenkende Computer zu schaffen, trägt in sich die Tendenz zur Entkörperlichung des Menschen, zur Auflösung seines Leibseins in der Isolation seines Zellmaterials.

Mir scheint, daß jene Körperexperimente, welche die »schwarze Romantik« in den ersten Jahrzehnten des 19. Jahrhunderts nicht nur literarisch unternommen hat, im Zeichen des *body turn* in unseren Tagen wiederentdeckt werden. Mel Gibsons ebenso umstrittener wie erfolgreicher Film »The Passion of the Christ« (2004) nämlich, in dem die Körperlichkeit des dort in langen Sequenzen gemarterten Jesus die Nerven der Zuschauer strapaziert, hat nicht nur biblische Vorlagen, sondern auch Quellen aus dem 17. und aus dem 19. Jahrhundert. »The Gospel According to Mel« hat die in Auckland (Neuseeland) erscheinende Tageszeitung THE DOMINION POST am 24. Februar 2004 einen langen Artikel überschrieben, der den Höhepunkt einer dort (in Gibsons Australien und in Neuseeland) engagiert geführten Diskussion markierte. Darin werden die Eindrücke von Zuschauern und Kritikern geschildert, die den Film vor seiner Freigabe für den Verleih sehen konnten. Rabbi David Sandmel, einer der wenigen Juden, die den Film vor der Premiere in Chicago gesehen haben, teilt dabei eine interessante Beobachtung mit, welche die historischen Verzerrungen, von denen er spricht, begründen könnten: »He says Gibson's decision to include the testimony of two nuns who claimed to have visions, Mary of Agreda (1602-1665) and Anne Catherine Emmerick (1774-1824), compounds the film's weaknesses.« So wurde die Debatte um Gibsons Realismus unversehens auch zu einer Debatte über die Geschichtlichkeit und den Realismus eines der berühmtesten (in viele Sprachen übersetzten) Andachtsbücher der Welt, des von dem romantischen Dichter Clemens Brentano 1833 erstmals anonym veröffentlichten Buches »Das bittere Leiden unsers Herrn Jesu Christi. Nach den Betrachtungen der gottseligen Anna Katharina Emmerick, Augustinerin des Klosters Agnetenberg zu Dülmen. (9ten Februar 1824.) Nebst dem Lebensumriß der Begnadigten«. In diesem Buch, in dem Brentano nicht danach fragte, *ob* wir durch Jesu Leiden erlöst wurden, sondern in dem er wissen wollte, *wie* dies geschah, herrscht das realistische Detail. Wie unter einem Vergrößerungsglas wird im Zeitlupentempo die Folterung, die Geißelung und der Tod Jesu am Kreuz gezeigt, ein Haupt voll Blut und Wunden, das die schwere Dornenkrone kaum zu tragen vermag. In die Bildsprache des Films übersetzt ergibt sich dann jene detailgesättigte Grausamkeit, die Mel Gibsons Film oftmals zum Vorwurf gemacht wurde.

Doch das Interesse Brentanos galt nicht nur der erzählten Körperlichkeit (Jesu), sondern vor allem der von ihm erfahrenen Körperlichkeit, dem an Anna Katharina beobachteten Phänomen der Stigmatisation, der Leidensübernahme durch einen modernen Menschen. Mit dem Körper der stigmatisierten Nonne hat Brentano in den sechs Jahren (1818-1824), in denen er in Dülmen von ihr Jesu Lebensgeschichte Schritt für Schritt, Tag für Tag zu erfahren suchte, experimentiert, als sei sie tatsächlich nichts anderes als »ein Werkzeug der Erkundigung«. Hierognosie, Nahrungslosigkeit, Ekstasen, Freitagsblutungen und andere psychosomatische Phänomene sind in dem (16.000 Folioseiten umfassenden, handschriftlichen) Konvolut von Brentanos Notizen reich dokumentiert. Selbst nach dem Tod der Nonne wollte er mit ihrem Körper noch experimentieren. Er stiftete Luise Hensel an, den Leichnam Anna Katharina Emmericks zu exhumieren und ihr die Hand abzuschneiden, damit er an der Hand der Toten ihre Fähigkeit zur Unterscheidung von Heiligem und Profanem erproben könnte. Luise Hensel, von Gerüchten beunruhigt, der Leichnam der Nonne sei gestohlen worden, bestach den Totengräber und ließ ihren Körper in der Nacht vom 19. auf den 20. Mai 1824 ausgraben. Nur weil der Mond durch die Wolken brach und das (mit Schimmel überzogene) Gesicht der Toten erschrekkend deutlich beschien, kam es nicht zu der (im Zeitalter des Leichenmangels nicht unüblichen) Verstümmelung des Körpers. Brentano hat den Bericht Luise Hensels über ihr nächtliches Abenteuer mit einem Vorwort und einem Nachwort versehen und geheftet in seinem Nachlaß aufbewahrt.

Damit aber sind wir nochmals bei der Diskussion um Mel Gibsons Film und seine naturalistische Beschreibung der Passion Jesu. Friedrich Wilhelm Graf hat davon gesprochen, daß Gibsons »Körper-Christus [...] die Marktführerschaft über die vielen Kuschelgötter und Jesus-Softies auf den boomenden Religionsmärkten Nordamerikas« übernehmen wollte. Dieser »Körper-Christus« aber ist vermutlich mehr. Er ist Teil einer künstlerischen Körperkonjunktur und darin auch ein Zeichen gegen die moderne Auflösung der Ganzheit des Körpers. Er ist in der detailgenauen Darstellung der Körperzerstörung ein Zeichen gegen Grausamkeit und Folter. Nur selten treten solche Grausamkeiten so grell an das Licht der Öffentlichkeit, wie bei den Szenen aus den irakischen Gefängnissen, die erst *nach* dem Siegeszug von Gibsons Film bekannt geworden sind. Der Film ist aber auch ein Zeichen gegen das moderne Körperdesign, gegen Wiederholung und Reproduktion, gegen Klonierung und Vorwegbestimmung, kurz gegen jene Kränkung des menschlichen Selbstgefühls, die uns allen bewußt werden wird, wenn es tatsächlich gelingen sollte, die Unverfügbarkeit des menschlichen Körpers und damit das Leibsein des Menschen biotechnisch aufzubrechen. Mit wie vielen Ersatzteilen kann ein Mensch ausgestattet werden, um noch er selber zu sein? Welche Identitätsprobleme wird eine Gesichtsverpflanzung mit sich bringen, wie sie für schwere Verbrennungen angedacht ist? Die Gehirnprothetik, an der die seriöse Wissenschaft zum Beispiel für die Schlaganfall-Therapie arbeitet, macht solche Fragen dringlich. Eine Antwort darauf haben wir nicht. Nicht nur um ein Zeichen für die eigene Reversion zu setzen und nicht nur um einen Religionsmarkt zu dominieren, hat sich Mel Gibson auf ein vormodernes Bibelverständnis und auf Brentanos romantisch-realistisches Andachtsbuch zurückgezogen, er hat am Beispiel der historizistisch verstandenen Passion Jesu die jäh und intensiv geschehende Zerstörung menschlicher Leiblichkeit demonstriert und damit der weltweiten Tendenz zur Auflösung des einmaligen und einzigartigen, des je individuellen Leibes schockierend widersprochen. Elegien auf den menschlichen Körper, wie sie Mel Gibson an einem prominenten Beispiel, am Körper des »Menschensohnes«, gestaltet hat, finden sich in Literatur und Film häufiger. Der Mensch legt – so lautet die Botschaft solcher Elegien – im 21. Jahrhundert Hand an das letzte Band, das ihn mit der Natur verbindet: er legt Hand an seinen Leib und damit an sich selbst.

*

Noch ist es nicht so weit, daß wir Abschied zu nehmen hätten vom vertrauten Bild der Menschheit zwischen Haß und Liebe, vom Bild des Körpers, wie ihn die Natur ebenso vor Augen stellt wie Kunst und Literatur, vom Bild eines Leibes, der auch in seiner Erniedrigung und noch in seiner Zerstörung das Humanum manifestiert. Alle Schreckensbilder aber, Folter und Grausamkeit, die Androiden und die Automaten, die virtuellen Wesen und das ganze *body-net* miteinander verbundener Datensätze menschlicher Gehirne sind Beiträge zu einem ungemein spannenden und lehrreichen Diskurs, der die Moderne seit dem 18. Jahrhundert begleitet. Er ist heute besonders intensiv, weil die technischen Möglichkeiten eines Angriffs auf den Körper von innen geschaffen sind und nicht nur die weltweite Konjunktur der Schönheitschirurgie belegt, daß der Mensch aufbrechen könnte, den seit 30000 Jahren gewohnten Körper zu verlassen, daß er sich an einen Phänotyp (und einen Genotyp) gewöhnen könnte, der Humanität, also das Maß, das der Mensch derzeit ist, weit hinter sich läßt.

Anmerkungen

Eine stark veränderte Fassung des vorliegenden Textes erschien erstmals in »Literatur in Bayern 73 (September 2003), S. 1-11. – Zitiert werden u.a. folgende Studien und Texte: *Adalbert Evers* und *Helga Nowotny*: Über den Umgang mit Unsicherheit. Die Entdeckung der Gestaltbarkeit von Gesellschaft. Frankfurt am Main 1987. – *Ernst Heilborn*: Zwischen zwei Revolutionen. Der Geist der Schinkelzeit (1789-1848). Berlin 1929. – *Jürgen Habermas*: Die Zukunft der menschlichen Natur. Auf dem Weg zu einer liberalen Eugenik? Frankfurt am Main 2001. – *Helmuth Pleßner*: Die Stufen des Organischen und der Mensch. Einleitung in die philosophische Anthropologie. Zweite, mit Vorwort, Nachtrag und Register erweiterte Auflage. Berlin 1965. – *Hans Jonas*: Technik, Medizin und Ethik. Zur Praxis des Prinzips Verantwortung. Frankfurt am Main 1985. – *Günther von Hagens* und *Angelina Whalley*: Körperwelten. Die Faszination des Echten. Der Katalog zur Ausstellung. 13. Auflage. Heidelberg 2003. – *Hans Magnus Enzensberger*: Die Elixiere der Wissenschaft. Seitenblicke in Poesie und Prosa. Frankfurt am Main 2002; darin: Das digitale Evangelium. Propheten, Nutznießer und Verächter, S. 75ff.; Jacques de Vaucanson (1709-1782), S. 50ff. – *Jeremy Rifkin*: Das leuchtende Kaninchen. Die neue Biotechnologie: von der Wissenschaft zur Kunst. In: SÜDDEUTSCHE ZEITUNG 3. Januar 2003. – *Gundolf S. Freyermuth*: Der Mensch muß weg. In den androiden Traumgestalten erkennen wir uns selbst, in: DIE WELT 16. November 2000 (online 4.11.2000). – Zu den Zitaten aus Goethes »Faust« verweise ich auf Albrecht Schönes »Faust«-Kommentar in der Frankfurter Goethe-Ausgabe, Bd. 7,2. Frankfurt am Main 1994. – The Gospel According to Mel. In: THE DOMINION POST (Auckland, Neuseeland) 24. Februar 2004 (B 5); A Son's Dangerous Passion, in the Name of the Father. In: THE SYDNEY MORNING HERALD 2. März 2004. – Zu Clemens Brentano und Anna Katharina Emmerick vgl. Wolfgang Frühwald: Das Spätwerk Clemens Brentanos (1815-1842). Romantik im Zeitalter der Metternich'schen Restauration. Tübingen 1977. – Friedrich Wilhelm Graf: Passion aus Pappe. In: FRANKFURTER ALLGEMEINE ZEITUNG 16. März 2004. – Die Konjunktur der sogenannten Schönheitschirurgie beschränkt sich nicht auf die Länder des Westens, so sind z. B. Nasenkorrekturen bei den Frauen im Iran heute häufig. – Die Klassikerzitate sind den Bänden der Bibliothek deutscher Klassiker des Frankfurter Deutschen Klassikerverlages entnommen, lediglich der Roman Jean Pauls (»Dr. Katzenbergers Badereise«) wird zitiert nach Bd. 6 der von Norbert Miller herausgegebenen Jean-Paul-Edition (München 1963).

Konrad Beyreuther

Gene. Über menschliches Schicksal und die Fähigkeit zur Umgestaltung der Lebenswelten

Das 21. Jahrhundert wird durch gravierende Entwicklungen in der Bio- und Gentechnologie geprägt, die bahnbrechende Innovationen in den Biowissenschaften ermöglichen. Die Gentechnologie eröffnet den Zugriff auf die biologische Architektur des Menschen. Ihr Potential ist vergleichbar der von dem griechischen Arzt Hippokrates eingeleiteten Wende vor 2500 Jahren, als es erstmals gelang, Krankheiten rational zu verstehen und heilend einzugreifen. Mit den Möglichkeiten der Gentechnologie geht die Naturgeschichte der Organismen nun über in ein neues Zeitalter, in dem die Gestaltung und Schöpfung von Leben im Verantwortungsbereich der Menschen liegt.

Spätestens seit der spektakulären Entschlüsselung der Struktur der menschlichen Erbinformation im Juni 2000 und deren Veröffentlichung im Februar 2001 (The human genome. NATURE Volume 409/issue no. 6822/15 February 2001; The human genome, SCIENCE Volume 291/Number 5507/16 February 2001) ist auch einer breiten Öffentlichkeit bewusst geworden, mit welch ungeheurer Dynamik sich die Biowissenschaften entwickeln. Die stürmische Entwicklung in allen Bereichen der Biowissenschaften – von der Medizin bis zur Landwirtschaft – wird nicht nur gravierende Veränderungen in Wirtschaft, Medizin, Landwirtschaft, Ernährung und Umwelt bewirken, sondern auch unsere gesellschaftliche Entwicklung und unser Verhältnis zur Natur maßgeblich beeinflussen und verändern.

Leitwissenschaft innerhalb der breit gefächerten biowissenschaftlichen Disziplinen und Anwendungsbereiche ist die moderne Biologie, die Molekular- und Zellbiologie, deren Forschungsergebnisse zu neuen Schlüsseltechnologien, insbesondere der Gentechnik geführt haben. Die »Neue Biologie« (*New Biology* als Pendant der *New Economy*) vermittelt ein vertieftes Verständnis vom Leben und seiner Entstehung, von Lebensfunktionen bis auf molekularer Ebene und stellt Methoden zur Verfügung, die gezielte und wiederholte Eingriffe in biologische Prozesse ermöglichen. Damit erschließt sich eine Vielfalt von Anwendungsmöglichkeiten. Gentechnik ist eine Schlüsseltechnologie des 21. Jahrhunderts, die die weitere Entwicklung der Biotechnologie und insbesondere der Medizin, Lebensmittelproduktion und Umwelttechnologien entscheidend prägen wird. Die »Neue Biologie« ist damit disziplinübergreifend; die Schnittstellen zwischen den Disziplinen bilden den Nährboden für neue Erkenntnisse und Innovationen.

In der Medizin eröffnen die gentechnischen Methoden neue diagnostische Ansätze, einen neuen Zugang zum Verständnis von Krankheitsursachen und Krankheitsentstehung und die Möglichkeit ursächlicher Behandlung von bisher nicht behandelbaren Krankheiten. In der Medizin sind bereits heute einige genetisch bedingte Krankheiten oder ihre Disposition mit Hilfe von Gentests diagnostizierbar. In Zukunft wird die Zahl der Diagnosemöglichkeiten erheblich ansteigen. Die Zahl der erfassbaren genetischen Krankheitsveranlagungen wird von einigen Wissenschaftlern auf mindestens zehntausend geschätzt. Gesundheitsrisiken können frühzeitig erkannt und durch vorbeugendes Verhalten und medizinische Maßnahmen eingeschränkt werden. Prädiktive Tests können damit zu einer verbesserten medizinischen Versorgung führen. Die Therapiemöglichkeiten sind, wie auch bei anderen Diagnoseverfahren, allerdings geringer als die Diagnosemöglichkeiten. Es muss deshalb vor allem auch darum gehen, die noch vorhandenen Lücken zwischen Diagnostik und Therapie zu schließen. Mindestens ebenso wichtig ist es, bei der Durchführung von Gentests, deren Ergebnisse große Bevölkerungsgruppen erfassen, in gleichem Umfang psychische und soziale Auswirkungen mit zu bedenken.

Eine weitere vielversprechende Perspektive liegt im »*Tissue Engineering*«, der Zell- und Gewebezüchtung »in vitro«, außerhalb des menschlichen Körpers. Die Wissenschaft steht noch vor vielen Problemen, um sich dem Ziel einer Gewebezüchtung zu nähern. Dabei ist die Erfolg versprechende Methode der Gewinnung und Verwendung von embryonalen Stammzellen, aus denen sich Gewebe züchten ließe, aber auch Ei- und Samenzellen entstehen, mit schwierigen ethischen Fragen behaftet. In Deutschland sind nach dem Embryonenschutzgesetz die Herstellung von Embryonen zu Forschungszwecken und die Forschung an und mit Embryonen, die nicht ihrer Erhaltung dient, verboten. Forschung mit importierten embryonalen Stammzellen, die vor dem 1. Januar 2002 im Ausland isoliert wurden, ist jedoch unter sehr restriktiven Bedingungen seit Ende Januar 2002 erlaubt. Damals glaubte man noch, dass diese embryonalen Stammzellen nur pluripotent, nur zur Umwandlung in die etwa 220 verschiedenen Körperzellen des Menschen fähig, aber nicht totipotent seien, nicht zur Züchtung von Menschen geeignet seien. Mittlerweile haben jedoch die Arbeiten von Hans Schöler in Philadelphia (Hübner, K. et al. (2003): Derivation of oocytes from mouse embryonic stem cells. SCIENCE 300: 1251-1256) und einer japanischen Gruppe um Toshiaki Noce in Tokyo (Toyooka,Y./Tsunekawa,N./ Akasu,R./ Noce, T. (2003) Embryonic stem cells can form germ cells in vitro. PROC NATL ACAD Sci USA 100: 11457-11462) gezeigt, dass aus Kulturen von embryonalen Stammzellen sich sowohl menschliche Eizellen als auch Samenzellen isolieren lassen. Der Umgang mit beiden ist im Gegensatz zu Embryonen ethisch unbedenklich. Ethisch unproblematisch und in Deutschland nicht verboten ist auch die Verwendung von adulten Stammzellen, die aus Nabelschnurblut, abgegangenen oder abgetriebenen Feten oder menschlichen Organen wie Knochenmark, Gehirn, Leber, Herzmuskel oder Fettgewebe isoliert werden können. Deren Vermehrung ist jedoch im Gegensatz zu embryonalen Stammzellen ein großes Problem. Die Suche nach Alternativen zu embryonalen Stammzellen stellt sich für mich als eine der größten Herausforderungen für die Stammzellforschung dar. Wichtige Fragen lassen sich auch im Tierversuch klären, wie Hans Schöler mit seinen Mausversuchen zeigte, mit denen er nachwies, dass embryonale Stammzellen sich auch in Eizellen differenzieren können, ein Befund, der die Wissenschaft noch lange beschäftigen wird.

In der Pharmazie werden unter Verwendung gentechnischer Verfahren hergestellte Wirkstoffe in Zukunft einen wesentlichen Anteil des Arzneimittelmarktes einnehmen. Derzeit ist bereits jedes vierte zugelassene Medikament mit diesen Verfahren hergestellt oder entwickelt worden. In Deutschland waren im Jahr 2002 achtundachtzig gentechnisch hergestellte Medikamente mit sechsundsechzig verschiedenen Wirkstoffen für den Markt zugelassen. Deren Umsatz erreichte bereits acht Prozent des Arzneimittelmarktes. Dreizehn dieser Arzneimittel sind aus deutscher Produktion. Im Jahr 2000 wurden fünf von neunundfünfzig gentechnisch hergestellten und zugelassenen Medikamenten in Deutschland hergestellt. Nur einer dieser Wirkstoffe wurde vollständig in Deutschland entwickelt. In Zukunft wird kein neues Medikament mehr auf den Markt kommen, an dessen Entwicklung biotechnologische Verfahren nicht beteiligt waren. In zehn Jahren, so erwartet Boston Consulting, werden vierzig Prozent der Gesamtwertschöpfung der Pharmaindustrie unmittelbar auf der Biotechnologie basieren. Der erzielte Umsatz wird auf vierhundert Milliarden Dollar geschätzt.

Die gegenseitige Durchdringung von biologischen und ingenieurwissenschaftlichen Prinzipien hat begonnen und zu neuen Disziplinen geführt. Dazu gehört vor allem das neue Fach Bioinformatik, das nicht nur Algorithmen, Verfahren für die Bewältigung und Interpretation der gewaltigen Datenmengen entwickelt, sondern auch zu neuen Einsichten und Ansätzen zur Erklärung von Lebensprozessen führt. Auf der Entzifferung der menschlichen Erbinformation aufbauende Technologien eröffnen weitere Anwendungsperspektiven für die Medizin und die Wirtschaft. Ein Beispiel ist der sogenannte DNA-Chip, der anzeigt, welche Gene in einer Zelle angeschaltet sind, und der Auskunft über ihre Aktivität gibt. So werden bei Diabetikern gegenüber Gesunden nach einem Zuckerbelastungstest viele Gene in ihrer Aktivität verändert. Die Bedeutung greift aber weit über die Anwendung innerhalb der Medizin hinaus. Für die Industrie wird eine völlig neuartige, umfassende Methode der Analytik zur Verfügung gestellt (Tox-Chip), die es erlaubt, für jede chemische Verbindung, sei es ein neuer potentieller Medikamentenwirkstoff, ein neuer Weichmacher für Kunststoffe oder ein neues Additiv für Kraftstoffe, deren Auswirkung auf den Menschen, das menschliche Genom, zu ermitteln, und dieses Wissen ist innerhalb weniger Stunden oder Tage abrufbar. Das Gleiche kann mit Lebensmitteln und Lebensmittelinhaltsstoffen durchgeführt werden und die dringend benötigten Informationen zur Frage liefern, was nun wirklich eine gesunde Ernährungsweise ist.

Nicht zu Unrecht wird von der dritten industriellen Revolution – der biowissenschaftlichen, biotechnologischen – gesprochen, die sich unmittelbar an die von Informationstechnologien geprägte Revolution anschließt.

Das Buch der Gene und unser Umgang mit unseren Genen

Die am 15. Februar 2001 in der Zeitschrift NATURE (The human genome, NATURE Volume 409/issue no. 6822/15 February 2001) und einen Tag später in der Zeitschrift SCIENCE (The human genome, SCIENCE Volume 291/Number 5507/16 February 2001) veröffentlichte Buchstabenreihenfolge der menschlichen Erbinformation, des Genoms, würde achtzig Bände mit je eintausendfünfhundert Seiten und fünfundzwanzigtausend Buchstaben pro Seite füllen. Obwohl weder das von Francis Collins koordinierte *International Human Genome Sequencing Consortium* in der NATURE noch das von der Firma Celera von Craig Venter in der SCIENCE publizierte Ergebnis eine lückenlose Reihenfolge der so genannten Basenabfolge der menschlichen Erbinformation enthielt, handelte es sich um eine Sensation. Der Nobelpreisträger David Baltimore schreibt in seinem Kommentar zur Veröffentlichung in der NATURE: »Ich habe viel aufregende Biologie in den letzten vierzig Jahren entstehen sehen. Dennoch rannen kalte Schauer über meinen Rücken, als ich zum ersten Mal die Publikation las, die den Grundriss unseres Genoms beschreibt.« Auf zwei Erkenntnisse ist dieses Erschauern zurückzuführen: Zum einen lässt sich die Entstehung des Humangenoms auf ein unglaubliches Gemisch von Bruchstükken unterschiedlichster Herkunft zurückführen. Im Genom finden sich zahlreiche Kopien ehemaliger Viren. Virusinfektionen, die unsere Vorfahren erlitten, haben sich als »Immigranten« im Genom niedergelassen. Überraschenderweise sind wahrscheinlich auch mehrere Bauanleitungen für Eiweißstoffe, Gene, direkt von Bakterien auf den Menschen übertragen worden. Einige von diesen haben sogar eine Schlüsselfunktion inne, wie das Gen für den Abbau der Nervenübertragungsstoffe Serotonin und Noradrenalin, die bei Liebesempfindung, Schlafregulation, Blutdruckregulation und Stressmanagement eine entscheidende Rolle spielen. Der Paläontologe Henry Gee kommentiert dies in der NATURE wie folgt: »Es entbehrt nicht einer gewissen Ironie, dass alle Menschen einschließlich derer, die sich vehement gegen gentechnisch veränderte Lebewesen aussprechen, selber welche sind.«

Die zweite Überraschung im menschlichen Genom betrifft die verblüffend geringe Zahl aufgespürter Gene. Beide Teams schätzen, dass es nicht mehr als dreißig- bis vierzigtausend sind. Der Mensch wurde offensichtlich nicht zur Krone der

Schöpfung, indem er sich ein großes Arsenal von Genen zulegte. Es gibt die Gnade vieler Gene nicht. Bereits die Obstfliege *Drosophila melanogaster* hat etwa sechzehntausend, der einen Millimeter lange Fadenwurm *Caenorhabditis elegans* etwa achtzehntausend und die Acker-Schmalwand *Arabidopsis thaliana*, eine Pflanze, wie der Mensch etwa 30000 Gene. Unsere Komplexität, unser Menschsein, ist vermutlich nicht das Resultat vieler Gene, sondern vieler verschiedener Produkte einzelner Gene. Etwa vierzig Prozent unserer Gene sind nach einem Baukastenprinzip aufgebaut. Durch Mischen verschiedener Genbausteine, die als Exone bezeichnet werden, ergeben sich, ähnlich wie bei einem aus flexiblen Elementen kombinierbaren Fertighaus, viele verschiedene Eiweißprodukte. Auf diese Weise können in unseren über 220 verschiedenen Zelltypen die gleichen Gene benutzt werden. Deren Anpassung an die unterschiedlichen Erfordernisse in einem bestimmten Zelltyp erfolgt durch die Auswahl der entsprechenden Genbausteine. Dieses Konzept des neuen Mischens hat große Vorteile gegenüber dem Konzept des Neuerfindens. Ob der Mensch einzigartige neue Gene zu seiner Entwicklung brauchte, ist höchst fraglich. Zur Krone der Schöpfung machte den Menschen vermutlich eine Entwicklung, die es erlaubte, vorhandenes Genmaterial vielfältig zu kombinieren und die Menge der Genprodukte zu steigern. Letzteres konnte für das menschliche Gehirn, dessen Volumen etwa doppelt so groß wie das von Schimpansen ist, eindrucksvoll gezeigt werden (Enard, W. et al. (2002) Intra- and interspecific variation in primate gene expression patterns. SCIENCE 296: 340-343).

Gestaltung unserer Lebenswelten: Wir sind nicht die »Sklaven« unserer Gene

Die kombinatorische Vielfalt, die das Baukastensystem unserer Gene ermöglicht, erfordert eine große Zahl kontrollierender – regulierender – Entscheidungen. Tatsächlich ist jedes zehnte bis zwanzigste Gen ein *Kontrollgen.* Dies bedeutet, dass insgesamt etwa zweitausend unserer Gene eine Kontrollfunktion haben und darüber entscheiden, wann und wie stark die dieser Kontrolle unterliegenden Gene aktiviert werden. Umweltfaktoren, Ernährung und Verhalten fließen mannigfaltig in diese Kontrolle ein. Das bedeutet: Entscheidungsträger über die Aktivität unseres eigenen Genoms sind wir daher vermutlich selbst, und zwar, was sehr wichtig ist, haben wir die Möglichkeit, diese Kontrolle aktiv zu gestalten.

Dass tatsächlich Ernährung, Sport und Abstinenz vom Rauchen beim Entstehen oder Vermeiden von Krankheiten eine entscheidende Rolle spielen können, zeigt die am 13. September 2001 im NEW ENGLAND JOURNAL OF MEDICINE veröffentlichte Studie zu Typ 2 Diabetes, der Altersdiabetes (Frank B. Hu et al. (2001): Diet, lifestyle, and the risk of type 2 diabetes mellitus in woman. N ENGL J MED 345: 790-797). Im Rahmen dieser Studie wurden über einen Zeitraum von sechzehn Jahren Lebensstil, Ernährungsgewohnheiten und der Zusammenhang zwischen Lebensstil und Häufigkeit einer Erkrankung an Altersdiabetes von 84941 Krankenschwestern in den USA untersucht. Bei Beginn waren alle Teilnehmerinnen frei von Altersdiabetes. Eine Kombination von fünf Faktoren konnte innerhalb der Gruppe identifiziert werden, die nach sechzehn Jahren die wenigsten an Diabetes erkrankten Schwestern aufwies. Der erste dieser fünf Faktoren war Schlanksein. Das international gebräuchliche Maß für Schlankheit ist der *Body Mass Index* (BMI). Dieser wird in Kilogramm Körpergewicht, geteilt durch das Quadrat der Körpergröße in Metern (kg/m^2), ausgedrückt. Der BMI der gesündesten Schwestern lag bei fünfundzwanzig oder darunter. Als zweiter Schutzfaktor stellte sich eine Ernährungsweise heraus, die reich ist an Vollkornprodukten und den in diesen enthaltenen Ballaststoffen sowie an mehrfach ungesättigten Fettsäuren, die in Fischen, aber auch pflanzlichen Ölen wie Raps- und Olivenöl enthalten sind. Als vorteilhaft erwies sich auch ein niedriger Gehalt an hydrierten

Fetten, wie sie in Backfetten und bestimmten Margarinesorten zu finden sind, und eine ausgewogene Menge an Zucker, hier ist Glucose und Stärke gemeint, in der Nahrung. Als weitere wichtige Schutzfaktoren erwiesen sich drittens eine mindestens halbstündige körperliche Aktivität pro Tag, wie zum Beispiel Laufen oder schnelles Gehen. Günstig ist viertens das Trinken von ein bis drei Gläsern Wein oder anderer alkoholischer Getränke pro Tag und fünftens Abstinenz vom Rauchen. Als Schlussfolgerung der Studie ist zu lesen: »Our findings support the hypothesis that the majority of cases of type 2 diabetes could be prevented by the adoption of a healthier lifestyle« (Frank B. Hu et al. (2001): Diet, lifestyle, and the risk of type 2 diabetes mellitus in woman. N Engl J Med 345: 790-797).

Um einen Eindruck zu vermitteln, wie Rauchen, Sport und mäßiger Alkoholgenuss und Körpergewicht das Risiko, an Altersdiabetes zu erkranken, beeinflusst, hier ein paar Zahlen. Die als vorteilhaft identifizierte Ernährungsweise hat einen besonders starken Schutzeffekt. Bei Schlanken (BMI unter fünfundzwanzig) ist das relative Risiko zu erkranken gegenüber Übergewichtigen (BMI über dreißig) auf ein Drittel gesunken. Bei starkem Übergewicht und günstiger Ernährung ist dieses Risiko im Vergleich mit denjenigen, die sich nicht ausgewogen ernährten, immer noch halbiert. Allein eine wöchentliche körperliche Betätigung von vier bis sieben Stunden reduziert das Erkrankungsrisiko bei Schlanken ebenfalls um die Hälfte. Bei den übergewichtigen Schwestern betrug die durch Sport erzielbare Risikoreduktion im Vergleich zu null Stunden Aktivität noch etwa ein Viertel. Mäßiger Alkoholgenuss innerhalb der Gruppe der schlanken Schwestern erbrachte verglichen mit Abstinenzlerinnen einen Schutzeffekt von fünfzehn Prozent. Die mittels alkoholischer Getränke erreichbare Protektion stieg auf dreiundvierzig Prozent bei Schwestern mit leichtem Übergewicht (BMI von fünfundzwanzig bis dreißig) und auf neununddreißig Prozent bei starkem Übergewicht (BMI über dreißig). Schwestern, die fünfzehn oder mehr Zigaretten pro Tag rauchten, hatten ein dreißig- bis vierzigfach erhöhtes Erkrankungsrisiko. Bei Krankenschwestern, die weniger als fünfzehn Zigaretten pro Tag rauchten, war das Erkrankungsrisiko im Vergleich mit Nichtraucherinnen nur bei der Gruppe der Übergewichtigen stark erhöht, und zwar um etwa fünfzig Prozent. Am 6. Juli 2000 wurde in derselben wissenschaftlichen Zeitschrift ein fast gleich lautendes Resultat für das Herzinfarktrisiko publiziert (Meir J. Stampfer et al. (2000) Primary prevention of coronary heart disease in woman through the diet and lifestyle. N ENGL J MED 343: 16-22). In dieser Arbeit wurde der Einfluss von Lebensstil und Ernährungsgewohnheiten auf das Neuauftreten von Herzerkrankungen bei diesmal 84129 Krankenschwestern ausgewertet. Wiederum kamen die gleichen Risikofaktoren zum Vorschein, die wir schon bei der Typ-2-Diabetes-Studie kennen gelernt haben. Eine ausgewogene Ernährung brachte den größten Schutzeffekt. Das Risiko hatte sich bei dieser Gruppe halbiert. Körperliche Betätigung von etwa vier bis sechs Stunden pro Woche erniedrigte das Risiko um fünfunddreißig Prozent, mäßiger Alkoholgenuss um vierzig Prozent. Rauchen von mehr als fünfzehn Zigaretten pro Tag erhöhte das Risiko auf 548 Prozent! Schwestern, die weniger als fünfzehn Zigaretten pro Tag rauchten, hatten im Vergleich zu Nichtraucherinnen immer noch ein mehr als dreifach erhöhtes Erkrankungsrisiko. Auch das Aufgeben des Rauchens lohnte sich. Frühere Raucherinnen hatten gegenüber den Nichtraucherinnen nur noch ein etwa anderthalbfach erhöhtes Herzinfarktrisiko. Die lapidare Schlussfolgerung der Autoren lautete: »Among women, adherence to lifestyle guidelines involving diet, exercise, and abstinence from smoking is associated with a very low risk of coronary heart disease.« In Zahlen ausgedrückt bedeutet dies, dass auch wie für Altersdiabetes bereits erwähnt etwa neunzig Prozent der koronaren Herzerkrankungen vermeidbar sind (Meir J. Stampfer et al. (2000): Primary prevention of coronary heart disease in woman through the diet and lifestyle. N ENGL J MED 343: 16-22).

Diese beiden Beispiele zeigen, dass, wenn wir nur wollten, wir viel Leid von uns fern halten, unsere Lebensqualität bis ins hohe Lebensalter bewahren und, was ebenfalls sehr wichtig wäre, unser Gesundheitssystem nachhaltig entlasten könnten. Dabei müssen wir uns weder »wider die Natur« noch »wider unsere Gene« stellen, sondern nur darauf besinnen, dass wir von Sammlern und Jägern abstammen, die sich viel bewegen mussten, um sich zu ernähren, und dass der Mensch bis vor wenigen Jahrzehnten nicht zu viel, sondern zu wenig zu essen hatte. Dies hat sich in der Kontrolle unserer Gene niedergeschlagen. Essen wir zu viel, werden Reserven in Form von z. B. Fettpolstern für schlechte Zeiten angelegt. Wenn diese schlechten Zeiten ausbleiben, scheinen wir uns regelrecht über eine falsche Genkontrolle krank zu essen. Im Informations- und Technologiezeitalter zu leben, stellt nicht nur eine intellektuelle Herausforderung dar, sondern auch eine Herausforderung in Bezug auf unsere Lebensgewohnheiten und unser Verhalten.

Sind wir alle erbkrank?

Im Folgenden möchte ich auf die Frage eingehen, was aus genetischer Sicht ein perfekter Mensch ist und was uns als Individuen unterscheidet.

Sehr viele, wenn nicht sogar alle, Menschen tragen Varianten bestimmter Gene, denen für sich allein betrachtet kein Krankheitswert zugeschrieben werden kann, sondern die lediglich als erbliche Risikofaktoren die Wahrscheinlichkeit des Ausbruchs einer Krankheit erhöhen. Die folgenden Beispiele sollen erläutern, was damit gemeint ist. Etwa jeder sechste Bundesbürger trägt eine Risikogenvariante der Alzheimer-Krankheit. Dass bei fast jedem zweiten Alzheimer-Patienten eine derartige Veranlagung nachgewiesen werden kann, bedeutet, das Risiko, an Alzheimer zu erkranken, ist, statistisch betrachtet, bei den Genträgern gegenüber denen, die andere Genformen tragen, dreifach erhöht. Liegt die Genvariante reinerbig vor, d. h. wurde sie gleichzeitig von Mutter und Vater auf das Kind vererbt, steigt das Risiko auf das Siebenfache. Die Alzheimer-Krankheit bricht dann in der Regel zwanzig Jahre früher aus als bei Menschen, die diese zwei Gene nicht tragen. Dies ist aber nicht bei jedem dieser Risikogenträger der Fall, denn es gibt sicherlich auch Gene, die vor »Alzheimer« schützen und den Ausbruch der Krankheit verzögern können. Da wir herausfanden, dass das erwähnte Risikogen über Cholesterin zu wirken scheint, untersuchen wir gerade, welchen Effekt Cholesterinsenker, Medikamente, die als Statine bezeichnet werden, auf die Alzheimer-Krankheit haben. Erste Ergebnisse sehen vielversprechend aus (Simons, M. et al. (2002): Treatment with simvastatin in normocholesterolemic patients with Alzheimer's disease: a 26-week randomized, placebo-controlled, double-blind trial. ANN NEUROL 52: 346-350).

Warum konnten sich Krankheiten disponierende Varianten bestimmter Gene im Erbgut der Menschen durchsetzen? Um diese Frage beantworten zu können, ist es hilfreich, einer zweiten Frage nachzugehen. Diese lautet: Was könnte möglicherweise der Vorteil gewesen sein, ein solches Gen zu tragen? Bei der Sichelzellanämie, die bei vierzig Prozent der Nordafrikaner vorkommt, ist der Grund bekannt. Die Veranlagung schützt vor Malaria. Der Erreger kann nicht in die bei Sichelzellanämie veränderten Blutzellen eindringen, wo er sich normalerweise vermehrt. Wer Träger der zu Sichelzellanämie führenden Genveränderungen ist, hat aber nicht nur den Vorteil des Schutzes vor Malaria, sondern auch einen großen Nachteil. Bei schwerer körperlicher Arbeit, die identisch ist mit großem Sauerstoffverbrauch, nehmen die normalerweise sehr flexiblen roten Blutzellen eine sichelförmige, starre Form an. Diese können zur Verstopfung der kleinen Blutgefäße, die in großer Zahl im Gehirn vorkommen, führen und damit eine tödliche Wirkung entfalten.

Zwei weitere sehr interessante Beispiele zu den Vor- und Nachteilen von genetischen Veränderungen, die zu Krankheiten führen können, aber auch vor Typhus-Salmonellen oder Aids-Infektion schützen können, sind Einzelveränderungen, so genannte Mutationen, im Gen der Mukoviszidose oder des Chemikalienrezeptors CCR5. Jeder zwanzigste Europäer trägt eine mischerbige, ein Elternteil hat ein defektes und der andere ein gesundes Gen vererbt, und jeder zwanzigtausendste eine reinerbige Mutation, beide Eltern haben ein defektes Gen vererbt, im Mukoviszidose-Gen. Die Genveränderung beeinflusst die Produktion der Körpersekrete. Dies bewirkt die erwähnte Resistenz gegen Typhus-Salmonellen und stellte einen großen Vorteil in der Vorantibiotikazeit dar. Einer der Nachteile der reduzierten Schleimproduktion ist ein verändertes Sperma bei Männern. Deren Folge ist oft Unfruchtbarkeit.

Der Chemikalienrezeptor CCR5 wiederum ist an der Stimulierung des Immunsystems, unseres Abwehrsystems gegen Viren, Bakterien, Fremdstoffe oder entartete Zellen, beteiligt. Veränderungen in diesem Rezeptor, die etwa jeder zehnte Menschen trägt, verleihen Resistenz gegen die Infektionskrankheit Aids, schwächen aber gleichzeitig das Immunsystem. Da es Aids erst seit wenigen Jahrzehnten beim Menschen gibt, kann die weite Verbreitung der Genvariante CCR5 nicht auf den Schutz vor Aids zurückgeführt werden. Deshalb wird vermutet, dass es noch weitere, derzeit unbekannte Vorteile geben muss, die diese Genvariante ihren Trägern in der Vergangenheit verlieh und deren weite Verbreitung erklären könnte.

Das Aids-Beispiel macht Folgendes deutlich: Was gestern oder heute als nutzlose oder schädliche Genvariante erscheinen mag, kann sich morgen als Schlüssel zum Fortbestand der Spezies Mensch erweisen. Klar scheint jedenfalls zu sein, was genetisch sinnvoll ist, kann sich binnen kurzem verändern, und das Abnorme kann sich über Nacht zur Norm entwickeln.

Die Normalität des genetisch Abnormen macht offensichtlich Sinn. PID, Präimplantationsdiagnostik, ohne strengste Indikationen, und Keimbahnmanipulationen beim Klonen von Menschen wären gefährlichste Eingriffe in dieses Reservoir!

Nicht unerwähnt dürfen in diesem Zusammenhang die Krankheitsgene bleiben. Bei diesen besteht ein eindimensionaler und damit direkter Zusammenhang zwischen der erblichen Veränderung in einem einzigen für die Krankheit verantwortlichen Gen als Ursache und den Krankheitssymptomen als Folge. Sie sind glücklicherweise sehr selten und als Krankheitsursache in ihrer Häufigkeit Unfällen mit tödlichem Ausgang vergleichbar. Da diese Krankheitsgene die vom anderen Elternteil vererbte zweite »gesunde« Genkopie dominieren, spricht man von einem dominanten Erbgang dieser Gene. Das Kind des Genträgers, dem das Krankheitsgen vererbt wird, erkrankt, während das Kind, das das »gesunde« Gen erbt, gesund bleibt. Da die Chance etwa gleich groß ist, das eine oder das andere Gen weiterzugeben, erkrankt statistisch gesehen jedes zweite Kind. Beispiele für durch derartige Gene verursachte Leiden sind Veitstanz, die Huntington-Krankheit, die erbliche Form der auch als Schüttellähmung bezeichneten Parkinson-Krankheit und die dominant vererbten Formen der Alzheimer-Krankheit, die in ihren schwersten Ausprägungen schon im Teenageralter zum Tod führen können. Aber auch bei diesen erblichen Krankheiten besteht die Hoffnung einer Heilung mittels gentechnisch entwickelter Medikamente. Ein Umgestalten individueller Lebenswelten ist auch bei Erbkrankheiten durchaus im Bereich des Möglichen, wenn es mit Medikamenten gelingt, die Folgen der Gendefekte zu mildern oder zu eliminieren. Dass dies prinzipiell bei der Alzheimer-Krankheit möglich ist, wurde im Tierexperiment nachgewiesen. Die Impfung von jungen Mäusen, die im Alter von einem Jahr im Gehirn die für die Alzheimer-Krankheit charakteristischen β-Amyloid-Eiweißablagerungen entwickeln können, führte zu einer Verlangsamung des Ablagerungsprozesses

(Schenk, D. et al (1999): Immunization with amyloid-beta attenuates Alzheimerdisease-like pathology in the PDAPP mouse. NATURE 400: 173-177). Das Lernvermögen dieser derartig therapierten Tiere blieb im Vergleich zu nicht geimpften Kontrolltieren unverändert erhalten. Impfen von ein Jahr alten Tieren, deren Gehirn bereits massive Ablagerungen von β-Amyloid enthielten, bewirkte deren nahezu vollkommenes Verschwinden. Dies kommt einer Heilung gleich. Da sich bei der Übertragung dieser Experimente auf den Menschen große Schwierigkeiten ergaben, ist derzeit nicht abzusehen, ob und gegebenenfalls wann Patienten mit Alzheimer-Krankheit von einer Impfung profitieren können. Noch ist der Optimismus groß, dass dies mit neuen, zu entwickelnden Impfstoffen, bei denen die unerwünschten Nebenwirkungen des bei den Mausexperimenten benutzten Impfstoffes beseitigt wurden, gelingen könnte.

Klonen und die Zukunft der Menschheit

Jeder Mensch ist durch den Datenträger Erbsubstanz mit all seinen Ahnen verbunden. Die im Kern von Zellen engmaschig aufgespulte Datenspirale enthält die gesamte Information für alle Zellen, aus denen ein Mensch besteht. Die Genbauanleitungen auf diesem Datenträger entscheiden, wie ein Lebewesen gebildet und geformt wird. Im einfachsten Fall des *Mycoplasma genitalis*-Bakteriums, eines Einzellers, reichen dafür etwa fünfhundert Gene aus. Der Mensch mit seinen über zweihundert verschiedenen Körperzelltypen braucht dafür nicht die entsprechende Zahl an mehr Genen, sondern, wie bereits erwähnt, nur etwa sechzig Mal mehr Gene als der primitive Einzeller. Die Gendaten veränderten sich im Laufe der Milliarden Jahre nach bestimmten Gesetzen. Mutationen veränderten die Information. Selektion entschied darüber, welche Mutationen zum Aussterben der Mutationsträger führten, deren Fortbestand unter veränderten Umweltbedingungen ermöglichten und dass sich neue Arten entwickeln konnten. Letzterer Prozess wird Evolution genannt.

Es gibt Evolutionsbiologen, nach deren Ansicht der größte Teil eines Lebewesens, wie Herz, Blutgefäße, Muskeln, Darm, Leber, Niere, Haut und Gehirn, nichts anderes sei als eine Art aufwendiger Verpackung für jene Zellen, die der Weitergabe und damit der Erhaltung der Datenspirale dienen. Diese Zellen sind die menschlichen Ei- und Samenzellen, die beide als Keimbahnzellen bezeichnet werden. Der Moment, in dem während der relativ kurzen Erdenzeit eines menschlichen Lebens für die Erbinformation ein Wirtswechsel erfolgt und eine neue Reise in die Zukunft beginnt, ist der Vorgang der Befruchtung einer Eizelle durch eine Samenzelle. Zur Fortsetzung der Reise gehört auch, dass der Embryo, wie die Eizelle nach der Verschmelzung mit einer Samenzelle genannt wird, die Chance bekommt, von seiner Datenspirale Gebrauch machen und sich zu einem neuen Lebewesen entwickeln zu können. So zuverlässig sich dieser Vorgang der Datenweitergabe über Jahrtausende erwies und so vergänglich ihre menschlichen Träger sein mögen, bisher waren die dafür unerlässlichen Ei- und Samenzellen an Eltern gebunden und von diesen abhängig. Die beiden Geschlechter mussten zueinander finden und sich paaren. Selbst bei der künstlichen Befruchtung müssen Ärzte bis heute noch auf willige Ei- oder Samenspender zurückgreifen, wenn aus irgendeinem Grund Mangel an einer der beiden Keimbahnzellen besteht.

Seit dem Jahr 2003 deutet sich eine tiefgreifende Veränderung bei der Weitergabe von Erbinformation an. Sie könnte schon bald unabhängig von Eltern und deren Entscheidungen vonstatten gehen. Es gelang nicht nur, sowohl Ei- als auch Samenzellen der Maus im Labor zu züchten, und zwar aus embryonalen Stammzellen, sondern auch diese miteinander zu verschmelzen und auf diese Weise einen Embryo zu erzeugen (Geijsen, N./Horfoschakl M./Kiml, K./Gribnaul, J./Eggan,

K./Daley, G. Q. (2004): Derivation of embryonic germ cells and male gametes from embryonic stem cells. NATURE 427: 148-154). Dabei spielt es im Prinzip keine Rolle, von welchem der beiden Geschlechter die embryonale Stammzelle ursprünglich stammte. Wenn das Ziel »männliche« Embryonen sind, die den männlichen XY-Geschlechtschromosomensatz vererben können, werden embryonale Stammzellen von einem männlichen Tier benötigt. Diese sind auch zur Erzeugung »weiblicher« Embryonen geeignet, da sich sowohl X-Chromosom-tragende Eizellen als auch Samenzellen isolieren lassen. Dagegen können aus »weiblichen« Stammzellen, die zwei X-Geschlechtschromosomen, nicht jedoch das »männliche« Y-Chromosom tragen, nur X-haltige Ei- und Samenzellen isoliert werden und daraus nur Embryonen weiblichen Geschlechts entstehen.

Dass Ei- und Samenzellen sich als unbegrenzt im Labor züchtbar erwiesen haben, ist das vollkommen überraschende, unerwartete Neue, mit dem wir uns auseinander zu setzen haben. Die viel und kontrovers diskutierten Fragen über das therapeutische Klonen und den Eizellnachschub der Biotechnikindustrie könnten sich erübrigen. Bald werden nicht nur Ei- und Samenzellen der Maus, sondern auch des Menschen im Labor gezüchtet werden können. Und natürlich können diese die »Menschen-Information« tragenden Ursprungszellen dann nicht nur im Labor in Zellkulturschalen gezüchtet werden, sondern auch miteinander verschmelzen, wie es bereits fünfzig- bis sechzigtausendfach jährlich von Ärzten mit natürlichen Ei- und Samenzellen bei der Invitro-Fertilisation oder der Intracytoplasmatischen Spermien Injektion, der Icsi, in Deutschland praktiziert wird. Werden die aus embryonalen Stammzellen gewonnenen Eier und Spermien in derselben Zellkulturschale zusammengebracht, könnte es zu einer Befruchtung kommen. Wird diese befruchtete Eizelle, ein Embryo, in eine Gebärmutter implantiert, würde sich wohl ein menschliches Lebewesen entwickeln. Dessen biologische Eltern wären zwei Embryonen, nämlich jene zwei Embryonen, aus denen die ursprünglichen Stammzellkulturen gewonnen wurden. Derartige Ei- und Samenzellisolationen und anschließende Befruchtungen ließen sich vermutlich endlos im Labor fortsetzen oder aber zur Heranbildung von wahrhaft künstlich erzeugten Wesen nutzen. Was technisch lange als unmöglich oder sehr schwierig angesehen wurde, Eingriffe in die Keimbahn, erscheint nunmehr möglich. Der Beweis, dass gezüchtete Spermien in der Lage sind, Mauseizellen zu befruchten und Mausembryonen zu erzeugen, wurde bereits erwähnt (Geijsen, N./Horfoschakl, M./ Kiml, K./Gribnaul, J./Eggan, K./Daley, G. Q. (2004): Derivation of embryonic germ cells and male gametes from embryonic stem cells. NATURE 427:148-154). Obwohl sowohl bei der Gewinnung von Spermien als auch bei der Befruchtung eine sehr niedrige Erfolgsrate beobachtet wurde, gelang es, mehrere Mausembryonen zu erzeugen. Ob sich auch gesunde Mäuse entwickeln können, ist noch nicht gezeigt. Die Beweisführung, dass auch dies möglich ist, ist vermutlich nur eine Frage der Zeit. Ich hoffe sehr, dass niemand dieses Mausexperiment beim Menschen versuchen wird, doch der Weg dazu ist aufgezeigt. So, wie das Schaf Dolly die Möglichkeit des Klonens verkörpert hat, wird eine heute noch namenlose, aber morgen schon weltbekannte Maus verkörpern, dass man Lebewesen beinahe *de novo* im Labor züchten kann.

Die erstaunliche Lebenskraft einzelner Zellen, ihre unerwartete biologische Potenz ist bei aller Fragwürdigkeit der Embryonenforschung deren erstaunlichstes Ergebnis. Als Perspektive zeichnet sich am Horizont die Möglichkeit ab, defekte oder unerwünschte Gene könnten vermittels Keimzellzucht und gentechnischer Experimente dauerhaft aus dem Erbgut entfernt werden. Außerdem könnte das Verfahren der Keimzellvermehrung eingesetzt werden, um unfruchtbaren Menschen, denen weder durch Reagenzglasbefruchtung noch Icsi geholfen werden kann, zu Samen- oder Eizellen zu verhelfen.

Gebraucht werden dazu nur einige wenige Zellen des betreffenden Elternteils. Deren Zellkerne, in entkernte, menschliche Eizellen eingebracht, ergeben dann das »Ausgangsmaterial« für die Gewinnung von Spermien oder Eizellen. Wie Hans Schöler (Hübner, K. et al. (2003): Derivation of oocytes from mouse embryonic stem cells, SCIENCE 300: 1251-1256), Toshiaki Noce (Toyooka, Y./Tsunekawa, N./Akasu, R./Noce, T. (2003): Embryonic stem cells can form germ cells in vitro. PROC NATL ACAD Sci USA 100:11457-11462) und George Daley (Geijsen, N./Horfoschakl, M./Kiml, K./Gribnaul, J./Eggan, K./Daley, G. Q. (2004): Derivation of embryonic germ cells and male gametes from embryonic stem cells. NATURE 427: 148-154) zeigten, werden dafür als initiale Eizellquelle lediglich menschliche Stammzellkulturen benötigt, die es ja bereits gibt. Die Aneignung der Lebenskräfte durch den Menschen steuert damit auf einen neuen, ungeahnten »Höhepunkt« zu.

Was sind die ethischen Gründe, die gegen das Klonen von Menschen sprechen? Jürgen Habermas argumentiert in der Debatte um das Klonen von einem sozialphilosophischen Standpunkt aus. Hiernach dürften Technologien keinen Menschen herstellen, der in seiner sozialen Qualität und individuellen Entwicklung von ihnen vorbestimmt und so zumindest teilweise in seiner Individualität beeinträchtigt wäre. Der Präsident der Max-Planck-Gesellschaft, Peter Gruss, hat in einem Artikel mit dem Titel »Klone – Traum oder Albtraum?« in der FRANKFURTER ALLGEMEINEN ZEITUNG vom 14. Mai 2003 (Gruss, P. (2003): Klone – Traum oder Albtraum? FRANKFURTER ALLGEMEINE ZEITUNG, 14. Mai 2003, Nr. 111/Seite N1) Habermas' Sicht nachhaltig unterstützt. Er schreibt: »Bereits aus rein naturwissenschaftlichen Fakten also ergeben sich unmittelbar ethische Ablehnungsgründe, da das Klonen sowohl für die Mutter als auch für das Kind (Klon) unzumutbare gesundheitliche Schäden und Gefahren birgt. Natürlich gibt es auch bei geschlechtlicher Vermehrung kein Recht und keine Sicherheit auf ein gesundes Kind, aber das verbleibende Risiko ist naturgebunden und nicht menschlich verursacht. Damit nähern wir uns dem eigentlichen ethischen Ablehnungsgrund: Jeder Mensch ist in seiner genetischen Anlage zufällig entstanden. Das trifft auch für eineiige Zwillinge zu. Niemand hat bisher einen Menschen in seiner Anlage vorbestimmt. Daraus erwächst unser menschliches Selbstverständnis von Einzigartigkeit und Selbstbestimmung. Durch das Klonen würde eine beispiellose Kontrolle über die genetische Disposition eines anderen Individuums ausgeübt. Diese Kontrolle unterscheidet sich maßgeblich von der Kontrolle, die Eltern ausüben, wenn sie geschlechtlich ein Kind zeugen, denn die genetische Zusammensetzung des Erbgutes des Kindes ist nicht vorhersehbar. ... Gewollt ist nicht Uniformität, sondern die Einzigartigkeit der Individuen, und zwar so, wie es der Wilde in Aldous Huxleys *Schöne neue Welt* fordert: ›Ich brauche keine Bequemlichkeiten. Ich will Gott, ich will Poesie, ich will wirkliche Gefahren und Freiheit und Tugend. Ich will Sünde. ... All diese Rechte fordere ich.‹«

Ich kenne keinen seriösen Wissenschaftler, der sich für das Klonen von Menschen ausspricht. Es wird als unverantwortlich angesehen, Menschen klonen zu wollen, da dies beim derzeitigen Stand der Klonierungstechnologie zu Missbildungen führen würde. Viele Wissenschaftler sind aber auch der Auffassung, dass angesichts des zu erwartenden großen Nutzens für die Gesellschaft die Forschung an embryonalen Stammzellen und in letzter Konsequenz therapeutisches Klonen unverzichtbar sei. Die therapeutischen Möglichkeiten von Stammzellen liegen vor allem in der Züchtung von Ersatzgewebe. Selbst wenn die Heilungsmöglichkeiten erst in einer Reihe von Jahren oder Jahrzehnten vorliegen werden, seien sie nicht von der Hand zu weisen, denn es gebe auch die ethische Verantwortung zum Heilen. Abermillionen Krankheitsfälle kommen demnach allein in den USA für Gewebeersatztherapien mit Stammzellen in Frage: Achtundfünfzig Millionen Herz-Kreislauf-Erkrankungen, dreißig Millionen Autoimmunerkrankungen, sechzehn Millionen Zuckerkranke (Diabetes mellitus), zehn Millionen Menschen mit Knochenerweichungen (Osteoporose), acht Millionen Krebskranke, anderthalb Millionen Menschen mit Schüttellähmung (Parkinson) und über vier Millionen Alzheimer-Kranke. Die dringende Notwendigkeit alternativer Therapieverfahren wird am Beispiel der Herz-Kreislauf-Erkrankungen offensichtlich: Von vierzigtausend Patienten, die 1997 in den USA eine Herztransplantation benötigten, erhielten nur zweitausenddreihundert tatsächlich ein Spenderorgan. Ohne die Embryonenforschung wird es nach Meinung vieler Wissenschaftler auch für Parkinson, Diabetes und Alzheimer-Krankheit keine Heilung geben.

Der amerikanische Präsident hat am 9. August 2001 entschieden, die Forschung an schon vorhandenen embryonalen Stammzelllinien öffentlich zu fördern. Er begründet seine Entscheidung damit, dass es angesichts der medizinischen Potentiale der Stammzellforschung ethisch legitim sei, dort zu forschen, wo die Entscheidung über Leben und Tod bereits gefallen sei. Dieser Auffassung hat sich der Bundestag im Januar 2002 angeschlossen. Mit den neuen Erkenntnissen zur Totipotenz von embryonalen Stammzellen stellt sich aber erneut die Kernfrage, die da lautet: Welchen moralischen Status erkennen wir embryonalen Stammzellen zu? Darf man das Leben eines todkranken, aber durch Stammzellen möglicherweise in Zukunft heilbaren Menschen gegen ungeborenes Leben aufrechnen? Schwierige, ja sehr schwierige Fragen für uns alle. Wir sind an einem Punkt angelangt, wo die jeweils vorgetragenen Argumente kaum Aussicht haben, die Gegenseite zu überzeugen oder gar umzustimmen. Aus der eigenen Anschauung heraus meine ich, dass sich, von wenigen Ausnahmen abgesehen, zwischen Naturwissenschaftlern und Medizinern auf der einen Seite und »Ethikern« – Theologen, Philosophen und Verfassungsrechtlern – auf der anderen Seite eine tiefe Kluft aufgetan hat. Wissenschaftler sind bereit, zur Erforschung von Ersatzgewebe für Kranke menschliche Embryonen zu verwenden, die dafür im Alter von bis zu fünf Tagen nach der Befruchtung »verbraucht« und damit getötet werden. Der Widerstand, allerdings, gegen solche Praktiken ist nicht nur in Deutschland groß.

Gelänge es nicht auch, menschliche embryonale Stammzellen ohne verbrauchende Embryonenforschung zu gewinnen? Haben nicht Hans Schöler und Karin Hübner einen gangbaren Weg zu menschlichen Eizellen aufgezeigt, vorausgesetzt, das Mausexperiment ließe sich auf die menschlichen embryonalen Stammzellen oder gar Stammzellen aus Nabelschnurblut übertragen? Ob dies ein gangbarer Weg ist, wird die Zukunft zeigen. Der Reiz wäre, dass keine Embryonen verbraucht werden müssten, wenn adulte Stammzellen, wie die aus Nabelschnurblut isolierbaren Stammzellen, zu Eizellen entdifferenziert werden könnten. Ei- und Samenzellen selbst sind ethisch unbedenklich. Ihre einzigen physiologischen Funktionen sind, sich im Befruchtungsvorgang zu vereinen und nach Kernverschmelzung einen Embryo zu bilden. Ich glaube, es ist möglich, einen klaren Unterschied zwischen therapeutischen und sozial fragwürdigen Anwendungen der Stammzelltechnologie zu machen. Die einen zu fördern und die anderen zu ächten, nicht zuzulassen und zu verbieten.

Wer die Gene beherrscht, besitzt im Zeitalter der Biotechnologie eine unvorstellbare Machtfülle – Wie können wir damit umgehen und die Gesetze der Natur achten?

Hans Jonas nennt in erster Linie »die vorausgedachte Gefahr selber!« »Heuristik der Furcht« – die Kunst, die wahre Aussage zu finden (S. 13). »In ihrem Wetterleuchten aus der Zukunft, im Vorschein ihres planetarischen – globalen – Umfangs und ihres humanen Tiefgangs, werden zuallererst die ethischen Prinzipien entdeckbar, aus denen sich die neuen Pflichten neuer Macht herleiten lassen.«

Biowissenschaftliche Forschung und Entwicklung findet weltweit mit atemberaubender Geschwindigkeit in einem Beziehungsgeflecht statt, das durch zunehmende Globalisierung der Wirtschaft, Strukturwandel biowissenschaftlicher Sektoren, unterschiedliche rechtliche Rahmenbedingungen, ethische Grenzziehungen, das Betroffensein jedes Einzelnen – unsere Gene sind das Intimste, was wir besitzen! – und damit differenzierte Akzeptanz der Bevölkerung gekennzeichnet ist. Diese tiefe Interdependenz von Biowissenschaften und gesellschaftlichen Bedingungen unterscheidet biowissenschaftliche Innovationsprozesse grundlegend von Innovationen, die von anderen wissenschaftlichen Entwicklungen ausgelöst werden.

Ich bin der festen Überzeugung, dass wir Menschen mit der progressiven Zunahme des Wissens und der Vielfalt der Anwendungsbereiche biowissenschaftlicher Erkenntnisse und den notwendigen ethischen Grenzziehungen verantwortungsvoll umgehen können. Von seiner Veranlagung her ist der Mensch dazu vermutlich in der Lage. Zeichnet sich doch am Horizont die Möglichkeit einer global existierenden, allen Menschen innewohnenden Moral ab. Psychologen wie Paul Rozin und Laura Lowery von der University of Virginia, USA, argumentieren, die Moral aller Kulturen lasse sich auf drei Regeln, Grundprinzipien, zurückführen: *Autonomie, Gemeinschaft und Erhabenheit* (zitiert in Breuer, H.: Die Zeit Nr. 39,20. September 2001 : S. 42). Wer eine dieser drei Regeln verletze, so ihre These, ruft drei entsprechende Urgefühle im Menschen hervor: »Erstens Ärger, wenn individuelle Rechte verletzt werden; zweitens Verachtung, wenn eine Person gegen den sozialen Codex verstößt, und schließlich Ekel, wenn jemand gegen das frevelt, was eine Gruppe als rein oder heilig hochhält.« Erste gezielte Verhaltensexperimente mit Studenten in Japan und Amerika untermauerten diese weltumspannende Sicht unserer Moralvorstellungen, erklärt der Philosoph Joshua Green gegenüber der Zeit (Breuer, H.: Die Zeit Nr. 39, 20. September 2001: S. 42). Ich wünschte, Green behielte Recht. Dann hätten wir nicht nur die berechtigte Hoffnung, global akzeptierte Lösungen im Umgang mit unseren Genen und Embryonen zu finden, sondern auch einen Ausweg aus den Problemen, die zu den Ereignissen vom 11. September 2001 führten.

Literaturangaben

1. The human genome. NATURE Volume 409/issue no. 6822/15 February 2001.
2. The human genome. SCIENCE Volume 291/Number 5507/16 February 2001.
3. Hübner K et al. (2003) Derivation of oocytes from mouse embryonic stem cells. SCIENCE 300: S. 1251-1256.
4. Toyooka Y, Tsunekawa N, Akasu R, Noce T (2003) Embryonic stem cells can form germ cells in vitro. PROC NATL ACAD SCI USA 100: S. 11457-11462.
5. Enard W et al. (2002) Intra- and interspecific variation in primate gene expression patterns. SCIENCE 296: S. 340-343.
6. Frank B. Hu et al. (2001) Diet, lifestyle, and the risk of type 2 diabetes mellitus in woman N ENGL J MED 345: S. 790-797.
7. Meir J. Stampfer et al. (2000) Primary prevention of coronary heart disease in woman through the diet and lifestyle. N ENGL J MED 343: S. 16-22.
8. Simons M et al. (2002) Treatment with simvastatin in normocholesterolemic patients with Alzheimer's disease: a 26-week randomized, placebo-controlled, double-blind trial. ANN NEUROL 52: S. 346-350.
9. Schenk D et al (1999) Immunization with amyloid-beta attenuates Alzheimer-disease-like pathology in the PDAPP mouse. NATURE 400: S. 173-177.
10. Geijsen, N./Horfoschakl, M./Kiml, K./Gribnaul, J./Eggan, K./Daley, G.Q. (2004) Derivation of embryonic germ cells and male gametes from embryonic stem cells. NATURE 427: 148-154.
11. Gruss, P (2003) Klone – Traum oder Albtraum? FRANKFURTER ALLGEMEINE ZEITUNG, 14. Mai 2003, Nr. 111/Seite N1.
12. Jonas H. Das Prinzip Verantwortung, Frankurt am Main, 1984.
13. Breuer H., DIE ZEIT Nr. 39, 20. September 2001: S. 42.

Wolfgang Frühwald

Therapie oder Menschenzüchtung? Über den Konflikt um Wert und Würde des menschlichen Lebens

1. Die Entdeckung der Ursprünge[1]

Das Jahrzehnt vor der Jahrtausendwende war eine Dekade der Hoffnung und des Menschheitsvertrauens. In der Euphorie des Aufbruchs zwischen etwa 1989 und 2001 haben wir vieles von dem vergessen, was wir einstmals wußten, vom Umgang mit Gefahr und Bedrohung, von der Verelendung von zwei Dritteln der Menschheit, von der Bedrohung unserer Bilder vom Menschen und der Schöpfung und von vielen Bedrohungen mehr. Das Jahrzehnt des Menschheitsoptimismus, nach dem Ende des Ost-West-Konflikts und nach dem Fall des Eisernen Vorhangs, war ein Jahrzehnt des Vertrauens in die Möglichkeiten und die Entwicklungschancen auch von Wissenschaft und Forschung. Der Übergang aus der zweipoligen in die vielpolige Welt[2] wollte uns so mühelos gelingen, weil diese vielpolige Welt durch ungezählte neue Entdeckungen und Erfindungen zugleich zur »einen« Welt zusammenzuschmelzen schien. Durch eine grenzenlose Mobilität, die uns ein Flugzeug scheinbar so gefahrlos betreten ließ wie die U-Bahn; durch eine »new economy«, an deren offenkundig uferlosen und raschen Gewinnen nun viele Menschen teilhaben konnten; durch elektronische Kommunikationsmedien, die uns einen unendlichen, nämlich virtuellen, das heißt nur im Computer existierenden Raum eröffneten; durch die Entkoppelung von Kommunikation und Verkehr, von Lust und Fortpflanzung, die ein neues Lebensgefühl erzeugte; durch eine der technischen Intervention nun zugängliche, neu zu definierende menschliche Natur; durch eine neue Erfahrungswirklichkeit von Gesundheit und Krankheit, durch die Hoffnung auf eine Revolution der Therapien, die Hoffnung auf eine Behandlung der Krankheitsursachen, wodurch schließlich auch die großen Seuchen unserer Tage, der Krebs, die Altersdemenzen, die neurodegenerativen Krankheiten etc. besiegt werden könnten? Forschung und Wissenschaft galten als Hoffnungszeichen selbst für jene Kontinente und Landstriche, die parallel zur Prosperität der Nordhalbkugel in Armut, Wassermangel, Bürgerkrieg und Seuchen versanken.

Vielleicht ist die Entwicklung der Wissenschaft ja tatsächlich die einzige Hoffnung auch für die in Armut lebenden zwei Drittel der Menschheit. In jüngerer Zeit freilich mehren sich wieder die Zweifel an den Heilsversprechen der Wissenschaft. Das erste geklonte Säugetier der Welt, das schottische Schaf »Dolly«, mußte im Februar 2003 nach sechs kurzen Lebensjahren eingeschläfert werden; das mit großem Propagandaaufwand an Weihnachten 2002 angekündigte erste menschliche Klonkind Eve ist vermutlich nie geboren worden, doch die Amerikaner haben schon einmal prophylaktisch verboten, klonierte Pferde auf den Rennbahnen laufen zu lassen. Sie wollen nicht den immer gleichen Sieger sehen. Ein neuer Wissenschaftsglaube, ein blinder Szientismus, ein kalter Rationalismus und auf der anderen Seite eine durch Sekten und Propagandisten in eigener Sache geschürte Wissenschaftsangst verdunkeln die realen Erfolge und die tatsächlichen Fortschritte der modernen Forschung. Im Gefolge der Attentate des 11. September 2001 wurde die grenzenlose Mobilität als Gefahr erkannt, ist die »new economy« wie eine große Seifenblase zerplatzt.

Trotzdem ist das Rad der Zeit nicht zurückzudrehen, trotzdem sind die ungemein raschen Fortschritte, welche vor allem die Lebenswissenschaften und die Neurowissenschaften in den letzten zwanzig Jahren erzielt haben, staunenswert. Die Forschung hat die Ursprünge entdeckt, die »Kosmologien« im inneren und im äußeren Kreis der Welt. Nie war die Suche nach außerirdischem Leben so lebhaft wie in unserer Zeit. Sie belegt und überdeckt unsere Angst, letztlich doch allein zu sein in einem unendlichen Raum.[3]

So richtet sich der Blick der Moderne nicht nur in das Weltall, sondern auch in den ebenso unendlichen Raum im Inneren des Lebens und der Materie. Von Ursprüngen ist die Wissenschaft auch dabei fasziniert, von den Ursprüngen des Lebens und damit auch von denen der Lebensdefekte. Die Molekularbiologie, eine (wie ihre Anwendungsformen in Gen- und Biotechnologie) weltweit verbreitete und erfolgreiche Wissenschaft, ist das notwendige Pendant zu Astrophysik und Kosmologie. Der im Jahre 2000 verkündete Abschluß der Auszählung der Gesamtheit der Träger menschlicher Erbanlagen, also des menschlichen Genoms, ist ihr bisher spektakulärster Erfolg. Nicht ohne Grund wurde dieser Erfolg als die »biologische Mondlandung« bezeichnet. Daß mit dem möglichen Zugriff des Menschen auf das in Jahrmillionen entstandene Erbgut auch die Gefahren des Mißbrauchs gewachsen sind, braucht man Forscherinnen und Forschern nicht zu sagen, sie sind sich (in der Mehrzahl) dessen bewußt. Bedroht seien, heißt es im Kommentar zu der durchaus forschungsfreundlichen Menschenrechtskonvention zur biomedizinischen Forschung, die der Europarat verabschiedet hat, nicht mehr nur das Individuum oder die Gesellschaft, bedroht sei die *species* Mensch als solche.[4] Daß mit der Entdeckung der Ursachen des Lebens (bei Pflanze, Tier und Mensch) auch Hoffnungen gewachsen sind, große (und bisher unerfüllbare) Hoffnungen auf die Heilung von genetisch bedingten Krankheiten, ist vor allem deutlich geworden, seit es gelungen ist, Gendefekte zu bestimmen, welche die Ursachen schwerer, weit verbreiteter Krankheiten sind (zum Beispiel die Ursachen von Brustkrebs, der Cystischen Fibrose etc.). Wenn es eines Tages gelingen sollte, den heilenden Eingriff in das Genom, also eine Gentherapie, zu entwickeln, werden sich unsere Vorstellungen von Behandlung und Heilung revolutionär verändern. Die jetzt noch immer vorherrschende Symptombehandlung könnte dann tatsächlich einer Behandlung der Krankheitsursachen weichen, mit allen Folgen für die Entwicklung von völlig neuartigen Therapien und den damit befaßten Berufen. In Pharmazie und Pharmakologie wird seit langem ernsthaft über diesen sich anbahnenden Wandel nachgedacht. Nach einer Schätzung von Boston Consulting wird in etwa 10 Jahren (gerechnet ab 2004) die Wertschöpfung der Pharma-Industrie zu 40 % auf biotechnischer Grundlage erfolgen. Dies entspräche einem Markt von etwa 400 Milliarden Euro.

2. Stammzellen-Forschung

Am 26. Juni 2000 wurde, so meinte die Zeitschrift »Nature«, mit einer zeremoniellen Geste das Buch des Lebens weltweit geöffnet und der Weg zur Aufklärung der *Funktion* des menschlichen Genoms geebnet (*»the age of functional genomics«*).[5] Seither macht ein neuer, vielversprechender Zweig der mikrobiologischen Forschung von sich reden: die Forschung an sogenannten Stammzellen, an Stammzellen der Pflanzen, der Tiere, der Menschen. Diese Alleskönner unter den Zellen (zunächst totipotente, dann nach Wachstum immer noch pluripotente Zellen) können sich, theoretisch, zu allen Organen des jeweiligen Organismus entwickeln und eröffnen damit Hoffnungen für die regenerative Medizin, Hoffnungen auf die Züchtung immun-verträglicher Organe.[6]

Die bisherige Gen- und Genomforschung hat vor allem gezeigt, daß der Stoff des Lebens in allem Lebendigen ähnlich ist. Sie hat belegt, daß wir Menschen über Jahrmillionen hinweg mit Fliegen und Fischen und Mäusen und sogar mit der Bäckerhefe verwandt sind, weil die Erbsubstanz des Lebens in den Genen des Menschen so hoch konserviert erhalten ist wie in dem vergleichsweise einfachen Organismus der Bäckerhefe. Die Natur, meinte Ernst-Ludwig Winnacker, hat »die biologische Schrift nur ein einziges Mal erfunden«[7]. Die Stammzellen-Forschung nun eröffnet (seit etwa 1998) eine neue, für die Lebenswissenschaften und den Schnellschritt ihrer Entwicklung unwiderstehliche Perspektive: sie zeigt nicht die Ursachen für die *Gleichartigkeit* alles Lebens, sondern erstmals die Ursachen für dessen *Vielfalt und Verschiedenheit*. »Wir waren es gewohnt«, schrieb der Mikrobiologe Gerd Kempermann, »vom Makroskopischen in Richtung des mikroskopisch Kleinen zu schauen. Plötzlich zwingen uns Ergebnisse der Genom- und Stammzellenforschung die umgekehrte Sichtweise auf. Damit geht eine ungewohnte und oft als bedrohlich erlebte Offenheit und Ungewißheit einher. [...] Da soll man plötzlich hinnehmen, aus isolierten Stammzellen könnten Organe werden, ja gemacht werden, aber ohne daß uns bekannt wäre, wie das genau geschehen könnte.«[8] Das ist die große Herausforderung, der sich die Stammzellenforscher gegenübersehen. Das Potential der Stammzellen ist so unglaublich groß, weil sie sich in alle (oder zumindest in viele) Richtungen wandeln und entwickeln können. Die Hamburger Biologin Regine Kollek hat einen kurzgefaßten Überblick über die Ergebnisse dieser explodierenden Forschungsrichtung gegeben. Aus vielen Geweben nämlich können heute schon Stammzellen gewonnen werden: »knorpelbildende Vorläufer aus Blut oder abgesaugtem Fettgewebe, Blutstammzellen aus dem Knochenmark [...]. Erste Tierversuche zeigen, daß die Zellen nach Transplantation zu einer funktionellen Verbesserung des Zustands von Mäusen führen, die an einer experimentell verursachten Parkinsonkrankheit litten [,..]«.[9] In einem dieser Experimente wurden Mäuse von einer tödlichen Leberkrankheit durch die Umwandlung von Knochenmark-Stammzellen in Leberzellen geheilt. Erste Daten von Versuchen mit adulten Stammzellen des Menschen zeigen ebenfalls ermutigende Ergebnisse.[10]

Alle hier beschriebenen Möglichkeiten sind ethisch unbedenklich, weil sie im Tierversuch oder an Stammzellen des *ausgereiften* menschlichen Körpers, an sogenannten *adulten* Stammzellen, gewonnen wurden, nicht an Stammzellen des *menschlichen Embryos,* der zur Gewinnung solcher Zellen getötet werden muß. Die Mehrheit der Stammzellenforscher ist sich heute darin einig, daß das größte therapeutische Potential in adulten Stammzellen verborgen liegt. Es könne aber – so argumentieren viele Forscher – dieses Potential ohne den *Vergleich* mit embryonalen Stammzellen nicht völlig erschlossen werden. Die embryonalen Stammzellen, also auch die Stammzellen des *menschlichen* Embryos, wachsen schneller, sind vitaler als adulte Stammzellen, eröffnen für die Forschung ein unendliches Feld der Neugier. Nur, noch einmal sei es gesagt: embryonale Stammzellen können, auch und gerade beim Menschen, nicht gewonnen werden, ohne daß der Embryo getötet wird. »... cultures of embryonic stem cells«, heißt es in einem *»Panacea, or Pandora's box«* überschriebenen Artikel der Zeitschrift »Nature« (im Dezember 2000), »can only be created by destroying a preimplantation human embryo.«[11] Der Heidelberger Alzheimer-Forscher Konrad Beyreuther hat Anfang November 2001 seine Kollegen öffentlich gefragt, er könne angesichts der fatalen Neigung von embryonalen Stammzellen zu unbeherrschbarer Tumorbildung und angesichts der vielversprechenden Publikationen zur Forschung an adulten Stammzellen nicht verstehen, weshalb sie sich nicht in Scharen auf diese ethisch unproblematische Forschung stürzten.[12] In Deutschland fördert vor allem das Land Baden-Württemberg die Forschung an adulten Stammzellen und parallel dazu die Schmerzforschung mit großen Summen. Unter anderem diese beiden Gebiete hat der deutsche Bundespräsident Johannes Rau in einer mutigen Rede am 18. Mai 2001 als die Felder »diesseits des Rubicon« gemeint, auf denen noch genügend Platz (und Notwendigkeit) für die Forschung sei, ehe die bisher unverrückbaren Grenzen zum Gebiet verbrauchender Embryonenforschung überschritten werden.[13]

Vermutlich hat Gerd Kempermann die Antwort auf die Frage gefunden, warum trotz all dieser Bemühungen die Forschung an embryonalen Stammzellen des Menschen bevorzugt wird: embryonale Stammzellen haben den *wirtschaftlichen* Vorteil, daß die Zellen *selbst*, da sie unbegrenzt zu vermehren und möglicherweise einzusetzen sind, zum Produkt werden können, aus dem Patente zu gewinnen sind. Bei der Transplantation adulter Stammzellen aber sollen Zellen des Patienten selbst eingesetzt werden, um Abstoßungsreaktionen zu vermeiden. Nicht die Zellen selbst werden dann zum patentierbaren Produkt, sondern nur die technischen Verfahren zu ihrer Gewinnung und Transplantation. Im Falle der embryonalen Stammzellen wird der sich eröffnende Markt derzeit auf 7 Milliarden Euro jährlich geschätzt.[14] Allerdings scheinen sich die wirtschaftlichen Erwartungen, die sich auf die Forschung an embryonalen Stammzellen richteten, nicht so schnell zu erfüllen, wie dies erwartet wurde. Im Oktober 2002 hat sich die britische Firma PPL Therapeutics enttäuscht aus der Stammzellenforschung zurückgezogen. Bis zuletzt, sagte ein Firmensprecher, habe man gehofft, wenigstens Erkenntnisse aus der Stammzellenforschung kommerziell nutzen zu können. Das aber sei ein Trugschluß gewesen.[15]

3. Verbrauchende Embryonenforschung und ethische Risiken

Wegen des rasch fortschreitenden wissenschaftlichen (und zunächst auch des wirtschaftlichen) Wettbewerbs wurde der Druck zur Forschung an embryonalen Stammzellen des Menschen so stark, daß daraus eine weltweit erbittert geführte ethische Debatte entstanden ist. Die Türe zur *verbrauchenden Embryonenforschung* scheint aufgestoßen, so daß sich diese Debatte von selbst rechtfertigt.[16] Noch ehe nämlich die Tierversuchsreihen abgeschlossen waren, hat sich die Forschung auf diesem Feld der Wissenschaft menschlichen »Materials« bemächtigt, vor allem der *in vitro* (im Reagenzglas) hergestellten Embryonen. Aufmerksam wurden Forscherinnen und Forscher auf dieses »Material«, weil bei der künstlichen Befruchtung (der In-vitro-Fertilisation) jeweils Embryonen in größerer Zahl übrigbleiben, die ohnehin sterben müssen. So entstand die kaum abzuweisende Frage: Warum nicht diese dem Tode geweihten Embryonen zur Gewinnung von Stammzellen verwenden? Daraus ergab sich konsequent die weitere Frage: Warum nicht Embryonen *in vitro* herstellen, um an ihnen zu forschen?[17] An menschlichen Embryonen sollen demnach bis zum 14. Tag ihrer Entwicklung, das heißt bis zum (angenommenen) Zeitpunkt der Nidation (im Uterus der Mutter), jene Erkenntnisse der Grundlagenforschung gewonnen werden, die eines (fernen) Tages in Therapievorschläge münden könnten. Die »Neue Zürcher Zeitung« meldete am 19. Februar 2003, daß nun zum ersten Mal bei menschlichen embryonalen Stammzellen gelungen sei, was bei embryonalen Stammzellen von Mäusen seit Jahren Routine ist: die technische Veränderung des Erbguts (homologe Rekombination). Der auf der Online-Version von »Nature Biotechnology« basierende Bericht fügt nüchtern hinzu: Trotz aller ethischen Debatten scheine »durch die nun möglich gewordene und relativ einfach durchzuführende Genomveränderung die Arbeit mit menschlichen embryonalen Stammzellen immer mehr zu normalem Laboralltag zu werden. Sollte dereinst gar das Klonen von Menschen tatsächlich durchgeführt werden, so könnte man vermutlich mit Hilfe des neuen Protokolls auch das Erbgut der geklonten Personen manipulieren«.[18]

Als das Eldorado der Stammzellenforschung gilt in Europa heute Großbritannien, wo die verfügbaren menschlichen Embryonen bis zum 14. Tag ihrer Entwicklung für die Forschung freigegeben sind.[19] Dort hat im Herbst 2002 eine Forscherin den verräterischen Satz gesprochen: Embryonen seien die natürliche Umgebung von Stammzellen. Sie hat damit verdeutlicht, auf welches begehrte »Material« sich die Neugierde der Forscher richtet. Das *ganze*, einst schutzwürdige Wesen, der Embryo, wird zur bloßen »Umgebung« kostbarer Zellen degradiert, der Wissensspezialisierung folgt die Atomisierung des Menschen und die des menschlichen Leibes. Auch in Israel (und anderen Ländern der Erde) gibt es wegen einer relativ weiten Definition des Beginns von menschlichem Leben (etwa ab dem 40. Tag nach Befruchtung) keine Probleme mit der Stammzellenforschung. In den USA darf staatliches Geld nur für die Forschung an Stammzell-Linien verwendet werden, die (bis zu einem bestimmten Stichtag) bereits existierten, bei denen also die Embryonen bereits getötet sind und die Stammzellen in Kultur weitergezüchtet wurden. Die amerikanische Akademie der Naturwissenschaften hat zwar sogleich bemerkt, daß diese relativ alten Kulturen für die Forschung unbrauchbar seien. Doch wurde dieser wissenschaftlich begründete Einspruch im Eifer der Debatte überhört, wie auch überhört wurde, daß die gleiche Akademie das reproduktive Klonen von Menschen allein wegen einer noch nicht ausgereiften Technik ablehnte. In Deutschland, wo ein Gesetz die Forschung an menschlichen Embryonen verbietet, behilft man sich einstweilen mit dem Import von Stammzell-Linien (aus Israel, den USA oder Australien). Gegen das im Juni 2002 verabschiedete Gesetz über den Import von Stammzell-Linien laufen aber viele Wissenschaftler in Deutschland Sturm. Sie wünschen sich britische oder schwedische oder niederländische Verhältnisse. Immer wieder ertönen Stimmen, welche eine Revision der Gesetzgebung zum Embryonenschutz fordern. Sie werden nur durch die Autorität der großen Forschungsorganisationen in Schach gehalten, die sich eine Aufforderung zum Gesetzesverstoß nicht nachsagen lassen wollen. In der öffentlichen Debatte um die Forschung an menschlichen Embryonen in den ersten 14 Tagen ihrer Entwicklung erscheint so in Deutschland ein lange nicht mehr gehörtes Vokabular, das des Kulturkampfes aus dem Ende des 19. Jahrhunderts. Die Vertreter eines ganzheitlichen Konzepts menschlicher Würde (damit auch evangelische Bischöfe) werden hier kurioserweise als »papistische« Agenten denunziert.

Wer nämlich mit embryonalen Stammzellen des Menschen arbeiten und forschen will, braucht eine Theorie, die besagt, daß der menschliche Embryo bis zum 14. Tag seiner Entwicklung nicht als Mensch angesehen wird, sondern lediglich als ein Organ, als ein »Zellhaufen«, als ein »Schleimbätzchen« oder wie die abwertenden Begriffe alle lauten. »Der Embryo«, sagte Wolfgang Huber, evangelischer Bischof von Berlin-Brandenburg, »gilt nichts, daß er ein Mensch im Werden ist, wird ignoriert; er ist nur ein Mittel; er wird instrumentalisiert.«[20] Statt die bisher (zumindest in Europa) als unüberschreitbar geltende, ethische Grenze zu respektieren, daß menschliches, auch werdendes menschliches Leben sich selbst Zweck ist und nicht für einen ihm fremden Zweck, zum Beispiel für die Stillung der wissenschaftlichen Neugier, geopfert werden darf, beginnt weltweit ein Eiertanz ohnegleichen, nur um an die begehrten menschlichen Stammzellen heranzukommen. Die Stufungen auf dem Weg des reifenden Embryo, auf dem Weg der Pränatalität, die nach allgemeiner (europäischer) Ansicht bisher aufeinander gefolgt sind, ohne daß ein gravierender Einschnitt (etwa der Zeitpunkt der Einnistung der befruchteten Eizelle in der Gebärmutter der Frau) sichtbar war, werden wegen der Forschung und der Verwertung ihrer Ergebnisse *künstlich* vertieft. So wurde nun die »Kulturmenschwerdung«[21] erfunden. Das heißt als Beginn des Menschseins wird nicht die Gametenverschmelzung, sondern die Aufnahme des Menschen in die Gemeinschaft von Menschen betrachtet. Auf den frühest möglichen Zeitpunkt reduziert bedeutet dies die Mutter-Kind-Dyade, also die Einnistung des Embryos in der Gebärmutter der Frau, der 14. Tag der Entwicklung. Damit wird dem menschlichen Embryo in den ersten vierzehn Tagen seiner Entwicklung das Menschsein abgesprochen. Das Konzept der menschlichen Würde soll plötzlich nicht mehr vom

Anfang bis zum Ende gelten. »Alles rechtfertigt man mit der Absicht«, so nochmals Wolfgang Huber, »ein Leben ohne Leiden zu ermöglichen. Aber wer die Verletzlichkeit des Menschen ignoriert, ignoriert den Menschen überhaupt. Folgen hat das nicht nur für den Embryo. Der Mensch hört auf, eine Person zu sein. Seine Würde löst sich auf.«[22]

In dieser Debatte stehen sich Ganzheitstheorien und Teilungstheorien unversöhnlich gegenüber. Die Vertreter der Ganzheitstheorien (und ich bekenne mich dazu) berufen sich dabei auf christliche Definitionen der Menschenwürde. Danach hat der Mensch Würde, weil sie ihm von seinem Schöpfer gegeben ist, weil der Mensch geschaffen ist nach dem Bild und Gleichnis Gottes. Die (Glaubens-) Frage, ob dieser Gott existiert und wie er sich seinen Geschöpfen bemerkbar macht, ist dabei *relativ* nebensächlich. Es geht darum, daß der Mensch nicht sich selbst zum Bilde, sondern zum Bilde eines ihn übergreifenden Schöpfers geschaffen ist. Die Ganzheitstheorien berufen sich auch auf Immanuel Kants Unterscheidung von Preis und Würde. »Im Reich der Zwecke« heißt es nämlich bei Kant, »hat alles entweder einen Preis oder eine Würde. Was einen Preis hat, an dessen Stelle kann auch etwas anderes, als Äquivalent, gesetzt werden; was dagegen über allen Preis erhaben ist, mithin kein Äquivalent verstattet, das hat eine Würde.«[23] Sie bedienen sich sogar des Slippery-Slope-Argumentes, wonach der Einbruch am Lebensanfang die Lebenswürde als Ganze in Frage stelle. Wer dem zerbrechlichen Beginn des Lebens den Schutz entziehe und diesen Beginn freigebe in die Beliebigkeit der Zwecke (des forschenden, des wirtschaftlichen, des experimentellen medizinischen Gebrauchs), relativiere den Lebensschutz überhaupt. Vor allem dem gebrechlichen Ende des Lebens werde der Lebensschutz damit entzogen. In der Tat: die nachträglich gerechtfertigten Experimente mit embryonalen Stammzellen des Menschen und die Euthanasiebewegungen in den Niederlanden, in Belgien, in der Schweiz und anderen Ländern sind nicht voneinander zu trennen.

Vermutlich wurzeln sie gemeinsam in der von George Steiner als das Charakteristikum des 20. Jahrhunderts benannten Entwürdigung des Todes, in seiner Industrialisierung, seiner Namenlosigkeit, seiner Mechanisierung.[24] Die von Regine Kollek zuerst gestellte und inzwischen mehrfach wiederholte Frage nach den urtümlich-archaischen Elementen in der modernen Verfügung über Tod und Leben, damit die Frage nach dem Verrohungspotential dieser Forschung, liegt sehr nahe. »Die Implantation embryonaler Derivate zur Wiedergewinnung von Gesundheit und Lebenskraft«, sagte Regine Kollek, »erinnert in prekärer Weise an archaisch-kannibalistische Praktiken, deren Integration in das Repertoire einer modernen Medizin befremdlich wirkt.«[25] Wenn allerdings die Entwürdigung des Todes eine der Ursachen für den forcierten Zugriff auf embryonales menschliches »Material« ist, dann gehören die in Europa heftiger werdenden Debatten um aktive Sterbehilfe in den Zusammenhang dieser Diskussion. Wie eine ansteckende Krankheit greift diese Debatte aus den Niederlanden in die Nachbarländer, jetzt auch nach Deutschland über, obwohl die publizierten Ergebnisse der (dort gesetzlich erlaubten) Sterbehilfe eine grausame Sprache sprechen und die Angst vor der nicht verlangten Tötung wächst. Lebensanfang und Lebensende, jene schutzlosen Bereiche, in denen der Mensch seinesgleichen ausgeliefert ist, sind in der Frage des Lebensschutzes eng miteinander verbunden.

Die Vertreter der Teilungstheorie berufen sich auf eine »Ethik des Heilens«, wonach es erlaubt sei, auch entstehendes Leben für die Rettung existierenden Lebens zu »opfern«.[26] Sie berufen sich darauf, daß die Überlebenschancen eines Embryos in den ersten 14 Tagen seiner Entwicklung ohnehin um ein Vielfaches geringer sind als nach der Nidation. Und sie berufen sich, im Rahmen einer relativistischen Ethik, auf die Notwendigkeit eines gemeinsamen europäischen Standpunktes in dieser Debatte, der nur über die Anerkennung der Freigabe der ersten 14 Entwicklungstage des menschlichen Embryos erreicht werden könne. Dabei verlaufen die Grenzen, welche Ganzheits- und Teilungstheoretiker trennen, keineswegs zwischen Weltanschauungen, Religionen oder Parteien, sondern zwischen Lagern des Gewissens. In den Debatten des Deutschen Bundestages zur Stammzellenforschung (2002) hat zum Beispiel der ehemalige deutsche Bundeskanzler Helmut Kohl zusammen mit dem sozialdemokratischen Präsidenten des Deutschen Bundestages und der sozialdemokratischen Justizministerin gegen die Freigabe der Stammzellenforschung gestimmt. Helmut Kohls ehemaliger Generalsekretär der CDU aber gehörte (und gehört) zu den Wortführern einer Freigabe der Forschung an menschlichen Embryonen. Die Fronten verlaufen im Zickack zwischen den katholischen Moraltheologen, die sich in dieser Frage nicht einig sind; sie verlaufen zwischen dem evangelischen Episkopat, der, wie der katholische Episkopat, zu den Gegnern der Forschung an embryonalen Stammzellen zählt, und den evangelischen Moraltheologen, die in der Mehrzahl zu den Befürwortern dieser Forschung gehören. Diese Fronten spalten die deutschen Juristen ebenso wie die Philosophen, wobei sich zahlreiche katholische Philosophen als Teilungstheoretiker profilieren.[27] Der Streit ist also sehr grundsätzlich geworden und stellt (jenseits der törichten, auf den Vatikan bezogenen Verschwörungstheorien) das Gewissen jedes einzelnen auf die Probe. Die Menschen haben bemerkt, daß ihnen Wissenschaft und Forschung hier buchstäblich auf den Leib gerückt sind. Es geht um Zeugung, Geburt und Sterben. Es geht um die Entwertung des Leibes, die in dieser Entwicklung offenkundig ist.[28]

4. Menschenzüchtung

Das Konzept der Menschenzüchtung liegt vermutlich nicht in der Absicht der seriösen Stammzellenforschung. Doch auch dort, wo die Stammzellenforschung auf künftige Therapien zielt, liegt ein solches Konzept in der *Tendenz* dieser Forschung. Der möglichen (und in vielen Ländern erfolgten) Freigabe der Embryonenforschung nämlich folgt auf dem Fuße die Präimplantationsdiagnostik, das heißt die (trotz aller Kautelen sogar serielle) Auslese von gesunden oder kranken Embryonen vor der Implantation der *in vitro* erzeugten Embryonen, wobei unklar ist, wer befugt ist zu definieren, was »gesund« und was »krank« ist. Das Horrorbild des körperlich und geistig und sozial völlig gesunden Menschen (wie es in der Definition der WHO enthalten ist) ist auch biologisch und evolutionstheoretisch eine Schimäre. Der Präimplantationsdiagnostik (und schon der Pränataldiagnostik) folgt zunächst das (in Großbritannien längst praktizierte) therapeutische Klonieren (bei dem körpereigenes Erbgut in eine entkernte fremde Eizelle verpflanzt wird) und dann auch das reproduktive Klonieren, also die Herstellung zeitversetzter Kopien von Menschen. Da die von Deutschland und Frankreich ausgehende Initiative für eine Weltkonvention zum Verbot des Klonierens im November 2002 vorläufig gescheitert ist,[29] sind Menschenzüchtung und eine »liberale Eugenik«[30] in greifbare Nähe gerückt. Die Stammzellenforschung enthält Risiken, welche von der Forschung alleine nicht bewältigt und nicht beantwortet werden können.

Vermutlich muß deshalb (in einer pluralen Demokratie) die Gesellschaft jene Grenzen ziehen, an denen entlang eine auf Leben und Tod jedes einzelnen zugreifende verantwortungsbewußte Forschung ihre Pläne und Visionen entwickelt oder reduziert. Daß sich die von ihrem eigenen (sich ständig beschleunigenden) Fortschritt geschüttelte natur- und lebenswissenschaftliche Forschung weltweit mit solchen Vorstellungen so schwer tut, liegt an dem noch immer herrschenden wertneutralen Forschungsbegriff, der aus dem 19. an das 21. Jahrhundert überliefert worden ist. Längst müßte es eine Risikoabschätzung schon im Stadium der Grundlagenforschung geben. Schon längst müßte eine systematische Sicherheitsforschung etabliert sein. Der Forschungsbegriff insgesamt müßte sich wandeln, weil die (auch früher nur scheinbare) Wertneutralität dort nicht gelten kann, wo zwischen Grundlagenforschung und Anwendung keine Entwicklungsfristen mehr liegen. Und dies ist der Fall bei den Anwendungsformen der Molekularbiologie, bei der Gentechnik, der Biotechnik.

Jürgen Habermas, der, seiner denkerischen Grundlinie folgend, nach einer nicht ontologischen Begründung im Stammzellen-Streit gesucht hat, hat den Begriff einer »Gattungsethik« des Menschen geprägt und damit die Diskussion aus der europäischen und der traditionalistischen Verengung ins Menschheitliche geöffnet. Der Begriff der »Gattungsethik« ist deshalb kein bloßer Modebegriff (wie ihm vorgeworfen wurde), weil die im Ensemble der umstrittenen Pränatal-Techniken geschehende »Technisierung der menschlichen Natur«[31] das Bild des Menschen von sich selbst wandelt. Diese auf Züchtung hin tendierende Technisierung provoziert nach Habermas ein Bild des Menschen von sich selbst, »das mit dem normativen Selbstverständnis lebender und verantwortlich handelnder Personen nicht mehr in Einklang gebracht werden kann«. Habermas hat die möglichen katastrophalen Folgen für moralisches Wollen verdeutlicht, die aus dem *Bewußtsein* entstehen könnten, durch den Elternwillen und die Kunst der Ärzte genetisch irreversibel programmiert zu sein. Die Auseinandersetzung um diese Thesen, die in ähnlicher Weise in Angstfiguren der modernen Literatur erscheinen (bei Michel Houellebecq, bei Hans Magnus Enzensberger, Christa Wolf, Anne Beresford u.a.), hat noch kaum begonnen. Gibt es also doch ein Bedrohungspotential der modernen Forschung? Es gibt dieses Potential ohne Zweifel. Ohne Risiko keine Chancen!

Die Kränkungen der menschlichen Eigenliebe, die Sigmund Freud 1917 entdeckt hat, scheinen um eine neue Kränkung erweitert zu werden. Sie wird vermutlich ebenso Epoche machen wie ihre Vorläufer. Freud unterschied die von der Psychoanalyse verursachte Bewußtseinskränkung, welche auch die erhabenen Gefühle des Menschen an sein Triebleben gebunden hat, von der darwinischen und der kopernikanischen Kränkung.[32] Kopernikus hat bekanntlich die Erde aus dem Mittelpunkt des Sonnensystems genommen. Das war eine gewaltige, bewußtseinsändernde Entdeckung, auch wenn sich unsere Sprache mit »Sonnenaufgang« und »Sonnenuntergang« dieser Entdeckung nicht gefügt hat. Es hat Jahrhunderte gedauert, bis sich die Menschheit an die Vorstellung eines heliozentrischen Weltbildes oder gar eines Weltbildes gewöhnt hat, bei dem das ganze Sonnensystem samt Erde und Mond in etwa 300 Millionen Jahren um das galaktische Zentrum wandert. Die Zumutung der darwinischen Abstammungslehre, welche (nach Freud) »die vom Hochmut geschaffene Scheidewand zwischen Mensch und Tier niederriß«, ist bis heute noch kaum prägend in das kollektive Bewußtsein eingedrungen. Nun aber scheint es, als müsse sich dieses Bewußtsein mit dem Verlust der Unverfügbarkeit des Leibes abfinden.

Die Unterwerfung von Leib und Leben unter Biotechnik und Gentechnologie[33] aber könnte gewaltigere Widerstände erzeugen als jene anderen Verlusterfahrungen, an die sich die Menschheit auch innerhalb eines Zeitraumes von 500 Jahren nur schwer gewöhnt hat. Die *biopolitische* Alternative also wird nicht lauten können: Therapie *oder* Menschenzüchtung. Die Antwort auf die vielleicht drängendste Frage der Zeit wird vielmehr lauten müssen : Neue auf die Krankheitsursachen zielende Therapien müssen entwickelt werden und werden entwickelt werden. Doch der ehrenwerte Zweck rechtfertigt nicht jedes Mittel. Dort, wo entstehendes Leben der wissenschaftlichen Neugierde geopfert wird, wo menschliches Leben gar hergestellt wird, nur um getötet zu werden, dort, wo Embryonen kloniert und getötet werden, um aus ihnen körperverträgliche Ersatzorgane herzustellen, wo schließlich der Mensch gentechnisch »perfektioniert« und »optimiert« werden soll, wird eine Grenze überschritten, die den »moralischen Impuls« aus der Welt nehmen könnte. Warum, heißt es bei Habermas, »sollten wir moralisch sein *wollen* – wenn die Biotechnik stillschweigend unsere Identität als Gattungswesen unterläuft«?[34] Noch sind dies Überlegungen, die mit der Zukunft von Forschung und Wissenschaft spielen, doch diese Zukunft hat schon begonnen.

Anmerkungen

1 Der vorliegende Text ist in einer veränderten Fassung erschienen in: Annette Leonhardt (Hg.): Wie perfekt muß der Mensch sein? Behinderung, molekulare Medizin und Ethik. München, Basel 2004, S. 9-21.

2 Die Vorstellung des Übergangs von der bipolaren in die vielpolige Welt nach Hugo Loetscher.

3 So jedenfalls vermutet George Steiner in seiner »Grammatik der Schöpfung«, München 2001.

4 Im Kommentar zu »Preliminary Draft Convention for the Protection of Human Rights and Dignity of the Human Being with Regard to the Application of Biology and Medicine: Bioethics Convention« (vom 30. Juni 1994) heißt es deutlich und unüberhörbar: »Many of the current achievements and forthcoming advances are based on genetics. Progress in knowledge of the genome is producing more ways of influencing and acting on it. The risks associated with this growing area of expertise should not be ignored. It is no longer the individual or society that is imperilled but the human species itself. The convention sets up a safeguard starting with the preamble where reference is made to the benefits to future generations and to all humanity, while provision is made throughout the text for the necessary legal guarantees to protect the identity of the human being.« Europa (und speziell Deutschland) wären langwierige Auseinandersetzungen und tiefgreifende Konflikte erspart geblieben, wenn sich irgendeine Bundesregierung (seit 1996) hätte bereit finden können, diese Konvention, das 1996 veröffentlichte »Menschenrechtsübereinkommen des Europarats zur Biomedizin«, zu unterschreiben. In der Konvention, die weltweit hätte vorbildlich werden können, findet sich immerhin ein Artikel 2, in dem es heißt: »The interests and welfare of the human being shall prevail over the sole interest of society and science.«

5 Beyond the Book of Life. In: NATURE. Vol. 408. 21/28 December 2000, S. 894.

6 Panacea, or Pandora's Box? In: NATURE. Vol. 408. 21/28 December 2000, S. 897: »These cells can, in theory, give rise to any of the body's tissues – and so have enormous potential in regenerative medicine.«

7 Ernst-Ludwig Winnacker: Das Genom. Möglichkeiten und Grenzen der Genforschung. Frankfurt am Main 1996, S. 21.

8 Gerd Kempermann: Der Traum neuer Zellen für neue Menschen. In: Frankfurter Allgemeine Zeitung 17. August 2001, S. 42.

9 Regine Kollek: Falsche Rechtfertigungen und vernachlässigte Alternativen. In: Sigrid Graumann (Hg.): Die Genkontroverse. Grundpositionen. Mit der Rede von Johannes Rau. Freiburg im Breisgau 2001, S. 153 f.

10 Vgl. dazu Nature, a. a. O., S. 898. Dagegen scheint der wissenschaftliche Durchbruch in der Forschung an adulten Stammzellen, der am 28. Mai 2004 vom Institut für Medizinische Molekularbiologie der Universität Lübeck angekündigt wurde, noch nicht hinreichend geprüft. Nach dieser Ankündigung sollen in der Bauchspeicheldrüse von Ratten und Menschen neuartige Stammzellen entdeckt worden sein, die sich in verschiedene Zelltypen des menschlichen Körpers verwandeln ließen. Aus körpereigenen Zellen ließe sich damit Ersatzgewebe züchten, aber – die Fachwelt stimmte in den Jubel nicht ein. Vgl. Frankfurter Allgemeine Zeitung 1. Juni 2004.

11 Ebd. S. 897.

12 Vgl. dazu Christian Schwägerls Bericht über eine Diskussion in Bonn (am 6. November 2001). In: Frankfurter Allgemeine Zeitung 8. November 2001, S. 49.

13 Johannes Raus Rede: »Wird alles gut? Für einen Fortschritt nach menschlichem Maß. Die Berliner Rede vom 18.5.2001 in der Staatsbibliothek zu Berlin« ist u. a. gedruckt bei Graumann, S. 14-29.

14 Hinweise zum Markt für embryonale Stammzellen finden sich bei Michael Müller: Wissenschaftsfreiheit? Eine Schimäre. In: Die Zeit 16. August 2001, S. 7 (Essay Politik).

15 Zitiert nach der dem »Deutschen Ärzteblatt online« entnommenen Meldung in der Frankfurter Allgemeinen Sonntagszeitung 13. Oktober 2002, S. 57.

16 Gegen die verbrauchende Embryonenforschung hat das Menschenrechtsübereinkommen zur Biomedizin den Artikel 18 formuliert: »(1) Soweit das Recht Forschung an Embryonen in vitro zuläßt, gewährleistet es einen entsprechenden Schutz des Embryos. / (2) Die Erzeugung menschlicher Embryonen für Forschungszwecke ist verboten.« U.a. diese Formulierungen schienen den Vertretern der deutschen Behinderten-Verbände zu schwach, weshalb die Unterzeichnung der Konvention in Deutschland vor allem ihres Widerspruches wegen unterblieben ist.

17 In der Frankfurter Allgemeinen Zeitung machte am 10. August 2002 Professor Johannes C. Huber (für die Bioethik-Kommission der österreichischen Bundesregierung) auf ein in der Öffentlichkeit weitgehend übersehenes Problem aufmerksam. Momentan, heißt es in diesem Leserbrief, sei man »bemüht, das Hyperstimulationssyndrom bei Frauen im Rahmen einer In-vitro-Fertilisation zu vermeiden. Da derzeit auf der ganzen Welt nicht mehr als drei Embryonen im Rahmen einer einzigen IVF eingesetzt werden, aber auch aus endokrinologischen Gründen, ist man bemüht, die Anzahl der heranreifenden Follikel zu limitieren – soweit das möglich ist. Besteht de lege die Möglichkeit, im Rahmen der IVF überzählige Embryonen kontinuierlich der Wissenschaft abzutreten, so muß man nicht gerade ein Insider sein, um zu verstehen, was dies für

die dann angewendeten Stimulationsschemata bedeutet. Die ›restriktive‹ Anregung des Eierstocks wäre damit sicher vorbei.«

18 NEUE ZÜRCHER ZEITUNG 19. Februar 2003 (Forschung und Technik, S. 62).

19 Zu den europäischen Aspekten der Stammzellenforschung vgl. Minou Bernadette Friele (Hg.): Embryo Experimentation in Europe. Bio-medical, Legal, and Philosophical Aspects. Bad Neuenahr-Ahrweiler 2001 (Europäische Akademie. Grey Series Nr. 24).

20 Wolfgang Huber: Wir stehen erst am Anfang. In: FRANKFURTER ALLGEMEINE ZEITUNG 9. August 2001, S. 44. Vgl. dazu die vollständige Fassung der in der FAZ verkürzt wiedergegebenen Rede: Wolfgang Huber: Das Ende der Person? Zur Spannung zwischen Ethik und Gentechnologie. Ulm 2001 (Reden und Aufsätze der Universität Ulm, Heft 8).

21 Zum Terminus und seiner Auslegung vgl. Hubert Markl: Was ist der Mensch? In: ders.: Schöner neuer Mensch? München und Zürich 2002, S. 30-32.

22 Wolfgang Huber: Das Ende der Person, S. 38.

23 So Immanuel Kant in der »Grundlegung zur Metaphysik der Sitten«.

24 George Steiner: Grammatik der Schöpfung, S. 328 ff.

25 Regine Kollek: Falsche Rechtfertigungen, S. 155.

26 Vgl. etwa Hubert Markl: Der Mensch ist moralisch großzügig geschneidert. In: SÜDDEUTSCHE ZEITUNG 31. Oktober/1. November 2001, S. 19.

27 Zu unterschiedlichen Standpunkten und Perspektiven bei gemeinschaftlicher weltanschaulicher Basis vgl. Otfried Höffe, Ludger Honnefelder, Josef Isensee, Paul Kirchhof: Gentechnik und Menschenwürde. Köln 2002.

28 Vgl. dazu Wolfgang Frühwald: Die Entwertung des Leibes. Anmerkungen zur biopolitischen Veränderung von Menschenbildern. In: Wilhelm Heitmeyer (Hg.): Deutsche Zustände I. Frankfurt am Main 2002, S. 255-268.

29 Christian Schwägerl: Das Menschenklonen kommt in Mode. In: FRANKFURTER ALLGEMEINE ZEITUNG 2. November 2002. Da die USA auf der Einbeziehung des therapeutischen Klonierens (das im Anfangsstadium mit dem reproduktiven Klonieren übereinstimmt) in eine solche Konvention bestanden haben, u. a. aber Deutschland nur das reproduktive Klonieren verbieten wollte, sind die Verhandlungen gescheitert. Die FAZ folgert aus den Nachrichten von der Klonierungsfront, »daß längst ein internationaler Wettbewerb in Gang ist, wer als erster entwicklungsfähige menschliche Klonembryonen schaffen und zu biologischen Ersatzteillagern umfunktionieren kann«. Im Mäuseversuch jedenfalls war das therapeutische Klonieren erfolgreich.

30 Jürgen Habermas: Die Zukunft der menschlichen Natur. Auf dem Weg zu einer liberalen Eugenik? Frankfurt am Main 2001.

31 Ebd. S. 76, das folgende Zitat ebd.

32 Vgl. Sigmund Freud: Die Widerstände gegen die Psychoanalyse. In: IMAGO, Bd. 9 (1925), S. 232 f.

33 Habermas: Die Zukunft der menschlichen Natur, S. 95.

34 Ebd. S. 124.

MENSCHENBILDER

Karl Kardinal Lehmann

Das christliche Menschenbild und die Grenzen der Wissenschaft

Die Vortragsreihe über biowissenschaftlichen Fortschritt und den Wandel des Menschenbildes greift mitten in die heute vielleicht am meisten zentrale Diskussion in Wissenschaft, Gesellschaft und Politik hinein. In der Tat führen die Möglichkeiten des menschlichen Eingriffes in das Erbgut des Lebens zu einer Beschleunigung der Evolution, die nun nicht mehr nur nach den Gesetzmäßigkeiten und dem Zufall der Natur verläuft, sondern vom Menschen selbst – wenigstens zum Teil – in die Hand genommen und gezielt vorangetrieben wird. Hier kann man von einer Beschleunigung reden, die über unsere bisherigen Vorstellungen weit hinausreicht.

Mir ist dabei die Aufgabe gegeben, diese Evolution in Bezug zu setzen zum Verständnis des Menschen, nicht zuletzt in der Perspektive des christlichen Glaubens. Dabei will ich an dieser Stelle nicht den Begriff des christlichen Menschenbildes thematisieren.[1] Für ein erstes Verständnis darf ich eine Kenntnis der Grundperspektiven einer biblisch-christlichen Anthropologie voraussetzen.

Im Titel ist von den »Grenzen der Wissenschaft« die Rede. Im Raum einer Universität mag man vielleicht sogar zuerst über einen solchen Begriff erschrecken. Die Wissenschaft scheint gerade dadurch Wissenschaft zu sein und zu bleiben, dass ihr niemand einfach von außen Grenzen setzt. Ihre Leistungsfähigkeit besteht gerade darin, dass sie bisherige Grenzen immer wieder neu in Frage stellt und überschreitet. Davon lebt der Anspruch auf eine zweckfreie Theorie, die diesen Namen verdient, und auf die Autonomie. Freilich wissen wir alle, dass es solche Grenzen gibt.[2] Für den neuzeitlichen Menschen ist dieser Gedanke nicht einfach. Denn die Wissenschaft ist über Jahrhunderte fast ununterbrochen vorangeschritten. Jede neue Entdeckung hat zu neuen Fragestellungen und neuen Lösungsmethoden geführt. Immer wieder hat die Wissenschaft neue Explorationsfelder geschaffen und immer wieder Neuland betreten. Heute stoßen wir eher an die Grenzen, die mit unserer Endlichkeit zusammenhängen, auch im Blick auf die Ressourcen. Wir haben auch Grenzen durch Irrtumsmöglichkeiten: Der wissenschaftliche Verstand verrennt sich in seine eigenen Unzulänglichkeiten. Es gibt auch harte ökonomische Grenzen, weil hier und dort der wissenschaftliche Fortschritt unbezahlbar wird. Dies sind mindestens praktische Grenzen. Aber lassen sich heute in den modernen Wissenschaften Theorie und Praxis so leicht trennen?[3]

1. Ein Grundkonflikt der modernen Zivilisation

Wissen ist Macht. Dies ist eine alte Aussage. Immer schon hat die Wissenschaft die Welt tiefgreifend geprägt, indem sie sie fortlaufend verändert hat. Während früher jedoch die wachsende Fülle von Ergebnissen der Wissenschaft dem Leben diente und die Zivilisation förderte, ist hier – wenigstens in unserem Bewusstsein – ein Wandel eingetreten. Zwar erkannte man auch schon früher nachteilige Folgen, aber sie erschienen doch eher als geringfügig. In den letzten Jahrzehnten hat die wissenschaftlich-technische Entwicklung in zunehmendem Maß ein Problembewusstsein hervorgerufen: Neben den unbestreitbaren Segnungen für den Fortbestand und die Weiterentwicklung der menschlichen Kultur ist nicht zu übersehen, dass die Fortschritte auch dazu führen können, dass unsere Welt unumkehrbar geschädigt und dass alles menschliche Leben auf ihr zutiefst gefährdet wird.

Es genügt, einige Stichworte der jüngsten Diskussion in die Erinnerung zu rufen: Grenzen des Wachstums, Fortschritt ohne Maß, Zerstörung der Erde, Waldsterben, Nuklearwaffen, Paradoxien der Abschreckungsstrategie, Friedensbewegung, Krieg der Sterne, Tierexperimente und Tierschutz, die stille Revolution der Gentechnik. Von diesen Veränderungen des Menschen durch den Menschen ist vor allem die Medizin erfasst. Hier ist zunächst eine Rettung von Menschenleben möglich geworden, wo es sonst oft nur noch Schicksalsergebenheit gab. Die Intensivmedizin verhilft Menschen in erstaunlicher Weise zum Überleben und stellt zugleich die schwierige Frage, ob Ärzte verpflichtet sind, alle therapeutischen Maßnahmen zu ergreifen, auch wenn die Wahrscheinlichkeit besteht, dass nur vegetatives Fortleben erhalten wird. Darf man Leben, das hoffnungslos leidet, »künstlich« beenden? Darf man überhaupt Hilfe zur Verlängerung des Lebens versagen? Schließlich denke man an Transplantationen aller Art. Gerade auch der Beginn des Lebens steht im Zeichen technischer Möglichkeiten: die Diagnose erbkranken Nachwuchses in der pränatalen Diagnostik, künstliche Insemination bis zur In-vitro-Fertilisation, Existenz überschüssiger Embryonen, Kryokonservierung, Veränderung des Erbmaterials durch gentechnische Eingriffe, Genbanken, Klonieren im Sinn der ungeschlechtlichen Vermehrung zur Herstellung identischer Nachkommen in beliebiger Anzahl, Genom-Analyse, züchterische Maßnahmen.

»Optimisten« und »Pessimisten« berufen sich auf wissenschaftliche Analysen in der Wertung dieser Entdeckungen. Die Pessimisten nehmen in allen Entwicklungen mit Vorliebe die Phänomene des Zerfalls und der Zersetzung wahr. Die Optimisten berufen sich nicht nur auf die Ungebrochenheit des Fortschritts, sondern nicht zuletzt auf die geschichtliche Widerlegung der pessimistischen Unheilspropheten. Als die Eisenbahn erfunden war, haben einige Biologen und Mediziner voraussagen wollen, der menschliche Körper halte eine solche Geschwindigkeit nicht aus. Grenzwerte der Luftverunreinigung mit Schwefeldioxyd, die vor einiger Zeit als schwer gesundheitsschädlich galten, werden heute sehr viel nüchterner gesehen. Es ist jedenfalls ratsam, sich nicht durch »Optimisten« und »Pessimisten« bei der Analyse der Gegenwart und der Prognose der Zukunft, aber auch nicht bei der ethischen Reflexion beraten zu lassen.

In diesem Beitrag sollen nicht die eben erwähnten Einzelprobleme nochmals erörtert werden. Es existiert eine heute schon kaum mehr überschaubare Literatur zu allen Einzelthemen, die in wenigen Jahren aus dem Boden geschossen ist. Vielmehr fragen wir nach dem elementaren Konflikt, der hier generell in Erscheinung tritt: *Darf der Mensch alles, was er technisch kann?* Er tut jedenfalls, wie die geschichtliche Erfahrung in Vergangenheit und Gegenwart zeigt, bislang das meiste von dem, was er kann. Wir wollen an die Wurzel dieses Problems gehen und die offenkundige Spannung zwischen dem technisch Machbaren und dem sittlich Verantwortbaren, soweit es nur möglich ist, ausloten. Am Ende können auch die genannten Einzelprobleme nur von einer neuen Einsicht in das Grundverhältnis zwischen Technik und Humanität gelöst werden.

2. Das technisch Machbare und der Fortschritt

Wir sind fasziniert und geängstigt von dem, was heute technisch alles machbar ist. Uns beeindruckt die Erfahrung einer offenbar grenzenlosen Steigerung der Machbarkeit und einer wachsenden Beherrschbarkeit der Natur. Aber vielleicht können wir den Begriff des »technisch Machbaren« erst in seiner vollen Bedeutung erfassen, wenn wir uns ein wenig auf seine Herkunft und sein Werden besinnen.

»Techne« ist eine auf verallgemeinerter Erfahrung gegründete und nach lernbaren Regeln vorgehende Kunstfertigkeit im Herstellen von Gegenständen materieller oder geistiger Art (Werkzeuge, Kunstwerke), im Hervorbringen von Zuständen (z.B. der Gesundheit) oder im Betreiben von Geschäften (z. B. Verkauf von Erzeugnissen). Diese Technik bedeutet die Fähigkeit, Vorgegebenes mit natürlichen oder erfundenen Mitteln auf einen Zweck hin umzugestalten. So gibt es im Mittelalter eine ständig verbesserte Ausnutzung z. B. des Tieres, des Windes und des bewegten Wassers. Man kann noch das Aufkommen des Spinnrades, der Drehbank mit Wippe und des Trittwebstuhls hinzufügen. Aufgrund der Entwicklung der Metalltechnik werden der Gebrauch des Schießpulvers und die Buchdruckerkunst, die Erfindung der Brille und von Räderuhren mit Gewichten möglich. Die Natur wurde fortschreitend menschlichen Zwecksetzungen unterworfen, ganz bewusst auch zur Lebenserleichterung gegenüber menschlicher Mangelhaftigkeit und Unfertigkeit. Die Natur ist zunächst immer noch etwas, was den Menschen umgreift und bestimmt. Gegenüber einigen Bereichen der Natur empfand der Mensch im Blick auf seine eigene Lebenserhaltung konkrete Verantwortung. So hat er Tiere, die ihm durch die Jagd als Nahrung dienten, vor dem Ausrotten geschützt, wie wir dies bis heute vielleicht noch am stärksten bei der Fischerei wahrnehmen können. Aber es gab gegenüber der Übermacht der Natur, die nicht zuletzt auch als Feindin und in ihrer Übermacht erfahren wurde, keine umfassende menschliche Verantwortung. Ihr gegenüber waren eher Klugheit und Erfindungsgabe angebracht.

So kann man trotz ständig notwendiger Auseinandersetzungen und Zähmungsversuche sagen, dass der Mensch über Jahrtausende mit der Natur in einer Symbiose lebte. In der Neuzeit ist an die Stelle dieser Form des Zusammenlebens das Verhältnis einer progressiven Herrschaft getreten. Daran sind viele Faktoren beteiligt. Die praktische Naturbewältigung wird theoretisch durchdrungen. Das Wissen geht nicht mehr von allgemein anerkannten Voraussetzungen aus, sondern schafft sich diese im Sinne von Hypothesen. Dies eröffnet qualitativ neue, noch nicht da gewesene Möglichkeiten. Die Einsicht in die Natur kann so auch andere Hinweise auf die Herstellung geben als die Empfehlung der Nachahmung, es nämlich so zu machen, wie die Natur es machen würde. Am vorgegebenen Stoff interessieren die gewünschten Eigenschaften. Immer mehr werden aus den zufällig hantierenden und tastenden Alchimisten eher Architekten eines gewaltigen Werkes. Die wissenschaftliche Erkenntnis ist konstruktiv geworden, weil sie den Entstehungsprozess ihrer Gegenstände rekonstruiert. Die exakte Naturwissenschaft verbindet sich mit einer technisch-praktischen Daseinsbewältigung. Der Prozess einer fortschreitenden Unterwerfung der Natur unter den Menschen, dem sich die Natur als Objekt entgegenstellt, geht dabei weniger auf das »Wesen« oder eine »Wesensordnung« zurück, sondern interessiert sich für die quantitativen Grundbestimmungen (Kraft, Größe, Masse, Dichte, Geschwindigkeit usw.). Die Technik ist folgerichtig nicht bloß die nachträgliche »Anwendung« der Naturwissenschaften, sondern diese sind von Haus aus auf Welteroberung, Umgestaltung und Herstellung ausgerichtet.

Zur Struktur dieser Beherrschung der Welt gehört unabtrennbar der Begriff des Fortschritts. »Wir schreiten zurück, wenn wir nicht fortschreiten, weil man nicht stehen bleiben kann«, schreibt Leibniz an den Rand bei der Lektüre des Buches *Wissenschaft der Theologie* von Helmonts. Wenn die Macht nicht vermehrt wird, muss man fürchten, sie zu verlieren.[4] Dieser Fortschritt ohne Regression vollzieht sich in allen Bereichen der Gesellschaft, der Politik und der Moralität. Durch den Fortschritt geschieht der Übergang der Menschheitsgeschichte vom Schlechteren zum Besseren. Da dieser Fortschritt nicht nur als erkennende Betrachtung einer unverfügbaren Welt verstanden wird, sondern sich als Forschung, Entdeckung und Konstruktion vollzieht, zielt er auf eine Form menschlicher Praxis, welche die Natur immer mehr der Herrschaft des Menschen unterwirft. Die Geschichte wird dadurch zu einer gesteigerten Befreiung des Menschen von der Übermacht der Naturgewalten wie auch von allen sonstigen Behinderungen.

Im Grunde leben wir selbst noch, auch wenn unser »Fortschrittsglaube« erschüttert ist, in einer solchen Denkweise. Der Mensch nimmt darum auch Nebenwirkungen, die schädlich sind, in Kauf. Man denke etwa an eine Übernutzung der Natur, an die Verwendung von Mitteln zur Produktionssteigerung oder an die Pharmakologie. Aber die »Errungenschaft« ist viel stärker, sodass die Sensibilisierung für negative Folgen außerordentlich schwierig ist. Die am »Vorteil« orientierte Rationalität scheint unaufhaltsam fortzuschreiten: Die unfruchtbare Frau wird ihr Retortenbaby durchsetzen; die schwangere Frau wird ein potenziell mongoloides Kind nicht austragen wollen; die genmanipulierte Sortenzüchtung im Bereich der Agrarbiologie und Pharmakologie konnte so mehr und mehr das Selbstverständliche werden. Negative Folgen, die abschätzbar sind, werden von vornherein akzeptiert. So waren auch die negativen Folgen der Empfängnisverhütung weitgehend prognostizierbar: Gefahr des Unernstes intimer Beziehungen, die unbewältigte neue Freiheit der Frau, der Rückgang der Zahl der Neugeborenen.

Die Zweifel an diesem zum Klischee gewordenen Verständnis der menschlichen Geschichte als eines endlosen Fortschritts sind heute allgemein geworden. Die Verheißung der modernen Technik ist in Drohung umgeschlagen. Der Prozess der naturwüchsigen Beherrschung der Welt ist an einem Punkt angelangt, wo er sich gegen den Menschen selbst wendet. Erstmals kommt zum Bewusstsein, dass die Ressourcen der Natur im Blick auf die Lebensbedingungen der menschlichen Gattung begrenzt sind. Die Verfeinerung überkommener und die Entwicklung neuer Geräte bis zu Systemen, wie z. B. der Kybernetik, ersetzen immer mehr Funktionen des Menschen im Umgang mit der Natur und den Mitmenschen. Es entsteht ein »System zweiter Ordnung«, das nun rückwirkend einen beinahe unausweichlichen Zwang verursacht und damit neue Abhängigkeiten schafft. Man denke an die Datenerfassung durch Computer und an die neuen Medien. Die Natur und das menschliche Leben werden mehr und mehr in den Prozess einer technischen Funktionalität hineingenommen. Dadurch kann sich die Herrschaft des Menschen über den Menschen vergrößern. Eine wachsende Manipulation scheint geradezu notwendig zu sein, um den Menschen zu einem funktionierenden Teil seiner eigenen Weltbeherrschung und ihrer Mechanismen zu machen.

Diese Steigerung der technischen Machbarkeit wird von den einen begrüßt, von den anderen beklagt. Für die Bejahung spricht vor allem ihr Verständnis als Grundlage einer sich weithin ausbreitenden Freiheit. Der technische Fortschritt befreit von den Zwängen der Herkunft und der Tradition; Massenkonsum und Massenproduktion befreien von materieller Not; gesellschaftliche Unterschiede werden verringert; Rationalität schließt das Undurchschaubare aus. Vielen erscheinen die Herrschaft der Demokratie und die geforderte Transparenz unserer Welt durch die Medien als die Garanten dieser neu gewonnenen Freiheit. Die Kritik dieser optimistischen Beurteilung liegt auf der Hand: An die Stelle des »Reiches des autonomen Menschen« sei längst ein System schwer durchschaubarer Abhängigkeiten getreten; statt materieller Not würde der Zwang immer neuer Bedürfnisse als nicht minder drückend empfunden; die Freiheit werde durch »Entpersönlichung« und »Gleichschaltung« bezahlt. Wie die gegenwärtigen Diskussionen zeigen, lässt sich der Dualismus dieser gegensätzlichen Haltungen nur sehr schwer auflösen, auch wenn es kompromissartige Zwischenlösungen gibt, die allerdings nicht viel Überzeugungskraft in sich bergen.

3. Notwendigkeit und Kriterien der ethischen Verantwortung

Eine Grundschwierigkeit des Problems besteht darin, dass die Spannung zwischen dem technisch Machbaren und dem sittlich Verantwortbaren meist überhaupt nicht wahrgenommen wird. Es mangelt auf weite Strecken an Sensibilität für die sittlichen Implikationen neuzeitlicher Naturbeherrschung. Sie erscheint nicht selten schon durch sich selbst gerechtfertigt: durch ihre Erfolge, durch ihre immer mehr um sich greifende Tendenz, durch ihre Veränderungsmöglichkeiten, durch ihr allgemeines Akzeptiertsein. Es gibt dadurch eine fast unangreifbare Immunität wichtiger technischer Prozesse gegenüber ethischen Anfragen. Wo sind diese mangelnden Sensibilitäten nun genauer begründet und wie lassen sie sich überhaupt aufspüren?

Zunächst ist die Eigendynamik der technischen Machbarkeit zu nennen. Vieles von dem, was hergestellt werden konnte, verfahrensmäßig technologisch erreichbar war, hat bis in unsere Zeit hinein eine derartige Suggestivkraft gewonnen, dass es beinahe normative Kraft annahm. Je höher der Entwicklungsstand der Technik in einzelnen Bereichen ist, desto radikaler scheint sich die Weiterentwicklung zu beschleunigen. Die Anstöße zum »Fortschritt« geschehen fast automatisch. Es ist nicht zufällig, dass in diesem Zusammenhang oft die Bilder eines abgefahrenen, sich immer mehr beschleunigenden Zuges, der nicht mehr gebremst werden kann, und einer Lawine, die ihre unwiderstehliche Kraft und Bewegung mitbringt, Verwendung finden. Im Zug der neuzeitlichen Naturbeherrschung wird die Veränderung von vornherein legitimiert und erscheint so immer wieder als notwendige »Optimierung«.

Ein weiterer Grund für das Zurücktreten des Bewusstseins um die sittliche Verantwortung technologischer Prozesse liegt nicht selten in der Anonymität des Geschehens. Dies hängt nicht nur mit der Eigendynamik dieses Prozesses und der Arbeitsteilung bzw. Teamarbeit der daran Beteiligten zusammen, sondern viele Prozesse laufen in ihrer Zwangsläufigkeit geradezu ohne eindeutig erkennbares und Verantwortung tragendes Subjekt ab. Niemand hat mehr eine individuelle Steuerungsmöglichkeit für das Ganze, auch wenn jeder zu seinem

Teil zum »Funktionieren« eines Systems beiträgt. So kann auch nicht immer leicht das beliebte »Verursacherprinzip« angerufen werden, da sich in vielen Bereichen konvergierende Effekte, die sich unterschwellig ergänzen, anhäufen, sich so zur Schädlichkeit aufsummieren und einen erträglichen Schwellenwert überschreiten (vgl. Luftverschmutzung, DDT-Kumulation). Diese Strukturen verstärken die relative Unkontrollierbarkeit und vermindern so auch die sittliche Verantwortungsfähigkeit.

Eine gewisse Chance besteht darin, dass sich eine neue ethische Betrachtung des technisch Machbaren trotz dieser Tendenzen beinahe wie von selbst auferlegt. »Der endgültig entfesselte Prometheus, dem die Wissenschaft nie gekannte Kräfte und die Wirtschaft den rastlosen Antrieb gibt, ruft nach einer Ethik, die durch freiwillige Zügel seine Macht davor zurückhält, dem Menschen zum Unheil zu werden.«[5] H. Jonas führt fünf Gründe an, warum die moderne Technik einen neuen und besonderen Fall bildet, der eine solche ethische Betrachtung verlangt:

1. Es gibt eine tiefe *Ambivalenz der Wirkungen* in der Technik. Diese beruht nicht nur in der Möglichkeit des Missbrauchs, wie es bei allen Werkzeugen möglich ist. Selbst wenn die Technik gutwillig für ihre höchst legitimen Zwecke eingesetzt wird, hat sie eine bedrohliche Komponente an sich. Wenigstens langfristig könnte ihre angenommene »Neutralität« versagen. »Die Gefahr liegt mehr im Erfolg als im Versagen – und doch ist der Erfolg nötig unter dem Druck der menschlichen Bedürfnisse.«[6] Die »Wertneutralität« der modernen Technik, vor allem im Bereich der Biologie und Medizin, erscheint so letztlich als eine naive Illusion. Es genügt darum auch nicht, erst beim Übergang von der Erkenntnis zur »Anwendung« auf die ethische Dimension zu achten.

2. Die *Zwangsläufigkeit der Anwendung technischer Fähigkeiten* resultiert aus dem Faktum, dass das sonst so einleuchtende Verhältnis von Können und Tun, Besitz und Ausübung einer Macht aufgrund des technischen Potenzials und der ganzen Lebensgestaltung unsere heutige Wirklichkeit nicht mehr unmittelbar trifft. »So wird der Technik, die gesteigerte menschliche Macht *in permanenter Tätigkeit* ist, nicht nur [...] die Freistatt ethischer Neutralität, sondern auch die wohltätige Trennung zwischen Besitz und Ausübung der Macht versagt [...] Daher trägt hier bereits die Aneignung neuer Fähigkeiten, jede Hinzufügung zum Arsenal der Mittel, mit dieser sattsam bekannten Dynamik vor Augen eine ethische Bürde, die sonst nur auf den einzelnen Fällen ihrer Anwendung lasten würde.«[7]

3. Da die moderne Technik auf »Großgebrauch« angelegt ist und *in Raum und Zeit weithin globale Ausmaße* erreicht, wird das Leben von Millionen gegenwärtig und künftig lebender Menschen beeinflusst. »Wir legen Hypotheken auf künftiges Leben für gegenwärtige kurzfristige Vorteile und Bedürfnisse – und was das betrifft, für meist selbsterzeugte Bedürfnisse.«[8]

4. Eine nur anthropozentrische Ethik hat ihr Recht verloren, da die fast monopolistische Macht über alles andere Leben und die damit gegebene Rücksichtslosigkeit durchbrochen werden müssen. Dies ist nicht nur eine Frage des wohlbedachten Eigennutzes, weil der Mensch darauf angewiesen bleibt; es ist grundsätzlicher, denn verarmtes nichtmenschliches Leben bedeutet auch ein dürftiges menschliches Existieren. Vielmehr ist das, was für den Menschen gut ist, mit der Sache des Lebens im Ganzen eng verbunden. So muss auch *das außermenschliche Leben in seinem eigenen Recht* anerkannt werden. Dies ist aber nur möglich, wenn die menschliche Verantwortung über den bisherigen Bereich hinaus ausgedehnt wird.

5. Das apokalyptische Potenzial der Technik, nämlich den Fortbestand der Menschengattung zu gefährden oder ihre Integrität zu ändern, verklammert *die »metaphysische« Frage* wie nie zuvor mit der Ethik: Soll es überhaupt eine Menschheit geben? Warum soll denn der Mensch so, wie ihn die Evolution bisher hervorgebracht hat, erhalten bleiben? Warum soll es überhaupt Leben geben? »Wenn es ein kategorischer Imperativ für die Menschheit ist zu existieren, dann ist jedes selbstmörderische Spielen mit dieser Existenz kategorisch verboten, und technische Wagnisse, bei denen auch nur im Entferntesten dies der Einsatz ist, sind von vornherein auszuschließen.«[9]

Wie immer man diese Perspektiven und Erfahrungen wertet, jedenfalls lässt sich aus ihrem Befund in Verbindung mit der aufgezeigten Einheit von Erkenntnis und Naturbeherrschung folgern, dass man Erkenntnisgewinn und Verantwortung der Wissenschaft nicht mehr einfach voneinander trennen darf. Die ethische Dimension wird also nicht »von außen« oder »von oben« gefördert bzw. auferlegt, sondern sie ist eine Dimension der Sache selbst. Diese Einsicht ist nicht selbstverständlich und auch nicht so alt. Ich möchte dafür eine Aussage anführen, die Carl Friedrich von Weizsäcker bald nach der berühmten »Erklärung der 18 Atomwissenschaftler vom 12. April 1957« in einem Vortrag »Die Verantwortung der Wissenschaft im Atomzeitalter« formuliert hat: »Jeder Naturwissenschaftler lernt die Sorgfalt beim Experimentieren, ohne die seine Wissenschaft in Geflunker ausarten würde. Ich glaube, solange uns die Sorgfalt bei der Prüfung der Rückwirkungen unserer Erfindungen auf das menschliche Leben nicht ebenso selbstverständlich ist wie die Sorgfalt beim Experimentieren, sind wir zum Leben im technischen Zeitalter nicht reif. Man hat an einen hippokratischen Eid für Naturwissenschaftler und Techniker gedacht [...] Es wird nicht leicht sein, eine solche Verpflichtung hinreichend konkret zu formulieren, aber sie wird sich wohl als nötig erweisen. Ich glaube im Übrigen, dass eine solche Verpflichtung zunächst nicht von oben auferlegt werden kann, sondern durch freiwilligen Entschluss weniger beginnen muss. – Ein Hauptproblem für den Naturwissenschaftler und Techniker, der verantwortlich handeln will, ist seine Verflochtenheit in gesellschaftliche, in wirtschaftliche und politische Zusammenhänge. Er will wohl Leben fördern und nicht gefährden; aber erlaubt es ihm die Struktur der Welt, in der er lebt?«[10] In den dreißig Jahren, seitdem diese Aussage formuliert worden ist, hat sich die Dringlichkeit und Notwendigkeit dieser Forderung zweifellos noch mehr erhärtet.

4. Das Austragen des Grundkonfliktes zwischen dem technisch Machbaren und dem ethisch Verantwortbaren

Kann man dem Konflikt zwischen dem technisch Machbaren und dem sittlich Verantwortbaren entfliehen? Dies ist eine Versuchung, die den Menschen immer wieder überkommen wird. Dafür gibt es verschiedene Formen. Zunächst gibt es die Verführung durch das Machbare. Der Fortschrittsglaube, der trotz aller kritischen Bedenken noch lange nicht tot ist, gibt sich naiv oder sicher gegenüber möglichen Gefahren. Er täuscht vor, alle möglichen Risiken vollkommen zu beherrschen: »Absolute Sicherheit« wird versprochen. Gelegentlich kommt es zu einer seltsamen Verbindung dieses Fortschrittsglaubens mit kommerziellen Gesichtspunkten und visionären Utopien. So wurde z. B. in den USA propagiert, die Vorzüge der technischen Befruchtung seien unvergleichlich größer als die »natürlichen« Wege. Dadurch könnten häufig auftretende schwere Geburtsfehler weitgehend eingeschränkt werden. Darum müsse die technische Befruchtung eher die Regel als die Ausnahme sein. Im Übrigen seien Retortenkinder intelligenter als natürlich gezeugte Kinder. Bald waren auch Schlagzeilen zu lesen wie: »Retortenbabys sind klüger und kräftiger« und »Babys: Die aus dem Glas sind die besseren«. Auf der anderen Seite gibt es auch nicht selten die Weigerung, Erkenntnisgewinn anzustreben und zu erwerben. Wir werden zwar ohne eine Selbstbeschränkung des menschlichen Herstellens und damit auch ohne einen Verzicht auf bestimmtes Wissen, das nur durch schwere Schädigung von Leben gewonnen werden kann, nicht auskommen können, aber die grundlegende Idee eines »verbotenen Wissens« scheint mir nicht weit zu führen. Schon heute muss man sich klar darüber sein, dass wir ohne eine hohe Ausschöpfung des technisch Möglichen die gegenwärtige und erst recht die künftige Menschheit kaum werden ernähren können. Die Zivilisationskritik und die Opposition gegen Technik und Industrie sind ein altes, gerade deutsches Erbe.[11] Die Technik trägt seit alters den Makel der Blasphemie und der Rebellion, die ihre gerechte Strafe findet. Prometheus wird angeschmiedet, Ikaros stürzt ab. Der Erfinder gilt bis ins 19. Jahrhundert als ein unseriöser Schwindler oder als ein Magier, der mit finsteren Mächten im Bunde steht.

Diesen extremen Versuchungen gegenüber muss man jedoch betonen, dass der Mensch niemals diesem »Grundkonflikt« entkommen kann. Er darf dies überhaupt nicht versuchen, sonst würde er sein Wesen der »Mitte« verfehlen. Um dies aufzuzeigen, möchte ich in aller Knappheit auf eine heute vielfach erörterte Verhältnisbestimmung des menschlichen Lebens zurückkommen. Diese ist unmittelbar an der jahwistischen Schöpfungserzählung gewonnen, stellt aber eine allgemeine anthropologische Grundaussage dar. Jede menschliche Arbeit nimmt in irgendeiner Weise teil an dem »Bebauen« und »Bewahren« (vgl. Gen 2,15). Der Mensch darf sich nicht einfach nur auf die Seite des erobernden und umgestaltenden Bearbeitens schlagen. Sonst kann aus dem noch sinnvollen Roden ein Werk der Zerstörung werden. Er ist aber auch nicht einfach nur der Hegende, der allen Wildwuchs zulässt. Er bewahrt nur dann, wenn er auch eingreift, pflegt und zähmt, Ausleseprozesse in der Natur beobachtet und fortführt. Der Doppelsinn der beiden Aussagen »Bebauen« und »Bewahren« zeigt sich noch im ursprünglichen Wortsinn von »Kultur«, denn »colere« als Wurzel für Kultur bedeutet zugleich bebauen und hegen. Beide Ausdrücke sind komplementär zu verstehen. »Bebauen« bedeutet die schöpferische Tätigkeit des Menschen, heißt Eroberung der Welt, Umgestaltung und Konstruktion, Entwerfen und Erfinden. Man darf dies nicht einfach mit Raubbau und Ausbeutung identifizieren. Einer solchen Interpretation steht nämlich der spannungsvolle Bezug zum »Bewahren« entgegen. Der Boden darf nicht nur bearbeitet, er muss auch vor Schädigungen bewahrt werden. Zerstörung muss verhindert werden. Der Mensch ist nur Mensch, wenn er zugleich an beiden Vollzugsweisen seines Daseins teilhat, indem er nämlich schöpferische Beherrschung der Natur ausübt und zugleich mit dieser Natur und in ihr lebt. Wenn der Mensch glaubt, er könne diese Grundspannung in seinem Wirken und in seinem Verhältnis zur Welt auflösen, gleichsam aus diesem Urverhältnis »aussteigen«, dann verfehlt er tatsächlich sich selbst. Er ist ein Wesen der Mitte, das immer wieder neu Balance und Ausgleich zwischen diesen beiden Dimensionen finden muss. Wenn man dem Menschen eine dieser Dimensionen abspricht oder eine übertreibt, gefährdet man – wenigstens auf die Dauer – seine Lebensbedingungen. Diese anthropologische Doppeleigenschaft des Bebauens und Bewahrens ist übrigens nicht nur gut in der Bibel begründet, sondern findet sich auch in modernen philosophischen Entwürfen, z. B. bei Romano Guardini und Martin Heidegger.

Es dürfte kein Zweifel sein, dass dem Menschen heute angesichts des Übermaßes der wissenschaftlich multiplizierten technologischen Macht eine neue Wachheit im Blick auf die Aufgabe des Bewahrens zu eigen werden muss. H. Jonas hat darum gewiss eine wichtige Einsicht formuliert, wenn er eine *Erweiterung des Gedankens der Verantwortung* postuliert hat: Einmal wird die Natur als Ganze zum Gegenstand menschlichen Handelns. Zum anderen treten die Unumkehrbarkeit und die kumulative Addition vieler Wirkungen hinzu. »Keine frühere Ethik hatte die globale Bedingung menschlichen Lebens und die ferne Zukunft, ja Existenz der Gattung zu berücksichtigen. Dass eben sie heute im Spiele sind, verlangt, mit einem Wort, eine neue Auffassung von Rechten und Pflichten, für die keine frühere Ethik und Metaphysik auch nur die Prinzipien, geschweige denn die fertige Doktrin bietet.«[12] Wir wollen in diesem Zusammenhang die zuletzt vorgetragene Behauptung nicht überprüfen, dass keine frühere Ethik den Menschen auf eine solche Aufgabe vorbereitet habe. Eine neue Dimension dürfte in der Tat auch darin liegen, dass es bei der Verantwortung nicht nur um ein sittliches Grundprinzip geht, das ausschließlich an Individuen gerichtet ist, sondern dass der neue ethische Imperativ sich an einen kollektiven »Täter« wendet und sich auf die zukünftige Existenz der Menschheit bezieht. H. Jonas[13] formuliert unter diesen Voraussetzungen einen ethischen Imperativ, der an Kant erinnert, zugleich aber auf den neuen Typ menschlichen Handelns passt: »Handle so, dass die Wirkungen deiner Handlung nicht zerstörerisch sind für die künftige Möglichkeit solchen Lebens« oder die einfache Variante: »Gefährde nicht die Bedingungen für den indefinitiven Fortbestand der Menschheit auf Erden«, oder aber in der positiven Form: »Schließe in deine gegenwärtige Wahl die zukünftige Integrität des Menschen als Mit-Gegenstand deines Wollens ein.«

Auch wenn die Distanz zur bisherigen Ethik vielleicht keine so tiefe Kluft darstellt, wie H. Jonas meint, so ist der neue Akzent in einem erweiterten Verantwortungskonzept nicht zu übersehen: »Es geht nicht nur um die kausale Zurechnung begangener Taten, die in der Vergangenheit liegen«[14], sondern der Blick geht von der rückwirkend zuzuschreibenden, gleichsam »nachträglichen« Verantwortung zur prospektiv orientierten Sorge. Diese Verantwortung für die geschichtliche Zukunft ist vor allem durch Kontrollfähigkeit und das Verfügenkönnen über die Macht selbst bestimmt.[15] Natürlich darf man deshalb die traditionelle Handlungsverantwortung nicht beiseite schieben oder ignorieren.

Die Annahme einer so verstandenen Verantwortung ist bereits eine wesentliche Voraussetzung sittlichen Verhaltens. Diese Sorge für die geschichtliche Zukunft von Welt und Mensch zeigt sich auch zum Beispiel im Maßhalten. Dies gilt nicht nur für den Verbrauch von Land und Rohstoffen, sondern überhaupt für die Fähigkeit bzw. Unfähigkeit, mit dem Reichtum und den technischen Möglichkeiten umzugehen. Das neue Maßhalten bezieht sich auf unsere Zielsetzung, auf die Erwartungen und auf die Lebensführung. Wir verfolgen zügellos unsere Ziele, oft ohne nach den voraussehbaren Folgen zu fragen. Es gelangt eine ganz neue Stufe der Mäßigung in den Blick, wenn wir das menschliche Können und den Erwerb neuer Macht ins Auge fassen. Bisher musste man den Menschen kaum vor dem Vollbringen von Höchstleistungen warnen. Jetzt erhebt sich die Frage, ob nicht Zurückhaltung ein Gebot werden kann, etwa bei den Versuchen einer Verlängerung menschlichen Lebens um jeden Preis, bei der psychologischen Lenkung des Menschen, bei Manipulationen mit dem Keim- und Erbgut, bei den Möglichkeiten der »Neuen Medien« usw. Kann der Mensch eine einmal erworbene und erlernte Macht rechtzeitig bremsen? Verzichte solcher Art zu Gunsten der ganzen Menschheit wären schon längst gefordert, wenn wir z.B. an die moderne Waffenentwicklung und an die immer noch bestehende Not in weiten Erdteilen denken. Maßhalten können im Erwerb und Gebrauch der Macht entscheidet über die Zukunft und die Freiheit in einer Welt von morgen.

Dies sind neue Perspektiven und Maßstäbe für die gigantischen Möglichkeiten heutiger Naturbeherrschung und technischer Eingriffe in alles Lebendige.

5. Prinzipielle Kriterien

Bisher ging es um das Herausstellen von neuen Grundhaltungen. Diese geben die Richtung des Verhaltens an, aber sie sind nicht »leer«. Darum sollen in einem letzten Teil einige eher inhaltliche Kriterien und Normen formuliert werden, die zugleich den Verhaltenskodex beim »Ausgleich« zwischen dem technisch Machbaren und dem sittlich Verantwortbaren konkretisieren.

Es gibt nicht wenige Autoren, die der Meinung sind, es gebe und brauche kein eigenes Ethos für diese Grundkonflikte der modernen Zivilisation. Die bisher gültigen Maßstäbe allein sollen genügen. So werden – besonders im Blick auf die Humanmedizin und Eingriffe in das menschliche Leben – allgemeine *Prinzipien* genannt, die den »Grundrechten« entsprechen: Achtung der Würde des Menschen, Anerkennen des Einzelnen als Person, Recht auf Leben, Recht auf körperliche und seelische Unversehrtheit, Selbstbestimmung des Menschen unter Beachtung gleicher Rechte für alle, Gebot, den Menschen nicht als Mittel zum Zweck in Anspruch zu nehmen. Diese Grundsätze müssen natürlich in die konkrete Situation umgesetzt und den Neuentwicklungen ethischer Dimensionen angepasst werden. Sie orientieren sich an den Folgen unserer Handlungen oder an den Unterlassungen. Wenn diese Postulate wirklich gewissenhaft beachtet werden und z. B. nicht einfach von Motiven der Kosten-Nutzen-Relation oder gar des Profits überrollt werden, können sie in sehr vielen Bereichen eine grundlegende Orientierung schaffen und vor Schaden bewahren.

Eine andere Annäherung an die konkrete ethische Bewertung kann in dreifacher Hinsicht erfolgen:

1. Es kommt auf die *gegenständlichen Bereiche selbst* an. In ihnen darf man keineswegs ethische Einsicht und Entscheidung von Wissenschaft und Technik schlechthin trennen. Dies gilt z. B. für die verschiedenen Formen der In-vitro-Fertilisation

und des Embryotransfers. Dies ist nicht nur eine – etwa in den Grenzen einer Ehe – legitime biologisch-medizinische Ersatzhandlung, sondern kann auch als eine Bedrohung des Humanum begriffen werden, weil das, was in der Intimität ehelicher Gemeinschaft geschieht, durch ein technisches Verfahren ersetzt wird. Mann und Frau stellen nur die »Materialien« bereit, aber sie sind nicht die Zeugenden und Empfangenden. Man kann also auch eine homologe Insemination nicht einfach mit einer Bluttransfusion oder einer Netzhautübertragung vergleichen. Die radikale Aufspaltung der physiologischen und der personalen Dimension des Geschlechtlichen verkennt die konkrete Form der ehelichen Gemeinschaft. Der Forscher stößt also in diesen Bereichen auf ethische Implikationen. Weitergefragt: Kann er z.B. mit einem befruchteten menschlichen Ei in gleicher Weise verfahren wie mit dem Ei eines Kaninchens (von der keineswegs so harmlosen Manipulation mit Eiern von Tieren einmal abgesehen) ? Wenn ein Forscher nach Entscheidungskriterien sucht, wird es von Bedeutung sein, ob er den Menschen als eine vernunftbegabte freie Person, als »Zigeuner am Rand des Weltalls«, als Kulminationspunkt der Materie und den Embryo als menschliches Subjekt oder als »Zellklumpen« bewertet.

2. *Ethische Implikationen* stecken auch in der *Rechtfertigung der Ziele.* Alle Herstellung und jeder Eingriff müssen sich nach der Vernünftigkeit der Ziele fragen lassen. Jenseits eines vordergründigen Zweckes gibt es Grundziele, denen die einzelnen Maßnahmen verpflichtet sind: z.B. soziale Sicherung, allgemeiner Wohlstand, Befreiung von den Zwängen niederdrückender Arbeit. Die Ziele von Wissenschaft, Technik und Wirtschaft müssen jeweils argumentativ legitimiert werden. Bei einem solchen Versuch kommen – ob dies erkannt und zugestanden wird oder nicht – anthropologische und ethische Implikationen ins Spiel. Ein Ziel besteht z. B. in der

Selbstverwirklichung des Menschen in den Dimensionen von Personalität, Sozialität und Leiblichkeit. Bei den konkreten Entscheidungen muss man jeweils auch auf die »Werthöhe« und die »Wertdringlichkeit« der Ziele und der Zwekke achten. Dabei muss geprüft werden, ob die Notwendigkeit technologischer Innovationen so eindeutig ist, dass bestimmte negative Auswirkungen hingenommen werden können. Größte Wachsamkeit ist jedoch erforderlich, wenn durch neue Entwicklungen irreparable negative Nebenwirkungen entstehen und unheilbare Schädigungen in Kauf genommen werden müssen.

Alfons Auer fasst folgende Maximen für eine Grundorientierung zusammen: »*Erstens:* Selbstverständliche und unverzichtbare sachliche Voraussetzung jeden Experimentierens muss sein, dass keine ernsthafte Gefährdung des Lebens oder der Gesundheit von Menschen zu befürchten ist. Das Risiko gewisser Nebenwirkungen kann nach dem Prinzip der Güterabwägung in Kauf genommen werden. *Zweitens:* Die personale Würde des Menschen ist zu achten. Dies muss sich darin zeigen, dass der Charakter der Freiwilligkeit unbedingt gewahrt wird. Einzige Ausnahme kann die Prüfung neuer Heilmittel sein [...] Die personale Würde muss weiterhin dadurch geachtet werden, dass die menschliche Persönlichkeit in ihrem Eigenstand und ihrer Eigenverantwortung respektiert bleibt, dass also Eingriffe vermieden werden, die eine einschneidende Persönlichkeitsveränderung zur Folge haben. *Drittens:* Selbstmanipulation darf nicht dazu führen, dass im Menschen schließlich überhaupt jede Bereitschaft aufhört, notwendige und unumgängliche Bestimmtheiten seines Daseins in Freiheit anzunehmen. Denn diese Bereitschaft ist eine Grundaufgabe der freien sittlichen Existenz des Menschen. Es gibt keine totale Verplanung und keine totale Machbarkeit des Menschen.«[16]

3. Ethische Implikationen müssen auch in der Verantwortung von Folgen beachtet werden. Dies wird bei der Nutzung der Kernenergie rasch evident. Mit den atomaren Möglichkeiten ziehen auch Gefahren auf, denen die Menschheit nicht gewachsen sein könnte. Die ballistischen Raketen, die den Forscher in den Weltraum bringen, kann man mit Atomköpfen ausrüsten, sodass sie zu einem Kriegsmaterial mit unabsehbarer Vernichtungskraft werden. Schon diese wenigen Hinweise zeigen, dass auch hier im Blick auf die Folgen die sittlichen Potenzen des Menschen geweckt werden müssen. Die Zukunft muss ethisch, sie kann bei allem Einsatz neuer Errungenschaften nie nur »technisch« bewältigt werden.

6. Grenzen der Rechtfertigung des technisch Machbaren

Damit ist wenigstens in einem ersten Anlauf die Art der Verantwortlichkeit im Blick auf Sachgebiete, Ziele und Folgen näher bestimmt. Es erscheint jedoch wichtig, die Grenzen der Rechtfertigung solcher Ziele und der Verantwortung von Folgen nochmals genauer ins Auge zu fassen. Dafür möchte ich ohne Anspruch auf Vollständigkeit wenigstens einige Kriterien nennen:

1. Beim Menschen erscheint es selbstverständlich, dass wir seinen Eigenwert achten. Erst heute fragen wir uns mehr und mehr, ob nicht auch die nichtmenschliche Natur ein eigenes Recht auf Leben hat. Sie darf jedenfalls nicht total vernutzt und bedenkenlos verbraucht werden. Dadurch, dass sie ist, ist ihr ein eigener Selbststand zu eigen, der eine Anerkennung verlangt. Natürlich ist das Maß dieses Rechtes verschieden gestuft, aber man wird die grundsätzliche Anerkennung als eigene und irreduzible Wirklichkeit akzeptieren. Besonders wichtig wird dieses Argument bei der nutzungsorientierten Züchtung von Tieren und bei der Beurteilung von Tierexperimenten.

Mit diesem Postulat, das theologisch im Verständnis der Kreatürlichkeit alles Geschaffenen verankert ist, ist auch jene anthropozentrische Weltdeutung fraglich geworden, die alles nur in den Kategorien des dem Menschen unmittelbar Nützlichen erblickt und hemmungslosen Raubbau bzw. Zerstörung zulässt. Es dürfte freilich nicht leicht sein, außerhalb eines schöpfungstheologischen Ansatzes eine letzte Unversehrtheit der nichtmenschlichen Natur zu postulieren. Gerade heute geht freilich »ein stummer Appell um Schonung ihrer Integrität ... von der bedrohten Fülle der Lebenswelt« aus.[17] Aber ohne Metaphysik lässt sich eine solche Ethik in letzter Instanz kaum begründen.

2. Die Wirklichkeit, in der wir leben und die wir sind, ist endlich. Dies schließt auch Unvollkommenheiten ein. Es ist für den Menschen schwer, diese Begrenztheit seines Daseins anzunehmen, vor allem die Sterblichkeit seines eigenen Lebens. Es gibt im Menschen eine Urrevolte, diese Unvollkommenheiten gänzlich abzustreifen. Hier muss freilich genau unterschieden werden. Es geht nicht um einen falschen Begriff von »Natürlichkeit«, auch nicht um einen romantischen Horror vor Technizität und »Künstlichkeit«. Der Mensch ist nie nur einfach Natur, er ist immer schon ein Wesen geformter und kulturell gepflegter, gestalteter und wiederhergestellter Natur. So dürfen und müssen auch Eingriffe zu Heilzwecken vorgenommen werden. Eine Grenze verläuft jedoch dort, wo der Mensch sein Wesen qualitativ durch technische Eingriffe verbessern und einen »neuen Menschen« schaffen will. Hier droht eine Weigerung, sich selbst in den Grenzen des endlichen Lebens anzunehmen. Auch eine solche Demut vor dem Sein wird man am Ende nur theologisch begründen können.
   Mit diesen Aussagen ist noch eine andere Wertung der »Natürlichkeit« verbunden. Die Botschaft der Natur macht uns deutlich, dass menschliches Leben untrennbar mit Fülle,

Vielfalt, Normabweichungen und auch Begrenztheiten bis zu Krankheiten verknüpft ist. Auch wenn wir noch so viel Korrekturmöglichkeiten haben, so kann es doch nicht das Ziel sein, den Menschen physiologisch oder genetisch auf ein Idealmaß hin zu optimieren. Vielmehr müssen wir uns auf seine unvollkommene, vielgestaltige Natur einrichten. Wenn dies nicht geschieht, dann wird menschliches Leben nach äußeren Gesichtspunkten ganz verschiedener Wertskalen beurteilt und zur Disposition gestellt (Intelligenz, Schönheit, Eignung zu Höchstleistungen usw.), wie einzelne Auswüchse (Samenbänke usw.) erkennen lassen und manche Methoden (Genom-Analyse, pränatale Diagnostik) Missbräuche erahnen lassen.

3. Wer nur das technisch Machbare im Blick hat, verkennt die Fülle der Wirklichkeit. Realität ist nicht nur das Machbare. Dieses ist vielmehr nur ein bestimmter Aspekt der Gesamtwirklichkeit. Wer nur in dieser Perspektive sieht und urteilt, erliegt einer verhängnisvollen Blickverengung. Dies soll an einem Beispiel der In-vitro-Fertilisation anschaulich gemacht werden, auf das Professor Peter Petersen von der Medizinischen Hochschule Hannover in einem Sondervotum zum so genannten »Benda-Bericht« aufmerksam gemacht hat. »Wenn es wahr ist, dass nach dem Menschenverständnis unserer Zivilisation der Mensch zuerst geistige Person und ein seelisches Wesen ist [...], so wird mit dieser Befruchtungstechnologie dem vorgeburtlichen ein biotechnisches Menschenbild übergestülpt, das seine geistige und seelische Natur überhaupt nicht beachtet. Schäden für die zukünftige Biographie des biotechnisch gezeugten Menschen sind schon aus diesen allgemeinen Überlegungen heraus zu erwarten.«[18] Petersen vergleicht die technisch, ja nur technisch angewandte Retortenbefruchtung mit einem Riesenbagger, »der in einem Seidenraupengespinst arbeitet – sicherlich werden dabei einzelne Seidenfäden mit der

Baggerschaufel zutage kommen, aber das Seidengeflecht als Ganzes wird zerstört sein.«[19] Er verweist auf die hochempfindliche Sensibilität, die personale Beteiligung und die Schutzbedürftigkeit menschlicher Zeugung und Empfängnis im Unterschied zur kühl distanzierten Atmosphäre eines Befruchtungslabors in einer Klinik. Dabei geht es nicht nur um emotionale Gewohnheiten, sondern um tiefreichende Veränderungen menschlichen Lebens und Zusammenlebens: Auswahl der Paare als Anfang der Menschenzüchtung, Anonymisierung von Verantwortung durch die Retortenbefruchtung, Verlagerung der Verantwortung auf den Arzt, die Frau als Fruchtbarkeitsmaschine, langfristige schädliche Folgen bei den Kindern, die freilich erst nach vielen Jahren offenkundig werden können.[20] Petersen weist auf neuere Entdeckungen bei Eingriffen in die menschliche Fruchtbarkeit hin: »Bei der hormonalen Kontrazeption (so genannte Anti-Babypille) und nach dem Schwangerschaftsabbruch sind leichte bis mittelschwere psychische und psychosomatische Störungen langfristig in größerer Zahl beobachtet worden, als man ursprünglich ahnte.«[21] Der Psychologe und Gynäkologe macht schließlich auf die Folgen für das gesellschaftliche Bewusstsein überhaupt aufmerksam: »Ein unreflektierter, sich am Vordergründigen festhaltender Fortschrittspositivismus kommt zum Zuge, der den Glauben nährt, alles Wünschbare müsse mit Hilfe auch noch so teurer Manipulationen beschaffbar sein. Die nicht unerheblichen Kosten für die Retortenbefruchtung (sie werden von Fachleuten mit 7500 bis 25 000 €, bezogen auf eine Lebendgeburt, angegeben) lassen den Verdacht aufkommen, dass in einer privilegierten Bevölkerung oder in unseren reichen Industriestaaten ein Luxusindividualismus gezüchtet wird. Schließlich wird durch die sich verbreitende Meinung, die Menschwerdung sei technisch machbar und der werdende Mensch sei vor allem damit ein Objekt des elterlichen Kinderwunsches, auch die Abtreibungsmentalität gefördert: Ebenso wie ein Kind machbar ist, ist es dann auch legitimerweise wegmachbar.«[22] Diesen Ausführungen ist nichts hinzuzufügen, weil sie zeigen, dass ein Vorgehen nur nach den Gesichtspunkten technischer Machbarkeit nicht nur ethische, sondern auch viele anthropologische und seelische Grundbestimmungen des Menschen ausblendet oder gar ignoriert.

4. Die neuere Diskussion hat auch auf dem »Recht des Nichtwissens« des Menschen bestanden.[23] Mit Hilfe von Analysen und Prognosen kann der Mensch heute viele Rätsel des menschlichen Lebens entschleiern. Es sei nicht bestritten, dass damit auch viele belastende Ängste von Menschen genommen werden. Dies gilt z. B. für Risikopatientinnen bei der Schwangerschaftsüberwachung im Zusammenhang mit der pränatalen Diagnostik. Bei mehr als 97% dieser Frauen kann ein Verdacht positiv ausgeräumt werden. Zugleich müssen die damit verbundenen Gefahren nüchtern gesehen werden. Dabei geht es hier – so wichtig dies ist – nicht nur um die Versuchung zur Abtreibung oder zu einer vollkommen negativen Einschätzung von Behinderten, sondern grundsätzlich um die Entschlüsselung der Zukunft des menschlichen Lebens. Man darf, wie gesagt, das Nichtwissen nicht verherrlichen, man muss jedoch auch die Last eines geheimnislosen Lebens sehen. Dies fängt schon an beim – verhältnismäßig harmlosen – Feststellen des Geschlechtes eines erwarteten Kindes durch Ultraschall vor der Geburt. Die Probleme münden in die voraussagbare Risikobelastung von Arbeitnehmern durch Genom-Analyse. Nimmt man dem Menschen nicht sein Geheimnis, wenn man ihn bis zur letzten Transparenz durchleuchtet? Lebt er wirklich leichter, wenn er um alle verborgenen Risiken seines Lebens weiß? Kann er Gefährdungen tragen, die man noch nicht oder überhaupt nicht abwenden bzw. in den Griff bekommen kann? Was mutet der Mensch sich hier zu?

7. Beispiel: Faszination des vorgeburtlichen Lebens

Vielleicht muss man noch einen Schritt weiter gehen. Die ethische Überlegung allein genügt für sich nicht. Dies ist mit den letzten Fragen schon angeklungen.

Dabei möchte ich gerne auf das vorgeburtliche Dasein des Kindes zurückkommen. Ich will aber jetzt nicht die Frage nach dem anthropologischen bzw. moralischen Status des Embryos erörtern. Dies ist an anderer Stelle geschehen. So setze ich – mindestens hypothetisch – voraus, dass dem Embryo vom ersten Tag der Empfängnis an ein unverkürztes Menschsein eignet. Was hätte dies für eine Wirkung?

Die Lebenswissenschaften, wie man sie heute gerne nennt, haben uns in den letzten Jahrzehnten faszinierende Einblicke geschenkt in die Entwicklung eines menschlichen Embryos. Durch die Möglichkeiten einer hochentwickelten Technik können wir auf eine filmische Reise durch den menschlichen Körper mitgehen. Nicht zufällig heißt der Filmtitel z. B. des schwedischen Fotografen Lennart Nilsson »Faszination Liebe – Das Wunder des Lebens« oder ähnlich ein Buch von Rainer Jonas »Der wunderbare Weg ins Leben«. Dies gilt nicht nur für die gesamte Entwicklung von der Empfängnis bis zur Geburt, sondern besonders auch in den ersten Stunden und Tagen des menschlichen Embryos. Wir können erkennen, was für eine riskante Reise die mit dem bloßen Auge nicht erkennbare Eizelle von der Befruchtung bis zur Einnistung überstehen muss. Es gibt unendlich viele Gefährdungen, aber gerade dadurch ist es auch ein Wunderwerk, wie das ungeborene Leben in den geglückten Fällen sich durchsetzt. Wie kann aus einer einzigen Eizelle ein solch differenziertes Lebewesen wie ein Mensch entstehen? Von Anfang an suchen plötzlich bestimmte Zellen zueinander den Kontakt, um sich zu verbinden, aber auch ihre je eigene Aufgabe zu übernehmen.

Die Lebenswissenschaften lassen uns teilnehmen an den geradezu dramatischen Veränderungen des Embryos, an der

Anlage aller lebenswichtigen Systeme und der früh einsetzenden Ausbildung der Organe. In einer immer wieder erstaunlichen Weise sind von Anfang an die späteren Entwicklungen eines Menschen genetisch angelegt. Es darf hier aber nicht auf einen bloßen Automatismus der Entwicklung geschlossen werden. Bei aller Eigenentwicklung, die auch durch die schon frühe Selbststeuerung des Embryos in der Entwicklung ihren Ausdruck findet, ist die Aufnahme in den Mutterschoß ein entscheidendes Ereignis, das für die Zukunft erst weiteres Leben ermöglicht. Diese Abhängigkeit von der Mutter darf aber nicht verdecken, dass der Embryo bereits ein individuelles menschliches Lebewesen ist, das ein eigenes Recht auf seine Existenz hat und darum auch Achtung vor ihm verlangt. Wir wissen, wie einzigartig diese Zwei-Einheit von Mutter und Kind ist. Es wäre darum auch falsch, wenn der Mensch nun selbst im Blick auf diese Entwicklung Zufall spielen möchte und sich in Verkennung der Rechte des Embryos verführen ließe, nicht zuletzt angesichts seiner Kleinheit und Abhängigkeit über ihn zu verfügen. Dabei geht es nicht um ein Verbot von Forschung überhaupt. Im Gegenteil, sie offenbart ja erst in ungeahnter Weise das Wunder des Lebens. Aber es ist uns nicht erlaubt, verbrauchend und damit vernichtend über anderes menschliches Leben zu verfügen, auch und gerade wenn es so winzig ist.

8. Staunen vor dem Wunder des Lebens – folgenlos ?

Verstehen wir genügend diese ungewöhnliche Bildersprache der frühesten menschlichen Entwicklung? Was klein und unscheinbar ist – am Anfang nur Bruchteile eines Millimeters –, kann offenbar rasch dazu verleiten, den Embryo nur aus der Perspektive der menschlichen Absichten und Ziele zu verstehen. Er erscheint dann nur als »Zellhaufen«. Dies ist eine gefährliche Sprache. Kein Wunder, dass gelegentlich Forscher erklären, wenn man sie auf die Rechte und Würde eines Embryos anspricht, sie wüssten überhaupt nicht, wovon man rede. Wahre Forschung entdeckt ja gerade die abenteuerliche Entstehung eines Menschen. Oder gibt es langsam, auch durch Gewohnheit und Routine, Einstellungen, die dies zurückdrängen und gar vergessen lassen? Oder wie kommt man sonst zur Rede vom bloßen »Zellhaufen«?

Die Faszination vor dem Wunder des Lebens ist nicht nur eine emotionale Angelegenheit oder eine erste Überraschung für den, der noch nichts oder nicht viel weiß. Man lässt das Staunen nicht einfach hinter sich, wenn man Erkenntnisfortschritte macht. Es muss den Forscher bei aller Eigengesetzlichkeit seines Vorgehens wenigstens indirekt begleiten und so gegenwärtig bleiben. Die Einsicht in das Wunderwerk der Natur stärkt die Rechte des Embryos, dem wir mit guten Gründen Personalität zuerkennen.

Dies hat zur Konsequenz, dass uns alle Wege der Erkenntnis und der Forschung offen stehen, aber sie dürfen nicht zur bewussten Tötung eines Embryos führen. Die Würde des personalen Wesens des Menschen besteht gerade darin, dass er niemals in seiner ganzen Existenz für andere Ziele verzweckt und instrumentalisiert werden darf. Daran kann auch ein freilich oft noch wenig begründetes Heilungsversprechen gewiss sehr belastender Krankheiten für die Zukunft nichts ändern. Die Forschungsfreiheit muss von sich aus erkennen, dass ihr hier Grenzen gesetzt sind, die nicht willkürlich von außen gezogen werden. Im Übrigen müssen alternative Forschungswege, die nicht zu solchen Konflikten führen, viel grundlegender vom Staat und der Industrie gefördert werden. Dies gilt z. B. für die durchaus erfolgversprechende Forschung an Stammzellen erwachsener Menschen.

Diese Position ist keine katholische oder christliche Sonderlehre. Man kann sie gewiss auch nicht einfach von den immer interpretationsbedürftigen Ergebnissen empirischer Wissenschaften ableiten. Es gibt jedoch für die vorgetragene Position gerade durch neuere Einsichten viele gute stützende

Argumente. Auch wer einer anderen Meinung zuneigt, sollte fair die Gründe für diesen Vertrauensvorschuss zu Gunsten des Lebensrechtes wenigstens als plausibel anerkennen. Das Embryonenschutzgesetz aus dem Jahr 1990, das damals einstimmig vom Bundestag verabschiedet worden ist, ist ein guter Beleg dafür, dass diese Überzeugungen durchaus verbindliche Werte repräsentieren, die für alle gültig sind. Deshalb dürfen wir es nicht aushöhlen. Auch nicht durch letzten Endes enttäuschende und unhaltbare Kompromisse.

9. Reichtum und Armut im Zugang zur ganzen Wirklichkeit des Lebens

Gegen Ende dieser Überlegungen soll eine Reflexion stehen, die nur angedeutet, aber nicht genügend ausgearbeitet werden kann. Die beiden Konzeptionen über die Wertung des moralischen Status des Embryos entstammen wohl auch verschiedenen Denkweisen und Perspektiven menschlicher Erkenntnis. Dabei darf man es sich nicht zu einfach machen und alles nur auf die Differenz zwischen natur- und humanwissenschaftlichen Methoden und geisteswissenschaftlichen Zugängen zu einer Sache zurückführen. Aber es gibt zweifellos auch »Mentalitäten«, die sich im Umgang mit einer Wirklichkeit ausbilden. Der Embryologe kann sich bei seiner heutigen Spezialisierung im hohen Maß auf das ihm vorliegende biologische »Material« beschränken. Die Arbeitsteilung und die Spezialisierung verlangen sogar eine solche Askese. Eine solche habituell gewordene Umgangsweise und Sicht kann aber auch nicht unwichtige Dimensionen in der Erkenntnis einer Sache verdecken. Man weiß immer mehr von immer weniger. Dennoch oder vielleicht gerade deswegen ist diese Forschung auch wiederum so faszinierend, weil sie tatsächlich zu immer mehr Entdeckungen vordringt.

Den Human- und Naturwissenschaften wird nichts von ihrer Größe und ihren Erfolgen genommen, wenn man sie auf diese Grenzen hinweist. Ich habe fünf bis sechs eindrucksvolle, umfangreiche deutsche und internationale Handbücher der Embryologie und der Humangenetik gründlich angesehen, aus denen ich für das Thema viel gelernt habe. Ich habe auch aus vielen Gesprächen mit Naturwissenschaftlern gelernt. Ich kann dabei durchaus verstehen, dass kaum einer die Frage verfolgt, wer und was das ist, das er in seiner Forschung untersucht, bearbeitet und manipuliert. Aber kann man einfach davon absehen, dass es sich um frühestes, vollwertiges menschliches Leben handelt? Gibt es nicht eine merkwürdige Einstellung zu den »Objekten«, wenn man diese Frage ständig »einklammert«? Es gab ja immer wieder auch heilsame Unterbrechungen solcher Umgangsweisen mit dem Menschen und der sterblichen Hülle, die er zurücklässt. Ich war sehr beeindruckt, dass mich in Freiburg an der Universität in der Wiederaufnahme eines alten Brauches die Professoren und die Studenten der Pathologie baten, ich möchte jeweils Anfang November zu einer Feierstunde und zu einem Friedhofsgang für die Menschen kommen, mit denen sie sich konkret in der Pathologie beschäftigten. Neben dem Experiment und dem Sezieren ist die Pietät nicht verloren gegangen. Wäre dies nicht auch ein Hinweis auf andere Weisen des Umgangs mit dem Menschen?

Ich bin nämlich nicht selten entsetzt über die Sprache, die hier oft verwendet wird. Da ist im Blick auf die Embryonen erstaunlich unbefangen, auch in gedruckten Äußerungen, die Rede vom »Material«, vom »Zellhaufen« und vom »Rohstoff Embryo«. Solche Rede ist verräterisch.

10. Das Staunen als Anfang des Denkens

An einem Beispiel soll am Ende gezeigt werden, was dies heißen könnte. Als ich die Hand- und Lehrbücher der Embryologie und Humangenetik studierte, fiel mir auf, wie wenig selbstverständlich es ist, dass ein Embryo gezeugt wird und ein Menschenkind auch wirklich das Licht der Welt erblickt. Besonders in dem aufschlussreichen, höchst lehrreichen Buch von H. Zankl »Von der Keimzelle zum Individuum«, das in jedem Kapitel sehr sorgfältig die unzähligen Möglichkeiten von Störungen und Fehlbildungen hervorhebt, kann man lernen, was für eine fast unglaubliche Fügung es ist, dass ein ursprünglicher Keim, kaum größer als ein Punkt am Satzende, zu einem so faszinierenden Menschen heranwächst. Ich bin erschrocken, wie selbstverständlich wir dies alles betrachten. Der Humangenetiker darf wohl auch in den Augen der Wissenschaft darüber gar nicht sprechen. Er wäre unwissenschaftlich. Aber ist er menschlich, wenn er dies routinemäßig auf Dauer »einklammert« und verschweigt, vor welchem Wunder des Lebens er immer wieder steht? Die Griechen sahen den Anfang des Denkens im Staunen. Ist es der Wissenschaft verboten, mitten in ihren objektivistischen Entdeckungen, auch einmal zu staunen? Oder hat Martin Heidegger vielleicht doch Recht mit dem provozierenden, viel zu wenig beachteten Satz: »Die Wissenschaft denkt nicht.«[24]

Von da aus müsste unter den Bedingungen der heutigen Wissenschaften ausführlicher noch die Rede von der Pluralität der Erkenntnisweisen sein.[25] Vor diesem Hintergrund müsste mit neuen Ansätzen auch die Frage der Forschungsfreiheit und ihrer ethischen Grenzen bedacht werden.[26]

Schließen möchte ich gerade vor diesem Hintergrund mit einem wunderbaren Psalmwort, das ich immer wieder in den letzten Jahren bei den vielen Auseinandersetzungen über das Leben des ungeborenen Kindes angeführt habe.[27] Der es geschrieben hat, hatte keine wissenschaftlichen Erkenntnisse, die man heute auch nur entfernt so nennen könnte. Aber vielleicht hat er doch sehr viel mehr von der Welt begriffen:

»Herr, du hast mich erforscht, und du kennst mich.
Ob ich sitze oder stehe, du weißt von mir.
Von fern erkennst du meine Gedanken.
Ob ich gehe oder ruhe, es ist dir bekannt;
du bist vertraut mit all meinen Wegen ...
Du umschließt mich von allen Seiten
und legst deine Hand auf mich.
Zu wunderbar ist für mich dieses Wissen,
zu hoch, ich kann es nicht begreifen [...]
Denn du hast mein Inneres geschaffen,
mich gewoben im Schoß meiner Mutter.
Ich danke dir, dass du mich so wunderbar gestaltet hast.
Ich weiß: staunenswert sind deine Werke.
Als ich geformt wurde im Dunkeln,
kunstvoll gewirkt in den Tiefen der Erde,
waren meine Glieder dir nicht verborgen.
Deine Augen sahen, wie ich entstand.
In deinem Buch war schon alles verzeichnet;
meine Tage waren schon gebildet,
als noch keiner von ihnen da war.
Wie schwierig sind für mich, o Gott, deine Gedanken,
wie gewaltig ist ihre Zahl.
Wollte ich sie zählen, es wären mehr als der Sand.
Käme ich bis zum Ende, wäre ich noch immer bei dir [...]
Erforsche mich, Gott, und erkenne mein Herz,
prüfe mich und erkenne mein Denken!
Sieh her, ob ich auf dem Weg bin, der dich kränkt,
und leite mich auf dem altbewährten Weg!«[28]

Anmerkungen

1 Vgl. dazu K. Lehmann: Aus Gottes Hand in Gottes Hand. Kreatürlichkeit als Grundpfeiler des christlichen Menschenbildes, in: Was ist der Mensch? Im Auftrag der Akademie der Wissenschaften zu Göttingen, hg. von N. Elsner und H.-L. Schreiber, Göttingen 2002, S. 249-269; ähnlich: Das Menschenbild als Maß. Versuch einer Antwort auf der Basis des biblischen und christlichen Denkens, in: Bitburger Gespräche, Jahrbuch 2002/II. München 2003, S. 123-139.

2 Vgl. dazu J. Mittelstraß: Wissen und Grenzen, Frankfurt am Main 2001, S. 120 ff.

3 Vgl. dazu K. Lehmann: Das Theorie-Praxis-Problem und die Begründung der Praktischen Theologie, in: F. Klostermann, R. Zerfaß (Hg.): Praktische Theologie heute. München 1974, S. 81-102.

4 Vgl. Hobbes: Leviathan I, II.

5 H. Jonas: Das Prinzip Verantwortung. Frankfurt am Main 1985, S. 7.

6 H. Jonas: Technik, Medizin und Ethik. Frankfurt am Main 1985, S. 43.

7 Ebd., S. 44.

8 Ebd., S. 45.

9 Ebd., S. 48.

10 Die Verantwortung der Wissenschaft im Atomzeitalter. Göttingen 1978, S. 15 f.

11 Vgl. R.P. Sieferle: Fortschrittsfeinde. München 1984.

12 H. Jonas: Das Prinzip Verantwortung, S. 28 f.

13 Vgl. ebd., S. 36.

14 Vgl. ebd., S. 172 f.

15 Vgl. ebd., S. 229.

16 Darf der Mensch, was er kann? In: Wissenschaft, Technik, Humanität. Frankfurt am Main 1982, S. 23 f.

17 H. Jonas: Das Prinzip Verantwortung, S. 29.

18 In-vitro-Fertilisation, Genomanalyse und Gentherapie, in: Gentechnologie 6. München 1985, S. 56.

19 Ebd., S. 57.

20 Vgl. ebd., S. 61 ff.

21 Ebd., S. 62.

22 Ebd., S. 62.

23 Vgl. vor allem H. Jonas, z. B. in: Technik, Medizin und Ethik, S. 194 und 214.

24 Vgl. zu M. Heidegger: Vorträge und Aufsätze. Pfullingen 1954, 4, S. 5-70; ders.: Was heißt denken? Tübingen 1954; vgl. die endgültige Ausgabe: Was heißt denken? Gesamtausgabe, I. Abteilung, Band 8. Frankfurt 2002, S. 9 u. ö.; ders.: Zur Sache des Denkens. Tübingen 1969.

25 Vgl. dazu H.J. Sandkühler: Natur und Wissenskulturen. Stuttgart 2002.

26 Vgl. Forschungsfreiheit und ihre ethischen Grenzen, hg. von K. Pawlik und D. Frede. Göttingen 2002; J.S. Ach, Chr. Runtenberg: Bioethik: Disziplin und Diskurs. Frankfurt am Main 2002; N. Stehr: Wissenspolitik. Frankfurt am Main 2003; O. Höffe: Medizin ohne Ethik. Frankfurt am Main 2002; J. Habermas: Friedenspreis des Deutschen Buchhandels 2001. Frankfurt am Main 2002.

27 Vgl. K. Lehmann: Das Eintreten für das Lebensrecht des ungeborenen Kindes als christlicher und humaner Auftrag. In: Der Vorsitzende der Deutschen Bischofskonferenz 16. Bonn 1991, S. 6ff.; ders.: Die Würde zur Weitergabe menschlichen Lebens wahren, in: Lebensbeginn und menschliche Würde, S. 32-40, bes. S. 34ff., 36ff.

28 Ps. 139,1-3,5, 6,13-18, 23, 24.

Wolf Singer

Unser Menschenbild im Spannungsfeld zwischen Selbsterfahrung und neurobiologischer Fremdbeschreibung

1. Unvereinbare, auf Erfahrung gestützte Überzeugungen

Die Aufklärung der neuronalen Grundlagen höherer kognitiver Leistungen ist mit epistemischen Problemen behaftet. Eines folgt aus der Zirkularität des Unterfangens, da *Explanandum* und *Explanans* eins sind. Das Erklärende, unser Gehirn, setzt seine eigenen kognitiven Werkzeuge ein, um sich selbst zu begreifen, und wir wissen nicht, ob dieser Versuch gelingen kann. Ein weiteres Problem rührt daher, daß sich der Mensch in zwei verschiedenen, bislang widersprüchlichen Beschreibungssystemen darstellt.

Zum einen sind da die Attribute unseres Menschseins, die sich uns aus der Erste-Person-Perspektive erschließen, unserer Gefühle, Wahrnehmungen und Selbsterfahrungen. Die Rede ist von Phänomenen, die wir nur selbst wahrnehmen können, die erst durch unser Erleben in die Welt kommen. Glück, Schmerz, Leid, Stolz, Schmach und Kränkung sind nicht, wenn sie nicht erfahren werden. Und gleiches gilt für die Inhalte unserer Wertungen, für moralische Urteile und ethische Setzungen. Schließlich sind da die Phänomene, die aus unserer Wahrnehmung erwachsen, über eine geistige, mentale Dimension zu verfügen, die uns befähigt, frei über uns befinden zu können, zu werten und zu entscheiden. Diese immateriellen Phänomene erleben wir als ebenso real wie die Erscheinungen der dinglichen Welt, die uns umgibt. Sie sind uns allen gleichermaßen vertraut, weshalb wir Bezeichnungen für sie erfinden konnten, auf die wir uns einigen können. Wir sprechen von *freiem Willen* und wissen, was wir darunter zu verstehen haben. Wir begreifen uns als Wesen, die über Intentionalität verfügen, die fähig sind zu entscheiden, initiativ zu werden und zielbewußt in den Ablauf der Welt einzugreifen. Wir erfahren uns als freie und folglich als verantwortende, autonome Agenten. Es scheint uns, als gingen unsere Entscheidungen unseren Handlungen voraus und wirkten auf Prozesse im Gehirn ein, deren Konsequenz dann die Handlung ist. Diese Überzeugungen erwachsen aus der Erfahrung, daß wir uns unserer eigenen Empfindungen, Wahrnehmungen, Erinnerungen, Absichten und Handlungen gewahr sein und auf diese Einfluß nehmen können. Wir erleben, daß wir diese mentalen Prozesse vor unserem inneren Auge Revue passieren lassen und sie zu Objekten unserer Wahrnehmung machen können. Phänomene, die wir als geistige oder psychische oder seelische bezeichnen, erleben wir als Realitäten einer immateriellen Welt, an deren Existenz unsere Selbsterfahrung jedoch ebensowenig Zweifel aufkommen läßt wie unsere Sinneswahrnehmungen an der Existenz der dinglichen Welt.

Wir begreifen uns also als beseelte Wesen, die an einer immateriellen, geistigen Sphäre teilhaben, deren Erscheinungen nur der subjektiven Erfahrung zugänglich sind. Zugleich aber, und hier tritt der Konflikt auf, erfahren wir uns mit der gleichen Gewißheit als der materiellen Welt zugehörig. Wir rechnen uns zu den Organismen, die ihr In-der-Welt-Sein einem kontinuierlichen evolutionären Prozeß verdanken. Dabei erscheinen uns alle Komponenten dieses Prozesses und die zugrundeliegenden Selbstorganisationsmechanismen als der dinglichen Welt zugehörig, als Naturphänomene, die sich aus der Dritte-Person-Perspektive, also aus der Perspektive eines Beobachters, objektivieren und beschreiben lassen: die Ausgangsbedingungen, die herrschten, bevor Leben in die Welt kam, die physiko-chemischen Wechselwirkungen, die reproduktionsfähige Strukturen ermöglichten, und die evolutionären Gesetzmäßigkeiten, die schließlich die Ausdifferenzierung zu Pflanzen und Tieren einleiteten. Wir gehen davon aus, daß es im Prinzip möglich ist, all diese Phänomene im Rahmen naturwissenschaftlicher Beschreibungssysteme fassen und erklären zu können.

Zu diesen, von der Position eines Beobachters aus beschreibbaren Eigenschaften von Organismen gehört auch deren Verhalten. Wie sich feststellen läßt, ist dieses durch die Organisation des Organismus und insbesondere durch sein Nervensystem determiniert. Das Verhalten von Organismen ist selbst Gegenstand von evolutionären Ausleseprozessen, nicht weniger als die Form eines Flügels. Tiere, deren Verhaltensrepertoire optimale Anpassung an sich verändernde Bedingungen erlaubt, haben im evolutionären Wettbewerb die besseren Chancen. Aus dieser Perspektive erscheint Verhalten somit als eine Variable der belebten, aber dennoch dinglichen Welt, in welcher sich die Evolution ereignete. Folglich muß sich jede Komponente des von außen beobachtbaren, meßbaren und objektivierbaren Verhaltens als Folge von Prozessen darstellen lassen, die im Rahmen naturwissenschaftlicher Beschreibungssysteme faßbar sind.

Diese, wie ich glaube, zwingende Einsicht bereitet keinerlei Schwierigkeiten, solange wir mit Verhalten nur jenes von einfach organisierten Tieren meinen. Wir haben kein Problem mit der Einsicht, daß tierisches Verhalten vollkommen determiniert ist, daß die jeweils folgende Aktion notwendig aus dem Zusammenspiel zwischen aktueller Reizkonstellation und unmittelbar vorausgehenden Gehirnzuständen resultiert. Wir haben auch keine Schwierigkeiten anzuerkennen, daß die jeweiligen Gehirnzustände determiniert sind durch die genetisch vorgegebene Organisation des jeweiligen Nervensystems, durch die epigenetischen Einflüsse, die diese Organisation während der Entwicklung modifiziert haben, durch die vielen

Lernprozesse, die ebenfalls Modifikationen der funktionellen Architektur von Nervennetzen bewirken, und schließlich durch die unmittelbare Vorgeschichte, die in der Dynamik neuronaler Wechselwirkungen nachschwingt. Wenn es dann doch etwas anders kommt als erwartet, dann nehmen wir an, daß zufällige Schwankungen dafür verantwortlich sind.

Die zunehmende Verfeinerung neurobiologischer Meßverfahren hat nunmehr die Möglichkeit eröffnet, auch die neuronalen Mechanismen zu analysieren, die höheren kognitiven Leistungen komplexer Gehirne zugrunde liegen. Somit werden auch diese, oft als psychische bezeichnete Phänomene zu objektivierbaren Verhaltensleistungen, die aus der Dritte-Person-Perspektive untersucht und beschrieben werden können. Zu diesen mit naturwissenschaftlichen Methoden untersuchbaren Leistungen zählen inzwischen auch solche, die uns bereits aus der Erste-Person-Perspektive vertraut sind. Darunter fallen Wahrnehmen, Vorstellen, Erinnern und Vergessen, Bewerten, Planen und Entscheiden, und schließlich die Fähigkeit, Emotionen zu haben. Alle diese Verhaltensmanifestationen lassen sich operationalisieren, aus der Dritte-Person-Perspektive heraus objektivieren und im Sinne kausaler Verursachung auf neuronale Prozesse zurückführen. Somit erweisen sie sich als Phänomene, die in kohärenter Weise in naturwissenschaftlichen Beschreibungssystemen erfaßt werden können. Nun sind diese beobachtbaren kognitiven Leistungen mit den zugrundeliegenden neuronalen Prozessen nicht identisch. Wir verwenden deshalb unterschiedliche Beschreibungssysteme zur Darstellung von Verhaltensleistungen und neuronalen Prozessen und wir sagen, Verhaltensleistungen seien emergente Eigenschaften neuronaler Vorgänge. Damit soll ausgedrückt werden, daß die kognitiven Funktionen mit den physiko-chemischen Interaktionen in den Nervennetzen nicht gleichzusetzen sind, aber dennoch kausal erklärbar aus diesen hervorgehen.

Dieser Sichtweise steht die von unserer Selbsterfahrung genährte Überzeugung entgegen, daß wir an einer geistigen

Dimension teilhaben, die von den Phänomenen der dinglichen Welt unabhängig und ontologisch verschieden ist. Weil wir diese geistige Dimension einer verschiedenen Seinswelt zuordnen, gehen wir davon aus, daß sie aus der dinglichen Welt, die in der Dritte-Person-Perspektive erfaßt wird, nicht ableitbar ist. Wir erfahren unsere Gedanken und unseren Willen als frei, als jedweden neuronalen Prozessen vorgängig. Wir empfinden unser Ich den körperlichen Prozessen gewissermaßen gegenübergestellt. Wir erfahren uns als wertende, mit Intentionalität ausgestattete Wesen, die sich selbst und anderen Verantwortung zuschreiben für das, was sie tun, und wir empfinden uns in der Lage, mit unserem Gewissen in Zwiegespräche einzutreten, mit unseren kategorischen Imperativen zu argumentieren, unsere Stimmungen zu beherrschen und uns über diese Handlungsdeterminanten hinwegzusetzen. Uns erscheint unser wahrnehmendes, wertendes und entscheidendes Ich als eine geistige Entität, die sich der neuronalen Prozesse allenfalls bedient, um Informationen über die Welt zu gewinnen und Beschlüsse in Taten umzusetzen. Damit das Gewollte zur Tat wird, muß etwas im Gehirn geschehen, was das Gewollte ausführt. Es müssen Effektoren aktiviert werden, und dazu bedarf es neuronaler Signale. Entsprechend müssen die Sinnessysteme eingesetzt werden, also wiederum neuronale Strukturen, um etwas über die Welt zu erfahren. Bei alldem begleitet uns das Gefühl, daß wir es sind, die diese Prozesse kontrollieren. Dies aber ist mit den deterministischen Gesetzen, die in der dinglichen Welt herrschen, nicht kompatibel.

Wir haben offenbar im Laufe unserer kulturellen Geschichte zwei parallele Beschreibungssysteme entwickelt, die Unvereinbares über unser Menschsein behaupten. Diese Inkompatibilität zwischen Selbst- und Außenwahrnehmung hat die Menschheit beschäftigt, seit sie begann, über sich nachzudenken. Was zunächst nur Ahnung war, wandelt sich jetzt jedoch zu einem nicht mehr verdrängbaren Problem. Verantwortlich für diese Zuspitzung zeichnen vor allem die Naturwissenschaften und in ganz besonderem Maße die Neurowissenschaften, liefern diese doch zunehmend überzeugendere Beweise dafür, daß menschliche und tierische Gehirne sich fast nicht unterscheiden, daß ihre Entwicklung, ihr Aufbau und ihre Funktionen den gleichen Prinzipien gehorchen. Da wir, was tierische Gehirne betrifft, keinen Anlaß haben zu bezweifeln, daß alles Verhalten auf Hirnfunktionen beruht und somit den deterministischen Gesetzen physiko-chemischer Prozesse unterworfen ist, muß die Behauptung der materiellen Bedingtheiten von Verhalten auch auf den Menschen zutreffen.

Was bedeutet nun dieser Konflikt zwischen zwei, wie es scheint, gleichermaßen überzeugenden, gleichermaßen zutreffenden, aber inkompatiblen Menschenbildern für unser Selbstverständnis? Wie könnten Lösungen dieses Konfliktes aussehen und was würde folgen, falls wir solche tatsächlich fänden? Eine Möglichkeit ist, daß es in der Tat ontologisch verschiedene Welten gibt, eine materielle und eine immaterielle, daß der Mensch an beiden teilhat und wir uns nur nicht vorstellen können, wie die eine sich zur anderen verhält. Solche dualistischen Weltmodelle durchziehen die Geistesgeschichte des Abendlandes seit Anbeginn, und Descartes hat die Unterschiede zwischen geistigen und materiellen Sphären wohl am deutlichsten herausgestellt. Aber diese Sichtweise wirft eine Reihe sehr unangenehmer Probleme auf. Eines von ihnen ist, daß dualistische Positionen mit bekannten Verfahren weder durch Nachdenken noch durch Experimentieren bewiesen oder falsifiziert werden können. Als Arbeitshypothese für Erklärungsversuche sind sie somit wenig hilfreich. Dualistische Weltsysteme können behauptet werden, aber sie sind nicht ableitbar, müssen also geglaubt werden. Diese Unangreifbarkeit vermittelt jedoch nur scheinbare Sicherheit, denn es ergibt sich eine Fülle von Folgeproblemen.

Dualistische Weltmodelle bleiben die Antwort auf die Frage schuldig, wann im Lauf der Evolution oder der Individualentwicklung das Geistige vom Materiellen Besitz ergreift und sich zu erkennen gibt. Geschieht dies bei der Verschmelzung von Ei und Samenzelle oder später während der Embryonalentwicklung, oder erst bei der Geburt, oder gar erst dann, wenn Menschenkinder kognitive Leistungen ausbilden, über die Tiere nicht verfügen? Dasselbe Problem ergibt sich bei der Betrachtung der Evolution. Wir nehmen für uns in Anspruch, beseelt zu sein und über eine einzigartige geistige Dimension zu verfügen. Aber warum sprechen wir dies Schimpansen ab, obgleich sie uns in so vielem gleichen? Der Versuch festzulegen, wann der Phasenübergang vom Materiellen zum Geistigen stattfand oder je neu stattfindet, trifft angesichts der Kontinuität evolutionärer und ontogenetischer Prozesse auf unüberwindbare Schwierigkeiten. Als Ausweg bliebe der Panpsychismus, die Annahme, alles sei beseelt. Aber diese Sicht führt ihrerseits zu einer Fülle von Konflikten bei dem Versuch, materiellen Erscheinungen beseelte oder mentale Qualitäten zuzuschreiben.

Ferner stellt sich das besonders unangenehme Problem der Verursachung, für das wir ebenfalls keine denkbaren Lösungen wissen. Wenn es diese immaterielle geistige Entität gibt, die von uns Besitz ergreift und uns Freiheit und Würde verleiht, wie sollte diese dann mit den materiellen Prozessen in unserem Gehirn wechselwirken? Denn beeinflussen muß sie die neuronalen Prozesse, damit das, was der Geist denkt, plant und entscheidet, auch ausgeführt wird. Wechselwirkungen mit Materiellem erfordern den Austausch von Energie. Wenn also das Immaterielle Energie aufbringen muß, um neuronale Vorgänge zu beeinflussen, dann muß es über Energie verfügen. Besitzt es aber Energie, dann kann es nicht immateriell sein und muß den Naturgesetzen unterworfen sein. Umgekehrt stellt sich das Problem, wie sich das Immaterielle über die Welt draußen informiert. Wenn wir die Augen schließen, sind wir blind, und auch unser geistiges Auge scheint keine Möglichkeiten zu haben, sich von den Ereignissen draußen ein Bild zu machen. Offenbar muß sich auch der Geist der Augen und der nachgeschalteten neuronalen Mechanismen bedienen, um die Welt wahrzunehmen. Wie also werden die Sinnessignale, die Energie tragenden elektrischen Entladungen der Nervenzellen in die Sprache des immateriellen Geistes übersetzt? Auch dieses Problem ist in keinem der uns zugänglichen Beschreibungssysteme lösbar. Falls die Prämisse gilt, daß Weltdeutungen widerspruchsfrei sein müssen, um zutreffend zu sein, bleiben drei Möglichkeiten: Unsere Selbsterfahrung trügt und wir sind nicht, wie wir uns wähnen, oder unsere naturwissenschaftlichen Weltbeschreibungen sind unvollständig, oder unsere kognitiven Fähigkeiten sind zu begrenzt, um hinter dem scheinbaren Widerspruch das Einende zu erfahren.

Für alle drei Lesarten lassen sich gute Argumente ins Feld führen. Damit diese Abhandlung nicht in ein fatalistisches, alles relativierendes *Ignoramus* mündet und jede weitere Überlegung gegenstandslos macht, sollen zumindest jene Beschreibungen und Erklärungen als gegeben und zutreffend angesehen werden, die sich aus der Dritte-Person-Perspektive der wissenschaftlichen Betrachtung als konsensfähig, widerspruchsfrei und gemäß der Kriterien von Wiederhol- und Voraussagbarkeit als beweisbar erwiesen haben. Dabei soll jedoch nicht aus dem Blick geraten, daß auch dieses Wissen sich den kognitiven Leistungen menschlicher Gehirne verdankt. Eine kritische Betrachtung der Qualität unserer Erkenntniswerkzeuge tut deshalb not.

2. Zur Fehlbarkeit kognitiver Systeme

Wir können nur erkennen, was wir beobachten, denkend ordnen und uns vorstellen können. Was für unsere kognitiven Systeme unfaßbar ist, existiert nicht für uns. Die Grenzen des Wißbaren werden demnach durch die Beschränkungen der kognitiven Fähigkeiten unseres Gehirns gezogen. Zu fragen ist also, wie es mit der Verläßlichkeit und den Begrenzungen dieses kognitiven Apparates bestellt ist. Und diese Frage fällt in den Zuständigkeitsbereich der Neurobiologie. Unsere kognitiven Funktionen beruhen auf neuronalen Mechanismen, und diese sind ein Produkt der Evolution. Nun deutet wenig darauf hin, daß die evolutionären Prozesse daraufhin ausgelegt sind, kognitive Systeme hervorzubringen, welche die Wirklichkeit so vollständig und objektiv wie nur irgend möglich zu erfassen oder – falls die Welt eine entsprechende Schichtenstruktur aufweisen sollte – gar die Tiefenstrukturen hinter den Phänomenen zu erkennen vermögen. Im Wettbewerb um Überleben und Reproduktion kam es vorwiegend darauf an, aus der Fülle im Prinzip verfügbarer Informationen nur jene aufzunehmen und zu verarbeiten, die für die Bedürfnisse des jeweiligen Organismus bedeutsam sind. Wie die hohe Selektivität und Spezialisierung unserer Sinnessysteme ausweist, betrifft dies nur einen winzigen Ausschnitt der uns inzwischen bekannt gewordenen Welt. Organismen, die sich in andere ökologische Nischen hineinentwickelten, interessieren sich notgedrungen für andere Eigenschaften der Welt und haben ihre Sinnessysteme entsprechend angepaßt. Zusätzlich zu dieser Optimierung der Signalaufnahme kam es darauf an, die verfügbare Information möglichst schnell in zweckmäßige Verhaltensreaktionen umzusetzen. Umfassende Weltbeschreibungen sind dem kaum dienlich. Es erscheint deshalb wenig wahrscheinlich, daß die Evolution kognitive Mechanismen hervorgebracht hat, die solches zu leisten vermögen. Eine Fülle von Beispielen belegt, daß sich unsere kognitiven Systeme die Welt in der Tat auf sehr pragmatische und idio-synkratische Weise zurechtlegen. Obgleich unsere Sinnessysteme nur diskontinuierliche Ausschnitte aus dem physiko-chemischen Kontinuum der Welt aufnehmen, erscheint uns die Welt dennoch als kohärent. Der Grund ist, daß wir Fehlendes ergänzen und über Ungereimtheiten hinwegsehen, um ein schlüssiges Gesamtbild zu erhalten. Unsere Sinnessysteme sind zwar hervorragend angepaßt, um aus wenigen Daten sehr schnell die verhaltensrelevanten Bedingungen zu erfassen, aber sie legen dabei keinen Wert auf Vollständigkeit und Objektivität. Sie bilden nicht getreu ab, sondern rekonstruieren und bedienen sich dabei des im Gehirn gespeicherten Vorwissens. Dieses speist sich aus zwei Quellen: Zum einen ist es das im Laufe der Evolution erworbene Wissen über die Welt, das vom Genom verwaltet wird und sich in Architektur und Arbeitsweise von Gehirnen ausdrückt. Zum anderen ist es das zu Lebzeiten durch Erfahrung erworbene Wissen. Gehirne nutzen dieses Vorwissen, um Sinnessignale zu interpretieren und in größere Zusammenhänge einzuordnen. Unsere als objektiv empfundenen Wahrnehmungen sind das Ergebnis solcher konstruktiven Vorgänge. Diese wissensbasierten Rekonstruktionen können dazu beitragen, die Unvollkommenheit der Sinnessysteme teilweise zu kompensieren. Vorwissen kann genutzt werden, um Lücken aufzufüllen, und logisches Schließen kann helfen, Ungereimtheiten aufzudecken. Zudem lassen sich durch technische Sensoren Informationsquellen erschließen, die unseren natürlichen Sinnen nicht zugänglich sind. Der Erfolg wissenschaftlicher Erkenntnisprozesse belegt die Wirksamkeit der kombinierten Anwendung von Meßinstrumenten und logischem Schließen, das in der mathematischen Formulierung von Zusammenhängen seine stringenteste Form gefunden hat. Interessant ist jedoch, daß diese Erkenntnisstrategie oft zu Erklärungen führt, die unanschaulich und gelegentlich sogar für die Intuition unplausibel sind. Wir lassen uns jedoch überzeugen, daß auch kontraintuitive Interpretationen zutreffen, wenn sich aus ihnen gültige Voraussagen ableiten oder auf ihrer Grundlage funktionierende Apparate bauen lassen. Aber auch bei diesen rationalen Erklärungen handelt es sich natürlich um Konstrukte unseres Gehirns, denn auch Denkprozesse beruhen auf neuronalen Vorgängen. Sie gehen auf Leistungen der Großhirnrinde zurück, genauso wie die Wahrnehmung. Deshalb bleibt die Sorge, Denken könne auch nicht verläßlicher oder objektiver sein als Wahrnehmen. Je mehr uns die Neurobiologie über die materielle Bedingtheit unserer kognitiven Leistungen aufklärt, um so deutlicher wird, daß wir uns vermutlich vieles nicht vorstellen können und daß wir die Grenzen nicht kennen, jenseits derer unsere Kognition versagt.

Diese Vorbehalte stellen alle abschließenden Behauptungen in Frage, denn dem Argument ist schwer zu begegnen, daß jedwede Erkenntnis vorläufigen Charakter hat und sich durch Einbettung in neue Bezüge wesentlich verändern kann. Dennoch können wir nicht umhin zu versuchen, das jeweils Wißbare so zu ordnen, daß es sich in Modelle fügt, die uns kohärent und widerspruchsfrei erscheinen. Offen bleibt, nach welchen Kriterien unser Gehirn seine internen Zustände, in denen sich die Ergebnisse von Datenerfassung und logischen Schlüssen letztlich manifestieren, als kohärent und stimmig beurteilt.

3. Evolution als kontinuierlicher Prozeß

Wenden wir uns also trotz dieser epistemologischen Bedenken wieder der eingangs formulierten Frage zu, ob, und wenn ja, über welche Erklärungen die aus der Erste-Person-Perspektive erfahrenen Phänomene als Folge der Evolution komplexer Gehirne verstanden werden können. Zu prüfen wäre also zunächst, ob uns die Evolution irgendwelche Anhaltspunkte für Diskontinuitäten oder Entwicklungssprünge gibt, die uns das In-die-Welt-Kommen von mentalen Phänomenen erklären könnten, die wir einer anderen Seinskategorie zurechnen als die physiko-chemischen Prozesse im Gehirn. Spätestens seit Abschluß der Sequenzierung des humanen Genoms steht fest, daß sich die molekularen Bausteine von Nervenzellen im Laufe der Evolution kaum verändert haben. Die Nervenzellen von Schnecken funktionieren nach den gleichen Prinzipien wie die Nervenzellen der Großhirnrinde des Menschen. Dies gilt für die molekularen Bestandteile ebenso wie für die anatomische

Grundstruktur, für die Mechanismen der Signaltransduktion innerhalb der Zellen ebenso wie für die Kommunikation zwischen Nervenzellen. Ein vergleichbarer Konservatismus kennzeichnet auch die strukturelle Organisation ganzer Gehirne. Obgleich die Evolution im Reich der Wirbeltiere eine beträchtliche Artenvielfalt hervorbrachte, ist die Hirnentwicklung von erstaunlicher Monotonie gekennzeichnet. Die Gehirne werden größer, aber an den Grundstrukturen ändert sich wenig. Es finden sich immer die gleichen Zentren, und diese weisen immer die gleiche Feinstruktur auf. Die Großhirnrinde einer Ratte ist von der eines Menschen auch unter dem Mikroskop kaum zu unterscheiden. Der einzig wirklich auffällige Unterschied zwischen den Gehirnen verschiedener Säugetierspezies ist die quantitative Ausdifferenzierung der Großhirnrinde. Im Vergleich zu anderen Tieren, und auch dann nur in Relation zur Körpergröße, haben wir, hat *homo sapiens*, mehr Großhirnrinden-Neuronen. Das führt zu der sehr unangenehmen Schlußfolgerung, daß offenbar alles das, was uns ausmacht und uns von den Tieren unterscheidet, und damit auch alles das, was unsere kulturelle Evolution ermöglichte, auf der quantitativen Vermehrung einer bestimmten Hirnstruktur beruht. Diese, so muß gefolgert werden, vermag Verarbeitungsprozesse zu realisieren, deren schiere Vermehrung geeignet ist, die mentalen Eigenschaften hervorzubringen, die uns von den Tieren unterscheiden. Es scheint, als seien all die geistigen Qualitäten, die sich unserer Selbstwahrnehmung erschließen, durch die besondere Leistungsfähigkeit unserer Gehirne in die Welt gekommen.

Wie also könnte die quantitative Vermehrung eines bestimmten Hirngewebes zur Emergenz dieser neuen mentalen Qualitäten geführt haben, und hat es vielleicht mit der Großhirnrinde etwas Besonderes auf sich? Die Großhirnrinde läßt sich in viele verschiedene Areale einteilen, von denen jedes eine ganz bestimmte Aufgabe erfüllt. Welche Aufgaben dies jeweils sind, wird durch die Herkunft der Signale festgelegt, die einem bestimmten Großhirnrindenbereich zugespielt werden. So erhalten Areale im Hinterhauptlappen ihre Eingangssignale hauptsächlich vom Auge, die im Parietallappen vom Körper selbst, und die im Temporallappen vom Gehör. Andere Areale wiederum beschäftigen sich vorwiegend mit Signalen, die bereits von anderen Hirnrindenregionen vorverarbeitet wurden. So finden sich im Frontalhirn Rindenareale, die für die Einbindung des Organismus in den Fluß der Zeit verantwortlich sind. Hier werden Kurzzeitspeichervorgänge realisiert, die es möglich machen, sich gewahr zu werden, daß es ein Vorher, ein Jetzt und ein Nachher gibt. Ebenfalls im Frontalhirn liegen die stammesgeschichtlich rezenten Areale, die sogenannten orbito-frontalen Areale, die beim Menschen eine besondere Ausprägung erfahren und für die Einbindung des Individuums in soziale Gefüge verantwortlich sind. Wenn es dort zu Störungen kommt, dann dedifferenziert die Persönlichkeit, die Menschen verlieren ihre moralischen Prinzipien und werden asozial.

Das Faszinierende ist, daß diese verschiedenen Bereiche der Großhirnrinde nahezu die gleiche Feinstruktur aufweisen. Dies impliziert, daß sie nach den gleichen Prinzipien verschaltet sind und somit die gleichen Verarbeitungsalgorithmen anwenden. Da diese offenbar zur Lösung sehr unterschiedlicher Verarbeitungsprobleme eingesetzt werden können, muß es sich um sehr mächtige Algorithmen handeln.

Wenn sich also die Verarbeitungsstrategien in den verschiedenen Hirnrindenarealen kaum unterscheiden, so müssen neu hinzugekommene Funktionen auf der spezifischen Vernetzung der Areale beruhen. In einfachen Gehirnen gelangt Information auf relativ kurzem Weg von den primären sensorischen Arealen, die sich mit der Verarbeitung der Signale von Sinnesorganen befassen, über Querverbindungen zu den motorischen Hirnrindenarealen, in welchen Bewegungsabläufe und Reaktionen auf Sinnesreize programmiert werden. Einfache Gehirne können deshalb auf verschiedene Reizkonstellationen nur mit einem sehr eingeschränkten Verhaltensrepertoire antworten. Bei den höher organisierten Tieren, und das gilt bereits für Ratten, Katzen und Hunde, aber natürlich in besonderem Maße für Primaten, kommen dann weitere Hirnrindenareale hinzu, die ihre Signale nicht mehr von den Sinnesorganen, sondern indirekt über die bereits vorhandenen, stammesgeschichtlich älteren primären sensorischen Hirnrindenareale beziehen. Diese neuen Areale verarbeiten demnach das Ergebnis von hirnrindenspezifischen Verarbeitungsprozessen, und sie tun dies offenbar auf die gleiche Weise, wie die schon vorhandenen Areale Signale aus der Umwelt verarbeiten. Zudem kommunizieren diese neu hinzugekommenen Areale sehr intensiv untereinander. Eine Nervenzelle in der Großhirnrinde empfängt etwa 10000 bis 20000 verschiedene Eingangsverbindungen, und die meisten davon kommen von anderen Großhirnrindenzellen. Die Hirnrinde beschäftigt sich also vorwiegend mit sich selbst. In hochorganisierten Gehirnen machen die Eingänge von den Sinnessystemen und die Ausgänge zu den Effektoren einen verschwindend kleinen Prozentsatz der Verbindungen aus.

4. Metarepräsentationen und Bewußtsein

Zumindest intuitiv wird nachvollziehbar, wie diese geschichtete Architektur über die wiederholte Anwendung immer gleicher kognitiver Operationen zum Aufbau von Metarepräsentationen innerer Zustände führen könnte. Wenn die Ergebnisse primärer kognitiver Prozesse erneut einer Analyse unterzogen werden, kommt dies der Reflexion eigener Wahrnehmungsprozesse gleich. Zieht man in Betracht, daß die Ergebnisse dieser kognitiven Operationen höherer Ordnung ihrerseits wiederum miteinander verglichen und verrechnet werden und daß die Ergebnisse dieser transmodalen Vergleiche wiederum in neu hinzugekommenen Hirnrindenarealen eine abstrakte

Kodierung erfahren können, dann läßt sich erahnen, wie phänomenales Bewußtsein, das Sich-Gewahrsein von Wahrnehmungen und Empfindungen, entstanden sein könnte. Es ist dies eine kognitive Fähigkeit, die wir auch Tieren mit höher organisierten Gehirnen zusprechen. Wir bezweifeln nicht, daß sich höhere Säugetiere und insbesondere alle Primaten ihrer Empfindungen gewahr sein können und daß dieses Gewahrsein handlungsrelevant ist. Der Grund für diese Annahme ist, daß die Gehirne der höher organisierten Säugetiere über die gleichen Mechanismen zur Steuerung von Aufmerksamkeit und zur Speicherung von Wahrnehmungsinhalten im episodischen Gedächtnis verfügen wie der Mensch. Für den Menschen gilt, daß Inhalte dann bewußt werden, wenn sie mit selektiver Aufmerksamkeit bedacht werden. Nur dann können sie im episodischen Gedächtnis gespeichert und später wieder einer bewußten Reflexion unterzogen werden. Somit ist wahrscheinlich, daß tierische Gehirne, die über die entsprechenden Selektions- und Speichermechanismen verfügen, phänomenales Bewußtsein aufweisen. Demnach wäre phänomenales Bewußtsein eine operationalisierbare kognitive Leistung, die sich aus der Dritte-Person-Perspektive heraus analysieren lassen sollte. Nachvollziehbar könnte also sein, wie durch Iteration kognitiver Operationen und reflexive Anwendung auf sich selbst Metarepräsentationen eigener Zustände gebildet werden können und somit die eigene Kognition zum Gegenstand von Kognition werden kann.

5. Das Bindungsproblem

Dies beantwortet aber nicht die Frage, »wer« sich letztlich diese Metaprozesse »anschaut«, wer die alles koordinierende Instanz sein könnte, die wir mit dem »Ich« gleichsetzen. Die Intuition hält hier eine einfache Antwort bereit. Sie legt uns nahe, daß es irgendwo im Gehirn ein Zentrum geben müsse, in dem alle Verarbeitungsergebnisse zusammenkommen, um einer kohärenten Interpretation unterworfen zu werden. Dort wäre der Ort, wo entschieden und geplant wird, und dort müßte sich auch das »Ich« konstituieren. Nun wissen wir aber heute, daß sich unsere Intuition in diesem Punkt auf dramatische Weise irrt. Schaltdiagramme der Vernetzung der Hirnrindenareale lassen jeden Hinweis auf die Existenz eines singulären Konvergenzzentrums vermissen. Es gibt keine Kommandozentrale, in der entschieden werden könnte, in der das »Ich« sich konstituieren könnte. Hochentwickelte Wirbeltiergehirne stellen sich vielmehr als hochvernetzte, distributiv organisierte Systeme dar, in denen eine riesige Zahl von Operationen gleichzeitig ablaufen. Diese parallelen Prozesse organisieren sich, ohne eines singulären Konvergenzzentrums zu bedürfen, und führen in ihrer Gesamtheit zu kohärenten Wahrnehmungen und koordiniertem Verhalten. Das wirft die schwierige Frage auf, wie sich die vielen, in den verschiedenen Hirnrindenarealen gleichzeitig ablaufenden Verarbeitungsprozesse so koordinieren, daß kohärente Interpretationen der vielfältigen Sinnesignale möglich werden, daß sich klare Festlegungen für bestimmte Handlungsoptionen ergeben und koordinierte motorische Reaktionen ausgeführt werden können. Und schließlich stellt sich die Frage, wie sich ein so dezentral organisiertes System seiner selbst bewußt werden kann. Antworten auf diese Fragen erfordern Lösungen für das sogenannte Bindungsproblem. Es gilt, die Selbstorganisationsprozesse zu verstehen, die aus Teilprozessen kohärente Zustände höherer Ordnung entstehen lassen.

Aus Platzgründen sei hier darauf verzichtet, auf die verschiedenen Vorschläge zur Lösung des Bindungsproblems einzugehen. *Pars pro toto* sei hier die Hypothese diskutiert, die wir in Frankfurt verfolgen. Sie geht davon aus, daß die zur Bindung verteilter Aktivitäten erforderliche Koordination über die Definition präziser zeitlicher Relationen zwischen neuronalen Antworten verwirklicht wird. Der Vorschlag ist, daß das Gehirn die zeitliche Dimension als Kodierungsraum nutzt und präzise zeitliche Synchronisation als Code für die Zusammengehörigkeit neuronaler Antworten verwendet. Das neuronale Korrelat eines Wahrnehmungsinhaltes oder einer Entscheidung oder eines vorformulierten Satzes wäre dann ein komplexes raumzeitliches Muster synchron aktiver Nervenzellen, das sich über hinreichend lange Zeit stabilisiert, um verhaltensrelevant zu sein oder sogar bewußt zu werden. Zusammenfassende Darstellungen dieses Konzeptes finden sich in *Singer* (1993), *Singer and Gray* (1995), *Singer* (1999), *Engel et al.* (2001) und *Engel and Singer* (2001).

Francisco Varela, der 2002 gestorben ist und Nicht-Biologen vor allem durch seine Autopoesis-Konzepte bekannt sein dürfte, führte Experimente durch, um die Synchronisationshypothese am Menschen zu überprüfen. Er bat Versuchspersonen, Schwarz-Weiß-Bilder anzuschauen, von denen einige als Profilansichten von Gesichtern identifizierbar waren. Während die Versuchspersonen versuchten, in diesen Bildern Gestalten zu erkennen, wurden über ein dichtes Netz von Elektroden Hirnströme gemessen. Die Versuchspersonen mußten ferner durch Drücken einer Taste angeben, ob sie ein Gesicht erkannt hatten. Jedesmal, wenn dies der Fall war, traten über den Hirnrindenarealen, die sich mit dem Sehen befassen, kurzfristig hochsynchrone Wellen im Bereich von etwa 40 Hertz auf. Dies war nicht der Fall, wenn die Versuchspersonen die Muster nicht identifizieren konnten. Diese hochsynchronen Zustände dauerten nur etwa 200tausendstel Sekunden, lösten sich dann auf und wichen einem neuen, ebenfalls synchronen Schwingungsmuster, das jetzt aber von motorischen Hirnrindenarealen ausging und zeitlich mit der Vorbereitung der motorischen Antwort zusammenfiel. Der hochsynchrone Zustand über den Sehrindenarealen stellt sich also nur dann ein, wenn Musterelemente zu einer bewußt wahrnehmbaren Gestalt zusammengebunden werden können. Dies legt nahe, daß das nicht weiter reduzierbare Korrelat eines Wahrnehmungsinhaltes ein hochkoordinierter dynamischer Zustand ist, der sich dadurch auszeichnet, daß die Neuronen, die für die Repräsentation des jeweiligen Inhalts rekrutiert werden müssen, ihre Entladungen über kurze Zeitspannen synchronisieren. Demnach wäre die Repräsentation von Verarbeitungsergebnissen, gleich, ob es sich um Wahrnehmungsinhalte oder motorische Programme, um Gedanken oder Entscheidungen handelt, ein dynamischer Zustand, der durch die koordinierte Aktivität einer sehr großen Zahl räumlich verteilter Nervenzellen charakterisiert ist. Dies müßte dann auch für die Struktur von Metarepräsentationen gelten, also für die Repräsentation der Inhalte der Selbstwahrnehmung. Die Frage, wie diese dynamischen Zustände in Verhaltensreaktionen umgesetzt werden, läßt sich im Rahmen neurobiologischer Beschreibungssysteme zwar noch nicht befriedigend, aber wohl im Prinzip klären.

Weitaus problematischer ist die Frage, wie sich auf der Basis neuronaler Erregungsmuster die subjektiven Konnotationen unserer Wahrnehmungen und Empfindungen konstituieren. Diese Frage führt uns gegenwärtig noch an die Grenzen unseres Vorstellungsvermögens, da sich in ihr die noch unvereinbaren Beschreibungen begegnen, die wir aus den unterschiedlichen Perspektiven der ersten und der dritten Person gewonnen haben.

Nicht weniger problematisch ist die Frage, wie ein solchermaßen distributiv organisiertes kognitives System dazu kommt, sich ein Bild von sich selbst zu machen und sich als autonomes, frei entscheidendes Agens zu empfinden. Da es keinen ersichtlichen Grund gegen die Annahme gibt, daß auch diese Selbsterfahrungsprozesse auf neuronalen Vorgängen beruhen, läßt sich die Suche nach Antworten auf diese Frage nicht weiter aufschieben. Auch wenn sich, was wahrscheinlich ist, derzeit keine konsensfähigen Interpretationen anbieten lassen, scheint es dennoch an der Zeit, Hypothesen zu formulieren, die sich auf das derzeit Gewußte stützen.

6. Selbstmodell als soziales Konstrukt

Im folgenden soll der Versuch gemacht werden, die Bedingungen zu identifizieren, die es uns ermöglichen, uns als selbstbestimmende, frei entscheidende Wesen zu erfahren. Eine zentrale Rolle scheint hierbei dem Faktum zuzukommen, daß uns bei weitem nicht alle Vorgänge in unserem Gehirn bewußt werden. Vieles spricht dafür, daß nur die neuronalen Erregungsmuster zu bewußten Empfindungen und Wahrnehmungen führen, die in der Hirnrinde generiert werden. Von diesen wiederum dürfte jeweils nur ein Bruchteil ins Bewußtsein gelangen. Noch wissen wir wenig darüber, durch welche Eigenschaften sich die bewußtseinsfähigen von den unbewußt bleibenden Erregungszuständen unterscheiden. Manches spricht dafür, daß Erregungsmuster nur dann bewußt werden können, wenn ihnen »Aufmerksamkeit« geschenkt wird und sie dadurch ein kritisches Maß an Kohärenz, an Ordnung, an Synchronisation erlangen und diesen Zustand über hinreichend lange Zeit aufrechterhalten können. Ergebnisse aus Versuchen, die dem geschilderten Experiment von Varela ähneln, stützen diese Vermutung. Wendet sich zum Beispiel die visuelle Aufmerksamkeit auf einen bestimmten Ort im Gesichtsfeld, dann nimmt in den dafür zuständigen Regionen der Hirnrinde die Kohärenz neuronaler Oszillationen im hohen Frequenzbereich von 40 Hertz zu, noch bevor Reize auftreten (siehe *Engel and Singer* [2001] für weiterführende Literatur). Dies impliziert, daß viele der vorbereitenden Verarbeitungsprozesse – und schon diese müssen bereits auf sehr komplexen Selbstorganisationsvorgängen beruhen – nicht ins Bewußtsein gelangen. Es scheint, als könnten Erregungsmuster erst dann bewußt werden, wenn sie ein gewisses Maß an Konsistenz erreicht haben, also als Ergebnis eines Verarbeitungsprozesses gewertet werden. Manche der vom Gehirn ausgewerteten Signale haben jedoch prinzipiell keinen Zugang zum Bewußtsein. Wir haben zum Beispiel keinen bewußten Zugriff zu Informationen über unseren Blutdruck oder das Niveau des Blutzuckerspiegels, obgleich diese Variablen sehr sorgfältig gemessen, vom Gehirn ausgewertet und in Regulationsprozesse umgesetzt werden. Der wahrscheinliche Grund hierfür ist, daß diese Verarbeitungsprozesse ohne Beteiligung der Großhirnrinde ablaufen. Aber auch von den Signalen, die von der Großhirnrinde verarbeitet werden und auf die das Bewußtsein im Prinzip Zugriff hat, wird jeweils nur ein kleiner Teil bewußt. Vom kontinuierlichen Strom der Sinnessignale, die im Gehirn verarbeitet und zur Verhaltenssteuerung genutzt werden, ist uns immer nur ein kleiner Ausschnitt bewußt. Nur die Aspekte, denen wir Aufmerksamkeit schenken, werden uns auch bewußt, und nur diese können wir im deklarativen Gedächtnis abspeichern, und nur über diese können wir später berichten. Natürlich hinterlassen auch die unbewußten Verarbeitungsprozesse Gedächtnisspuren und beeinflussen zukünftiges Handeln. Aber wir werden uns dieser Handlungsdeterminanten nicht bewußt und können sie deshalb nicht als Begründungen für unser Tun anführen. Diese Parallelität von bewußten und unbewußten Handlungsdeterminanten ist ein wichtiger Grund dafür, daß wir uns aus der Erste-Person-Perspektive heraus als freie autonome Agenten erfahren können.

Eine weitere Voraussetzung für die Konstitution eines Selbst, das sich frei wähnt, so mein Vorschlag, ist die soziale Interaktion. Mir scheint unser Selbstmodell wesentlich dadurch geprägt, daß wir uns in den kognitiven Funktionen, in der Wahrnehmung des je anderen spiegeln können, daß wir in Dialoge eintreten können des Formats: »Ich weiß, daß du weißt, daß ich weiß«, oder: »Ich weiß, daß du fühlst, wie ich mich empfinde« usw. Solche iterativen Spiegelungsprozesse könnten die Erfahrung vermitteln, ein autonomer Agent zu sein, der frei über sich verfügen kann. Um in solche Dialoge eintreten zu können, müssen jedoch zwei Bedingungen erfüllt sein. Es sind dies kognitive Funktionen, über die nur menschliche Gehirne verfügen. Zum einen bedarf es der Fähigkeit, eine Theorie des Geistes aufzubauen. Dies bezeichnet die Möglichkeit, sich vorzustellen, was im anderen vorgeht, wenn dieser sich in einer bestimmten Situation befindet. Mit Ausnahme der großen Menschenaffen fehlt Tieren diese Fähigkeit. Lediglich bei Schimpansen wurden bislang Ansätze dafür gefunden. Der Grund ist, daß für diese Leistung Hirnstrukturen erforderlich sind, die erst beim Menschen ihre volle Ausprägung erfahren. Diese evolutionsgeschichtlich jungen Strukturen reifen erst im Laufe der ersten Lebensjahre aus, weshalb auch kleine Kinder keine Theorie des Geistes aufbauen können.

Ein Beispiel soll verdeutlichen, wozu eine Theorie des Geistes befähigt. Man verstecke einen Gegenstand vor den Augen von Beobachtern, schicke dann einen von ihnen vor die Tür, wechsle jetzt das Versteck vor aller Augen und frage die Beobachter, wo der Hinausgeschickte suchen wird, wenn er wieder hereingerufen wird. Beobachter, die über eine Theorie des Geistes verfügen, werden sagen, der Hereingerufene wird am ursprünglichen Versteck suchen, während Beobachter ohne dieses Vermögen vermuten werden, der Hereingerufene werde an dem Ort suchen, an dem sich der Gegenstand tatsächlich befindet.

Die zweite Funktion, über die dialogfähige Gehirne verfügen müssen, ist sprachliche Kommunikation. Die Gehirne müssen in der Lage sein, abstrakte Relationen symbolisch zu kodieren und syntaktisch zu verknüpfen. Sind diese Voraussetzungen erfüllt, können sich Dialoge der eben skizzierten Art zwischen Gehirnen entwickeln. Gehirne können sich dann in der Wahrnehmung des Gegenüber spiegeln, und ich schlage vor, daß diese Spiegelung zur Entwicklung eines Selbstmodells führt, in dem wir uns als freie, selbstbestimmte Wesen erfahren. Wenn es sich aber bei dieser Erfahrung um ein Phänomen handelt, das nur durch soziale Interaktion in die Welt tritt, dann haben die Inhalte dieser Erfahrung einen anderen ontologischen Status als die Inhalte der Wahrnehmung der dinglichen Welt. Erstere hätten dann den Status von sozialen Realitäten, von kulturellen Konstrukten und Zuschreibungen, die ihre Existenz zwischenmenschlichen Interaktionen verdanken.

7. Frühkindliches Lernen und Vergessen

Wie aber kommen wir nun zu der unerschütterlichen Überzeugung, daß unser Ich freie Entscheidungen treffen und über Prozesse in unserem Gehirn verfügen kann? Eine erste und vermutlich entscheidende Erfahrung mit der Zuschreibung von Autonomie und Freiheit machen wir schon als Kleinkinder. Eltern bedeuten den Kleinen fortwährend, sie sollten dies tun und jenes lassen, weil andernfalls diese oder jene Konsequenzen einträten. Diese Verweise und die mit ihnen verbundenen Sanktionen erzwingen den Schluß, man könne auch anders und müsse nur wollen. Wir erfahren also schon sehr früh eine Behandlung, die sich durch die Annahme rechtfertigt, wir seien frei in unseren Entscheidungen – eine Annahme, die sich über Erziehung verläßlich von Generation zu Generation tradiert. Wir machen uns also vermutlich eine im Laufe unserer Kulturgeschichte entwickelte Zuschreibung zu eigen, internalisieren sie und verfahren nach ihr. Möglich ist dies, weil wir bislang auf keine direkt erfahrbaren Widersprüche gestoßen sind. Wenn die Prämisse gilt, daß neuronale Prozesse erst dann bewußt werden können, wenn sie sich Lösungen nähern, dann bleibt die Erfahrung, frei zu sein, widerspruchsfrei, weil wir uns der Aktivitäten nicht gewahr werden, welche die Entscheidungen vorbereiten und zu anderen Lösungen hätten führen können. Die meisten der Strebungen und Motive, die uns letztlich dazu gebracht haben, etwas Bestimmtes und nichts anderes zu tun, bleiben uns verborgen. Wir nehmen oft nur das Ergebnis solcher hirninterner Abwägungsprozesse wahr, schreiben uns dies dann im Moment der Bewußtwerdung als Ergebnis unserer »freien« Entscheidung zu, können es dann noch mit anderen, ebenfalls bewußten Argumenten abwägen und gegebenenfalls modifizieren und erfahren uns so als Herr über unsere Entscheidungen. Da wir unbewußte Motive *per definitionem* nicht wahrnehmen, ergibt sich kein erfahrbarer Widerspruch zwischen der grundsätzlichen Bedingtheit unserer Entscheidungen und unserem Eindruck, wir träfen sie frei. Weil uns alle vorbereitenden, »vorbewußten« Vorgänge in unserem Gehirn verborgen bleiben, erscheint uns das, was im Bewußtsein aufscheint, als nichtverursacht. Nun lehren uns aber alle Erfahrungen, daß nichts ohne Ursache ist. Wir schreiben deshalb unserem Wollen die Rolle zu, als Auslöser für die schließlich bewußt gewordenen Entscheidungen zu fungieren. Diesem Wollen wiederum billigen wir inkonsequenterweise zu, daß es letztinstanzlich und unverursacht, also frei ist.

Sollte diese Interpretation zutreffen, dann wäre unsere Erfahrung, frei zu sein, eine Illusion, die sich aus zwei Quellen nährt: 1. Aus der durch die Trennung von bewußten und unbewußten Hirnprozessen widerspruchsfreien Empfindung, alle relevanten Entscheidungsvariablen bewußt gegeneinander abwägen zu können, und 2. aus der Zuschreibung von Freiheit und Verantwortung durch andere Menschen. Wenn somit die Überzeugung, frei entscheiden zu können, unter anderem auf frühkindlichem Lernen beruht, also auf der Aneignung von Zuschreibungen, die sich von anderem, das wir durch Erziehung über uns lernen, nicht unterscheidet, dann stellt sich die Frage, warum diese Erfahrung soviel unerschütterlicher ist als die Erfahrung mit anderen sozialen Realitäten. Warum fühlt sich die Erfahrung, frei zu sein, so anders an als andere soziale Realitäten, die ebenfalls über soziales Lernen in unserem Bewußtsein verankert werden, wie zum Beispiel unsere moralischen Setzungen? Ein Grund hierfür könnte sein, daß wir uns an den Lernprozeß, über den Wertesysteme vermittelt werden, zumindest teilweise erinnern können, da uns dieser während der gesamten Kindheit begleitet. Die Dialoge hingegen, die uns auf uns selbst verweisen und zur Ich-Konstitution beitragen, setzen sehr früh ein und behalten ihre Inhalte unverändert bei. Diese Dialoge beginnen in einer Entwicklungsphase, in der die Kleinkinder noch kaum über deklaratives Gedächtnis verfügen, also noch nicht in der Lage sind, den Lernprozeß selbst zu erinnern. Sie lernen, machen sich das Gelernte zu eigen, können aber nicht angeben, woher sie wissen, was sie wissen. Man bezeichnet diese Unfähigkeit, den Kontext bewußt zu erinnern, als frühkindliche Amnesie. Kleine Kinder lernen viel und schnell und wenden das Erlernte an, aber wenn sie angeben sollen, woher sie etwas Bestimmtes wissen, dann bleiben sie die zutreffende Antwort meist schuldig. Für die Kleinen erscheint das, was sie wissen, als nicht verursacht, als immer schon gewußt. Und dieses könnte der Grund dafür sein, daß uns später, wenn wir beginnen, über uns nachzudenken, die Inhalte dieses frühen Lernens als nicht verursacht und somit als absolut erscheinen. In der fehlenden Erinnerung an frühe soziale Lernprozesse könnte somit die Ursache liegen für die eigentümliche, transzendente Komponente unseres Selbstmodells, die wir mit unserem Ich verbinden, dieses allen materiellen Prozessen vorausgehende, ihnen gegenübergestellte und von ihnen unabhängige Konstrukt.

8. Freie und unfreie Entscheidungen

Bemerkenswert ist nun, daß wir trotz aller Überzeugung, frei zu sein, in der Selbstbewertung und im Urteil über andere zwischen freien und unfreien Akten unterscheiden. Für erstere sind wir bereit, Verantwortung zu übernehmen, für letztere fordern wir Nachsicht und machen mildernde Umstände geltend. Aus neurobiologischer Sicht ist diese Unterscheidung jedoch fragwürdig, beruht doch der Unterschied zwischen diesen beiden Beurteilungslagen nur auf dem verschiedenen Grad der Bewußtheit der Motive, die zu Entscheidungen und Handlungen geführt haben. Wir gehen offenbar davon aus, daß Motive, die wir ins Bewußtsein heben und einer bewußten Deliberation unterziehen können, dem freien Willen unterworfen sind, während Motive, die nicht bewußtseinsfähig sind, offenbar nicht dem freien Willen unterliegen. In bezug auf die zugrundeliegenden neuronalen Prozesse erscheint diese Dichotomie wenig plausibel. Denn in beiden Fällen werden die Entscheidungen und Handlungen durch neuronale Prozesse vorbereitet, nur daß in einem Fall der Scheinwerfer der Aufmerksamkeit auf den Motiven liegt und diese ins Bewußtsein hebt und im anderen nicht. Aber der Abwägungsprozeß selbst beruht natürlich in beiden Fällen auf neuronalen Prozessen und folgt somit in beiden Szenarien deterministischen Naturgesetzen. Zutreffend ist lediglich, daß die Variablen, auf denen der Abwägungsprozeß beruht, im Falle bewußter Deliberation abstrakterer Natur sind und vermutlich auch nach komplexeren Regeln miteinander verknüpft werden können als bei Entscheidungen, die sich vorwiegend aus unbewußten Motiven herleiten. Der Grund ist, daß Variablen, sobald sie ins Bewußtsein gelangen, sprachlich erfaßt, symbolisch kodiert und syntaktisch verknüpft werden können. Wegen der begrenzten Kapazität des Bewußtseins könnte es jedoch sein, daß die Zahl der Variablen, die bewußt überschaut und gegeneinandergesetzt werden können, geringer ist als die Zahl der Variablen, die im Unterbewußten miteinander verrechnet werden können. Der Parameterraum, in dem sich bewußte Entscheidungen vollziehen, muß also nicht notwendig der umfassendere sein. Auch die als frei empfundenen bewußten Entscheidungen werden immer durch eine Vielzahl im Unbewußten verhandelter Prozesse vorbereitet und beeinflußt.

9. Eine weitere Beschränkung

Bevor ich auf die Konsequenzen eingehe, die das bisher Ausgeführte für unser Menschenbild hat, möchte ich noch auf eine weitere Komplikation verweisen, die unsere Handlungs- und Urteilsoptionen einschränkt. Auch diese Komplikation verdanken wir Einsichten, die naturwissenschaftliche Neugier befördert hat. Es wird uns immer deutlicher, daß die Dynamik der lebensweltlichen Prozesse, in die wir eingebunden sind, nicht-lineare Eigenschaften besitzt. Es sind dies Eigenschaften, die nahezu alle Systeme aufweisen, die aus zahlreichen, miteinander vernetzten und selbst aktiven Komponenten bestehen. Dies gilt für soziale Systeme ebenso wie für Wirtschaftssysteme und ökologische Systeme. Ein Charakteristikum nichtlinearer Dynamik ist ihre begrenzte Prognostizierbarkeit. Natürlich gilt auch in diesen Systemen das Kausalgesetz, das heißt, der jeweils nächste Entwicklungsschritt ist durch den *status quo ante* determiniert. Dennoch lassen sich die Entwicklungstrajektorien nicht über längere Zeiträume hinweg vorausbestimmen, da nicht-lineare Systeme vielfältig verzweigten Pfaden folgen und Richtungswechsel durch kleine, im Grenzfall auch zufällige Systemschwankungen bedingt sein können. Aus dem gleichen Grund sind solche nicht-linearen Selbstorganisationsprozesse kaum steuerbar. Eingriffe führen zwar zu Veränderungen von Gleichgewichten und Trajektorien, aber es gibt keine Gewißheit, daß diese längerfristig das Gewollte bewirken. Dies ist der banale Grund, warum Fünfjahrespläne nicht zu den gewünschten Ergebnissen führen und dirigistische Systeme immer aufs neue scheitern.

10. Eingeständnisse

Diese von den Naturwissenschaften vermittelten Einsichten in unsere Bedingungen können unser Selbstverständnis und unsere Beurteilung von Handlungsoptionen nicht unberührt lassen. Wenn wir diese Einsichten nicht weiter verdrängen, sondern sie uns zu eigen machen, dann gibt es viel einzugestehen. Wir müssen uns eingestehen, daß unsere kognitiven Fähigkeiten beschränkt sind, daß sie keine Verankerung im Absoluten, Unrelativierbaren haben, sondern als Produkt der Evolution Idiosynkrasien aufweisen, die ihr Sosein manch zufälliger Bifurkation verdanken. Dies begrenzt auch die Möglichkeiten, uns selbst und unsere Bedingungen zu erkennen. Mit diesem Schluß, mit diesem hermeneutischen Zirkel, läßt sich natürlich all das aushebeln und zur Makulatur erklären, was ich bisher ausführte. Als Wissensquelle wären dann aber nur noch Offenbarungen zulässig, die unter Umgehung unserer Kognition als direkte Evidenz erfaßt werden müßten. Solches aber findet seinen Platz nur in einem dualistischen Weltbild, das die eingangs beschriebenen Schwierigkeiten aufwirft.

Wenn wir aber an dem festhalten wollen, was wir zu wissen meinen, dann müssen wir uns eingestehen, daß wir in unseren Entscheidungen und Wertungen nicht frei sind, sondern daß die Lösungsvorschläge, welche unser Gehirn erarbeitet, von all den Einflüssen determiniert sind, die unser Gehirn geformt haben: Die evolutionären Anpassungen, die als genetische Vorgaben die Grundstruktur und damit die Basisfunktionen unseres Gehirns festlegen; die frühkindlichen Prägungen, von denen wir wissen, daß sie die Feinstrukturen neuronaler Verschaltung nachhaltig verändern können und damit direkten Einfluß auf Funktionsabläufe im Gehirn nehmen; und schließlich die Lernprozesse, die uns ein Leben lang begleiten und ebenfalls zu Veränderungen der funktionellen Architektur von Nervennetzen führen, auch wenn sich die Strukturänderungen in diesem Fall nur noch auf submikroskopischer und molekularer Ebene abspielen. Alle diese Vorgaben legen fest, was im Gehirn als je nächstes geschieht, wenn es sich in einem bestimmten Zustand befindet, wobei die jeweiligen Zustände wiederum von der Gesamtheit der vorangehenden Sinnessignale abhängen. Das Zusammenspiel all dieser Variablen legt fest, auf welchen Wegen das Gehirn sich Lösungen und Entscheidungen nähert. Auch wenn dabei einige der Variablen ins Bewußtsein dringen und wir die resultierenden Entscheidungen dann als frei gefällte wahrnehmen, bleibt festzuhalten, daß auch die bewußten Deliberationen auf neuronalen Prozessen beruhen und somit deterministischen Mechanismen gehorchen müssen. Und schließlich müssen wir uns eingestehen, daß wir in Systeme eingebunden sind, deren Entwicklung wir weder prognostizieren noch wirksam steuern können. Erschwerend kommt hinzu, daß wir uns die Dynamik komplexer, nicht-linearer Systeme auch nicht gut vorstellen können. Weil sich hoch nicht-lineare Prozesse ohnehin kaum prognostizieren und steuern lassen, gab es in der Evolution keine Notwendigkeit, kognitive Systeme zu entwickeln, die sich komplexe nicht-lineare Vorgänge »vorstellen« können. Für die kurzen Zeitspannen, über die Prognosen überhaupt nur sinnvoll gewagt werden können, reichen jedoch lineare Annäherungsmodelle aus – und deshalb vermutlich ist unsere Vorstellungswelt eine vorwiegend lineare.

In ihrer Summe bedeuten diese Eingeständnisse, daß wir uns als Komponenten eines evolutionären Prozesses sehen sollten, der uns nicht nur hervorbrachte, sondern in den wir immer noch eingebunden sind. Wir nehmen handelnd Einfluß auf diesen Prozeß, befördern ihn durch unser Tun, müssen aber zugleich erkennen, daß unser Mitspiel nicht »freiwillig« ist und daß wir den Prozeß weder prognostizieren noch effektiv und zielgerichtet steuern können – selbst dann nicht, wenn wir alle Variablen kennten und unserer Kognition die Prozeßdynamik vorstellbar wäre.

Alles weist somit darauf hin, daß wir unsere Welt nicht unseren Bedürfnissen entsprechend frei strukturieren können. Die von uns induzierten Änderungen haben einen ähnlichen Status und Effekt wie die Mutationen in der biologischen Evolution. Sie erhöhen die Variabilität, halten den Prozeß in Bewegung, steuern ihn aber nicht. Was rückblickend als Steuerung erscheinen mag, ist in Wirklichkeit Folge von Selbstorganisationsvorgängen, die zwar festen Regeln gehorchen, aber ohne zentrale Steuerung, ohne Dirigenten auskommen.

11. Schlußfolgerungen

Aus diesen Einsichten lassen sich Maximen für unser Werten und Handeln ableiten, die wir ernst nehmen und umsetzen sollten. Natürlich kann die Menschheit nicht innehalten und dem Lauf der Dinge tatenlos zusehen mit der Begründung, wer nicht weiß, was er tut und was die Folgen sind, tue lieber nichts. Wir werden weiter planen, abwägen, entscheiden und handeln, da dies konstitutiv für Leben ist. Aber wir werden unser Tun vor einem anderen Hintergrund verstehen, beurteilen und rechtfertigen lernen müssen als bisher.

So werden wir eine andere Haltung gegenüber Menschen mit abweichendem Verhalten einnehmen müssen. Wir werden diese Menschen als Opfer des großen Würfelspiels begreifen lernen, die das Pech hatten, sich in der Normalverteilung der Dispositionen in einem Bereich aufzuhalten, der von der Mehrheit nicht gebilligt wird. Das ist etwas anderes als zu behaupten, es handle sich um einen bösen Menschen, der vorsätzlich Gemeines geplant und ausgeführt hat. Die Konsequenzen, die sich aus dieser Sichtweise für die Behandlung des »Täters« ergeben, werden *de facto* jedoch nicht viel anders sein als bisher, da sich die Gesellschaft vor Angriffen schützen muß. Wir werden also auch in Zukunft Menschen, von denen besonders große Gefahr ausgeht, durch besonders strenge Maßnahmen daran hindern müssen, anderen zur Gefahr zu werden. Aber die Begründungen werden andere sein. Wir bedürfen eines neuen Toleranzkonzepts für die Beurteilung »abweichenden« Verhaltens.

Eine weitere Konseqenz unseres Eingeständnisses ist – und das werden die Lenker in Politik und Wirtschaft vermutlich nicht gerne hören –, daß Handlungsbegründungen mißtraut werden muß, die sich mit langfristigen Prognosen zu rechtfertigen suchen. Immer dann, wenn Menschen Opfer abverlangt werden mit dem Argument, die Maßnahme führe zwar vorübergehend zu vermehrtem Leid, sei aber notwendig, um auf lange Sicht diesen oder jenen erwünschten Effekt zu erzielen, ist besondere Wachsamkeit geboten. Begründungen dieser Art und sogenannten »zielführenden Maßnahmen« muß mit methodischem Zweifel begegnet werden. In vielen Fällen wird sich dann erweisen, daß die Begründungen unstatthaft sind, da sie von einer Beherrschbarkeit zukünftiger Entwicklungen ausgehen, die nicht gegeben ist. Handlungsbegründungen dieser Art sollten deshalb stets sehr kritisch geprüft werden, und sie sollten vor allem dann geächtet werden, wenn die Maßnahme trotz gut gemeinter Zieldefinition auf dem Weg dahin Verletzungen an Leib und Seele von Menschen setzen könnte.

Es folgt ferner, daß jedwede Eingriffe in komplexe Systeme behutsam sein müssen. Die Evolution bedarf der Änderungen, aber diese müssen in kleinen Schritten erfolgen. Alle großen Eingriffe laufen Gefahr, tödliche Mutanten hervorzubringen. Zudem hat, wer eingreift, die Verpflichtung, auf möglichst kurzem Wege Rückmeldung darüber zu suchen, welchen Effekt die induzierte Veränderung hatte. Nur dann können Korrekturen vorgenommen werden, bevor globalere Auslesemechanismen die Fehler ausmerzen, was meist mit erheblichem Leid verbunden ist. Weil unser Wissen begrenzt und unsere Systeme nicht prognostizierbar sind, folgt zwingend, daß jeder Handelnde, der in komplexe Systeme eingreift, nur nach dem Prinzip von Versuch und Irrtum vorgehen kann. Damit wird für »Lenker« von komplexen Systemen, für alle also, die Macht ausüben, der Irrtum zum konstitutiven Merkmal ihres Tuns. Wenn aber Irren unvermeidlich ist, dann darf es nicht geächtet werden. Das Eingeständnis von Irrtum darf kein Makel sein. Im Gegenteil, dem Bekenntnis zum Irrtum muß, weil dieser konstitutiv für menschliches Tun ist, ein hoher moralischer Wert zugestanden werden. Wir brauchen eine »Irrtumskultur«. Von denen, die Macht ausüben, verlangt sie Demut und Einsicht in die Begrenztheit ihrer Möglichkeiten. Und von allen fordert sie, das Nicht-Wissen-Können auszuhalten.

Da Lenker wie Gelenkte sehr ähnliche Gehirne besitzen und somit im gleichen Unwissen gefangen sind, folgt ferner, daß es in unserem System keine übergeordnete Intelligenz geben kann, auf die Verlaß wäre. Zwar wird es immer quantitative Unterschiede im jeweiligen Sachwissen geben und somit verschiedene Zuständigkeiten, aber es müßte streng darauf geachtet werden, daß Macht und Kompetenz in Deckung bleiben. Einfluß und Verfügungsgewalt müssen sich durch Kompetenz legitimieren und dürfen nicht über den Zuständigkeitsbereich hinaus sich ausdehnen. Wo keine Metaintelligenz, keine höhere Weisheit sein kann, darf Macht sich nicht konzentrieren. Es wird demnach notwendig sein, über unsere Führungsstrukturen nachzudenken. Wenn die kollektive Intelligenz aller Mitspieler optimal genutzt werden soll, dann bedarf es einer fortwährenden Optimierung von Strukturen, welche Selbstorganisationsprozesse begünstigen.

In komplexen Systemen erfordert dies einen klugen Kompromiß zwischen horizontalen und vertikalen Architekturen. Erreicht werden muß, daß das Verhalten der Komponenten aufeinander abgestimmt ist. Eine Option besteht darin, die Abstimmung sich selbst organisieren zu lassen. Dies aber bedingt, daß möglichst jeder von allen wissen sollte, um sein Tun einordnen zu können. In größeren Systemen würde vollständige Vernetzung die informationsverarbeitenden Kapazitäten der Mitspieler jedoch schnell überfordern. Ausschließlich horizontal gekoppelte Systeme sind jenseits einer kritischen Größe nicht zu realisieren, da die Systemkomponenten nicht mehr gebunden werden können. Das andere Extrem wären die vertikalen Strukturen, die wir zur Genüge aus der Geschichte kennen. Diese umgehen das Bindungsproblem durch zentrale Koordination des Komponentenverhaltens. Damit aber opfern sie die Vorteile von Selbstorganisationsprozessen. Sie vernichten die sich selbst optimierenden Regulationspotentiale distributiv organisierter Systeme. Zudem überfordern sie notwendig die Kompetenz der Koordinationszentren, da diese, wie ausgeführt, nicht über die erforderliche Steuerungskompetenz verfügen können. Deshalb funktionieren auch vertikale, dirigistische Strukturen nur in kleinen, überschaubaren Einheiten, in denen nur lineare Funktionsabläufe organisiert werden müssen. Für unsere heutigen politischen, wirtschaftlichen und sozialen Systeme trifft dies schon längst nicht mehr zu. Wir müssen uns folglich auf die Suche nach neuen Kompromissen zwischen horizontalen und vertikalen Organisationsformen begeben, die der Prämisse Rechnung tragen, daß es keine übergeordnete Metaintelligenz auf Führungsebene geben kann und daß, selbst wenn sie in Führungskollektiven organisierbar wäre, sie aus prinzipiellen Gründen nicht in der Lage wäre, die Entwicklungstrajektorien des Gesamtsystems durch dirigistische Eingriffe in die gewünschte Richtung zu lenken.

Die Evolution hat eine Fülle solcher Kompromisse gefunden, und es könnte sich lohnen, einige der bereits erprobten Strategien versuchsweise zu implementieren. Die natürlich gewachsenen Netzstrukturen weisen alle recht ähnliche Kompromisse zwischen horizontaler Koppelung und vertikaler Koordination auf, die vermutlich optimale Lösungen für das Bindungsproblem in komplexen, distributiv organisierten Systemen darstellen. Die in solchen Netzen implementierten Knoten haben dabei weniger die Funktion von Kommando- und Steuerungszentralen, sondern dienen vielmehr der Bündelung, Verdichtung und Rückverteilung von Information. Die eingebauten Knoten dienen also in erster Linie der Reduktion von Verbindungen zwischen Komponenten, indem sie diesen die für sie relevanten Informationen über den Zustand des Gesamtsystems zur Verfügung stellen und damit vollständige Vernetzung eines jeden mit jedem verzichtbar machen. Natürlich wird eine direkte Übertragung solcher, von der Evolution optimierter Netzstrukturen auf soziale Systeme nicht möglich sein, da wir als bewußte, von unseren Kulturen geprägte Wesen zu Recht zunehmend hohe Ansprüche auf die Autonomie und Unversehrtheit des einzelnen erheben. Aber gerade deshalb sollten wir nach Strukturen suchen, die sich nicht an der Illusion orientieren, durch Metaintelligenz stabilisier- und lenkbar zu sein. Wir sollten jedweder Machbarkeitsphantasie abschwören und Strukturen erfinden, die es unmöglich machen, daß einige wenige, sollten sie solche Phantasien dennoch hegen, tiefgreifende Veränderungen im Gesamtsystem induzieren.

Was aber bleibt uns, wenn wir uns von der Utopie der Planbarkeit der eigenen Zukunft verabschieden und mit den Einsichten in unsere Begrenztheit ernst machen – und das in einer Zeit, in der uns zudem eine konsensfähige metaphysische Verankerung abhanden gekommen ist? Vielleicht, so meine Hoffnung, könnte dies der Anstoß zur Entwicklung einer neuen Kultur der Demut sein, in der pragmatische Nahziele wie etwa Leidensminimierung, Empathiefähigkeit und Toleranz zum Primat werden. Wenn wir uns bescheiden und ablassen von finalen Projektionen, die wir ohnehin nicht durch »zielführende« Maßnahmen verwirklichen können, dann wird vielleicht der Blick frei für die vielen kleinen Änderungen, die wir gefahrlos induzieren könnten, um die Vielfalt der Daseinsmöglichkeiten zu erhöhen und zu erproben. Wenn wir uns dann auch noch in dem Konsens solidarisieren könnten, daß uns unser Nicht-Wissen-Können eint, wenn wir lernen könnten, diese kollektive Geworfenheit auszuhalten und uns nicht wie bisher durch Abgrenzung vom Anderen als besser Wissende bestätigen müßten, dann hätten wir durch die Einsicht in unsere Grenzen die Würde wiedergefunden, die uns diese Einsicht vermeintlich geraubt hat. Demut als Utopie.

Literatur

Engel, A. K., P. Fries, and W. Singer (2001): Dynamic predictions: oscillations and synchrony in top-down processing. Nat. Rev. Neurosci. 2: S. 704-716.

Engel, A. K. and W. Singer (2001): Temporal binding and the neural correlates of sensory awareness. Trends Cogn. Sci. 5(1): S. 16-25.

Singer, W. (1993): Synchronization of cortical activity and its putative role in information processing and learning. Annu. Rev. Physiol. 55: S. 349-374.

Singer, W. (1999): Neuronal synchrony: a versatile code for the definition of relations? Neuron 24: S. 49-65.

Singer, W., and C.M. Gray (1995): Visual feature integration and the temporal correlation hypothesis. Annu. Rev. Neurosci. 18: S. 555-586.

Johannes Dichgans

Mimik, Gesten und Sprachmelodie. Medien sozialer Kommunikation und ihre neuronalen Grundlagen

Wir nehmen an, der Mensch sei ein geistbegabtes Wesen und das Gehirn der Sitz dieses Geistes, die Grundlage und Begrenzung seiner Freiheit. Wenn dies so ist, mag das Menschenbild eines Neurologen, der sich eine Lebensarbeitszeit lang mit Glanz und Elend dieses Organs befaßt hat, einige interessierende Perspektiven enthalten, von denen berichtet werden soll.

Offenbar ist der Mensch unter den Kreaturen durch seine Sprache hervorgehoben. Durch die Sprache ist ihm abstrakte Begrifflichkeit und damit die Fähigkeit zu denken und zu verstehen geschenkt. Denken ist ein schöpferischer Akt der geistigen Freiheit. Begrifflichkeit ist darüber hinaus die Voraussetzung für die Entwicklung von Wissenschaft und Technik. Musik und Malerei dagegen werden in ihren Urformen ohne diese Begrifflichkeit geschaffen. Sie schöpfen vornehmlich aus anderen Erkenntnisquellen und gebrauchen differente Ausdrucksmittel. Sprache faßt präzise, was an Nachrichten ausgetauscht werden kann. Sie hebt ins Bewußtsein, was an vorsprachlicher Informationsverarbeitung des Gehirns dem subjektiv erlebenden Ich zugänglich und mitteilbar ist.

Aber nicht alle Prozesse des Gehirns sind dem Bewußtsein zugänglich. So wissen wir beispielsweise nicht wirklich, wie wir im einzelnen das Zusammenspiel unserer Muskeln beim Gehen oder gar Klavierspielen organisieren, und wissen nichts von der Hirnaktivität zum Zweck der Regulation von Wasserhaushalt und Körpertemperatur. Auch Sinnesinformationen werden teilweise, vermutlich sogar überwiegend unbewußt verarbeitet. So wird das Gehen visuell geschient und auch das Stehen unmerklich durch Informationen vom Gleichgewichtsorgan stabilisiert. Dem spezifisch menschlichen Teil unserer Existenz steht offenbar eine Welt unbewußter Informationsverarbeitung gegenüber, die wir zum großen Teil mit den Tieren gemeinsam haben. Zu dieser gemeinsamen Welt gehört in seinen Grundzügen auch der Bereich sozialer Interaktionen zwischen Lebewesen mit intuitivem Erfassen von Emotionen und Intentionen des Gegenübers, unbewußt, aber handlungsleitend. Vehikel der sozialen Interaktion sind Mimik, Gestik und die Sprachmelodie, auch Prosodie genannt. Ihre Exekution erfolgt weitgehend unbewußt, meist spontan und unkontrolliert, unverstellt.

Schriftsteller und Philosophen wissen sehr wohl vom Ungenügen der Sprache und einer Realität des Unsagbaren jenseits derselben, die ihren mannigfaltigen Ausdruck auf andere Weise findet.

So begegnen wir bei Blaise Pascal[1] der Feststellung: »Le coeur a sa raison que la raison ne connaît pas.« In freier Übersetzung: Das Herz (das emotionale Erfassen) hat sein Einsehen (seine Vernunft oder auch seine Erkenntnis), die der Verstand (das bewußte Denken) nicht kennt (von dem er nichts weiß).

Und man liest aus einer etwas anderen Perspektive bei Antoine de Saint-Exupéry,[2] wie der eine Freundschaft suchende Fuchs zum kleinen Prinzen sagt: »Man sieht nur mit dem Herzen gut« und dann »Du setzt Dich zunächst ein wenig abseits von mir ins Gras. Ich werde Dich so verstohlen, so aus dem Augenwinkel anschauen und Du wirst nichts sagen ..., die Sprache ist die Quelle der Mißverständnisse.«

Daß wir uns nur schwerlich in vollem Umfang bewußt machen können, was wir emotional erfassen, erhellt auch aus einem Text von Friedrich Nietzsche,[3] wenn er schreibt: »All unser Bewußtsein ist ein mehr oder weniger ... phantastischer

Kommentar über einen unbewußten, vielleicht unwissbaren aber gefühlten Text.«

Und schließlich Marcel Proust[4]:... »dieser wirklich vorhandene Bodensatz, den jeder notgedrungen bei sich behalten muß, da er im Gespräch von Freund zu Freund, vom Schüler zum Meister, vom Liebenden zur Geliebten so gar nicht mitgeteilt werden kann – wird dieses Unsagbare, das jeweils gerade dem seine besondere Nuancierung verleiht, was jeder von uns empfindet, aber dennoch auf der Schwelle der (sprachlichen) Äußerungen zurücklassen muß, durch welche er mit anderen nur insoweit in Beziehung zu treten vermag, als er sich auf äußere, allen gemeinsam zugängliche, bedeutungslose Dinge beschränkt.« Proust betont die Rolle der Musik in dieser Hinsicht. Musik und Malerei, aber viel stärker die Musik, sind neben Sprachmelodie, Mimik und Gestik Ausdrucksmittel einer Innenwelt, zu der die Sprache nur mühsam und unvollkommen Zugang findet. Der sprachlich vollkommenste Ausdruck jener Innenwelt manifestiert sich in der Lyrik.

Der Mensch bedient sich sowohl der Sprache als auch der nonverbalen Kommunikationssysteme. Das Tier kennt nur das ikonische, ganzheitliche Erfassen sozialer Signale und hat vermutlich keinen bewußten Zugang zum Sinngehalt. Der Mensch dagegen kann gleichsam in einem zweiten Schritt reflektierend sprachlich ausdeuten und dabei ins Bewußtsein heben, was an sozialen Signalen ihn zunächst nur anmutet, aus dem Repertoire des Gesichtsausdrucks, der Gestik und der geheimnisvollen Vielfalt der Töne und Untertöne im sprachlichen Vollzug: seiner Melodie, seiner Lautheit und seinem Artikulationstempo. Er kann ausdeuten, das heißt auch in Metaphern umschreiben, aber sein Handeln ist dennoch in einem häufig schwer zu ermittelnden Ausmaß unbewußt gesteuert durch intuitives Erfassen, einen durchaus scharfsinnigen und weitblickenden Erkenntnisakt von nicht sprachbegabten Hirnteilen, vorwiegend der rechten Hirnhälfte, während die Sprache in der linken Hemisphäre beheimatet ist.

Man schätzt, daß nur 7 Prozent der Informationen über die Gefühle eines Gegenübers durch die Semantik der Sprache transportiert werden, dagegen 38 Prozent über die Sprachmelodie und 55 Prozent über Mimik und Gestik[5].

Was wird nonverbal kommuniziert?

Man kann sich in ein Gesicht verlieben, die Zartheit des Ausdrucks, den »liebenden Blick«. Man taxiert zum Beispiel aus der Mimik die Nahbarkeit und Abweisung, Erregung, Überraschung, Freude, Trauer und Angst, Amüsiertheit, Ironie, Entschlossenheit, Mißtrauen und die List des Gegenübers sowie schließlich seine Vertrauenswürdigkeit. Körpersprache in Mimik sowie bewegungs-und sprachbegleitenden Gesten ist also aufschlußreich, häufig unverstellter als das gesprochene Wort. Man findet eine Stimme sympathisch oder auch abstoßend, erregt, gelassen, heiter, zornig oder hinterlistig. Nur wenn alle drei Instrumente der nonverbalen Kommunikation das gleiche mitteilen, können sich Vertrauen und Zuneigung entwickeln. Liebe bildet sich selten aufgrund eines geschriebenen Textes und gar nicht beim Anhören einer computergenerierten Sprache mit ihrer ausdruckslosen Monotonie. Es ist eben nicht der Sinngehalt des gesprochenen oder gelesenen Textes, der das soziale Signal überträgt, sondern die begleitende Sprachmelodie, Gestik und Mimik, die Art des Blickens, ein Lächeln und eine Geste der Zuwendung, die die »Erkenntnisinstrumente« der Liebe, des Vertrauens oder abstrakter und damit genereller die Personenkenntnis ansprechen. Da uns eine präzise Begrifflichkeit für diese nonverbal vermittelten Informationen nicht zur Verfügung steht, gelingt es zunächst nicht, die »intuitiv« erfaßten Merkmale und darauf aufbauende Erkenntnisse und Entscheidungen sprachlich zu fassen und inhaltlich zu begründen. Wer kann schon seine Liebe, eine der wichtigsten handlungsleitenden und schicksalsträchtigen Empfindungen, begründen, wer eine Personalentscheidung bei vergleichbarer Qualifikation mehrerer Bewerber luzide erläutern. Diese intuitiven Erkenntnisse betreffen und bewirken nicht nur Gefühle, sondern sind viel umfassender vertrauenswürdige Instrumente des sozialen Miteinanders. Ihre Bedeutung wird häufig unterschätzt. Wir haben sie im Gegensatz zur Sprache mit den Tieren gemeinsam, die, wenn auch in primitiverer Form, durchaus emotionsbegabt sind.

Manche neurologische Erkrankungen sind auch als »Läsionsexperiment« der Natur zu interpretieren. Sie belehren uns über die funktionelle Bedeutung von Teilleistungen bestimmter Hirnregionen. Erkrankungen, die zu einer mimisch-gestischen Bewegungsarmut, einer sogenannten Akinese, führen und wie das Parkinson-Syndrom zusätzlich eine Monotonie der Sprache bewirken, also alle Instrumente der nonverbalen Kommunikation betreffen, verändern das soziale Miteinander eindrucksvoll. Die so erstarrten Kranken sind rasch isoliert, wirken seelenlos und unnahbar, sind es aber nicht unbedingt. Ihre Fähigkeit, die mimischen Signale ihrer Mitmenschen zu interpretieren, mag reduziert sein. Die affektiven Signale der Sprachmelodie jedoch werden verstanden. Auch sind die Parkinson-Kranken emotional durchaus bewegt, aber eben unfähig, diese innere Bewegung motorisch zu zeigen. Kranke, die an der Huntingtonschen Erkrankung, dem Veitstanz, leiden, sind dagegen in ständiger unkontrollierter Bewegung. Ihre mimisch-gestische Sprache ist von den emotionalen und intentionalen Inhalten abgekoppelt, spontan aktiv, sozusagen verwirrt und verwirrend. Auch sie leiden unter der gestörten Reaktion ihres sozialen Umfeldes. Ein behandelnder Arzt muß sich vor unkontrollierten, weil unbewußten, inhaltlich falschen Reaktionen auf diese krankhafte Entkopplung von Körpersprache und dahinterstehendem Erleben seiner Kranken hüten.

Die linke Hirnhälfte ist sprachdominant, die rechte Hemisphäre beherrscht die Gefühle

Es ist nach den klassischen Läsionsstudien sicher, daß bei der weitaus überwiegenden Zahl der Menschen – auch der Linkshänder – die linke Hirnhälfte über Sprachverständnis, Lesefähigkeit, Sprechen und Schreiben, also alle Formen des Sprachgebrauchs verfügt und daß der Ausfall der sprachkompetenten Regionen im linken Stirn- und Schläfenhirn (siehe Abb. 1) zu jeweils spezifischen Defiziten der genannten Teilfunktionen führt, bis hin zu umfassender perzeptiver und expressiver Sprachlosigkeit, die die Folge ausgedehnter linksseitiger Hirninfarkte sein können. Nur bei Läsionen in frühester Kindheit kann die rechte Hirnhälfte die vollständige Sprachkompetenz übernehmen. Beim gesunden Erwachsenen dagegen ist die rechte Hirnhälfte allein nicht sprachkompetent und kann es in Erholungsphasen auch nicht mehr werden. Dann sind nur rudimentäre Teilfunktionen möglich. Während also Schädigungen der linken Hemisphäre potentiell das Verstehen und Sprechen von Sprache beeinträchtigen, können Läsionen der rechten Hirnhälfte mit der Schwierigkeit einhergehen, den emotionalen Gesichtsausdruck und emotionale Gesten sowie die emotionsgeführten Variationen der Sprachmelodie zu begreifen oder diese auszuführen.[6]

Beim Sprechen kommen neben den durch Wortwahl und Satzbau vermittelten begrifflichen Inhalten Informationen zum Ausdruck, die durch Modulationen von Tonhöhe, Sprechrhythmus und Lautstärke weitergegeben werden. Die so konstituierte Sprachmelodie (Prosodie) dient dabei einerseits der Spezifikation des semantischen Gehalts (linguistische Prosodie). Andererseits aber ist sie Ausdruck von Gefühlen und Persönlichkeitsmerkmalen des Sprechers (affektive Prosodie) (Abb. 2).

Auf linguistischer Ebene können so Worte wie beispielsweise *um*fahren und um*fahren* durch Betonungsunterschiede (= Wortakzent) voneinander abgegrenzt werden. Weiterhin

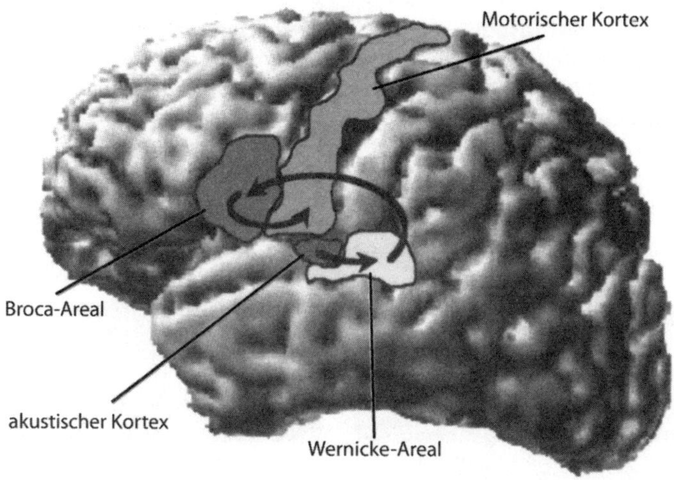

Abb. 1: Neuroanatomisches Modell der Sprachproduktion in der linken Hemisphäre: Dargestellt ist der hypothetische Informationsfluß beim Nachsprechen eines Wortes. Nach einer Primäranalyse der akustischen Signale im Hör-Kortex werden die Informationen zum Wernicke-Areal (dem Zentrum akustischer Wortbilder) weitergeleitet, in welchem eine Identifikation von Sprachlauten stattfindet. Um das Nachsprechen des identifizierten Wortes zu ermöglichen, wird im Broca-Areal (Zentrum motorischer Wortbilder) eine der akustischen Repräsentation analoge motorische Repräsentation des Wortes generiert, die über die Kopfrepräsentation des motorischen Kortex an die Sprechmuskulatur übermittelt wird. Nach N. Geschwind (1965): Disconnection syndromes in animals and man, Brain 88:17-294. (Die ursprünglich farbigen Abb. werden schwarz-weiß wiedergegeben.)

kann mittels Akzentuierung einzelner Satzelemente die im entsprechenden Kontext relevante Information besonders herausgehoben werden (*das* hat er gesagt/das hat *er* gesagt = Satzakzent). Schließlich kann durch unterschiedlichen Tonhöhenverlauf eine identische Wortsequenz als Frage oder Aussage gekennzeichnet werden (das hat er gesagt?/das hat er gesagt! = Satzmodus). Diese über die Sprachmelodie vermittelten linguistischen Differenzierungen werden zusammen mit den entsprechenden linguistischen Operationen auf begrifflicher Ebene in der linken Hemisphäre verarbeitet.

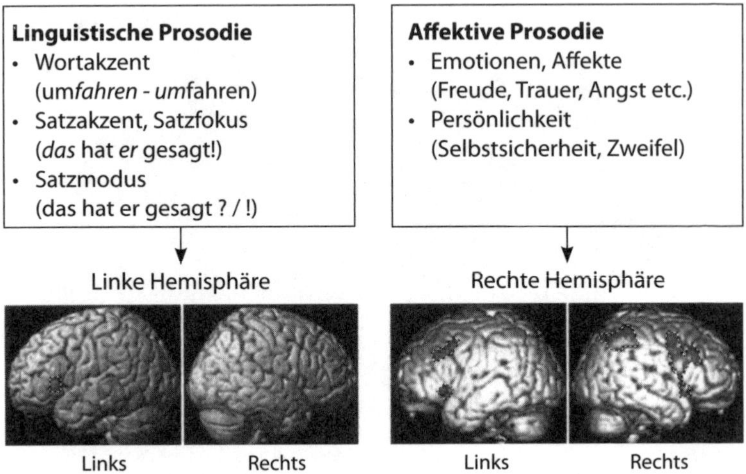

Abb. 2: Funktionen der Sprachmelodie: Anhand der Prosodie können sowohl linguistische Spezifikationen (linguistische Prosodie = links) als auch Gefühlszustände und Persönlichkeitsmerkmale (affektive Prosodie = rechts) vermittelt werden. Untersuchungen der Hirndurchblutung mittels funktioneller Kernspintomographie haben gezeigt, daß bei der Verarbeitung linguistischer Prosodie linksseitige Areale aktiviert sind (links unten), während bei Perzeption der Diskrimination und Identifikation affektiver Prosodie vornehmlich rechtsseitige Strukturen beteiligt sind (rechts unten). Nach Wildgruber et al. (2001,2002)[7].

Emotionale und persönlichkeitsspezifische Variationen des Tonfalls werden hingegen in Analogie zu den Sprachzentren der linken Hirnhälfte (siehe Abb. 1) in einem Netzwerk spezialisierter Areale innerhalb der rechten Hemisphäre dechiffriert. Dieses ist schematisch in der Abbildung 3 dargestellt. Auch die Perzeption des mimischen Ausdrucks von Emotionen scheint vornehmlich im Bereich der rechten Hemisphäre repräsentiert zu sein[8]. Daß es sich beim Erkennen und Bewerten von Emotionen um eine supramodale Leistung handelt, kann man u. a. aus der Tatsache schließen, daß sowohl die emotionale Bewertung der Sprachmelodie als auch die des Gesichtsausdrucks überwiegend rechtsseitig im basalen Stirnhirn erfolgt.

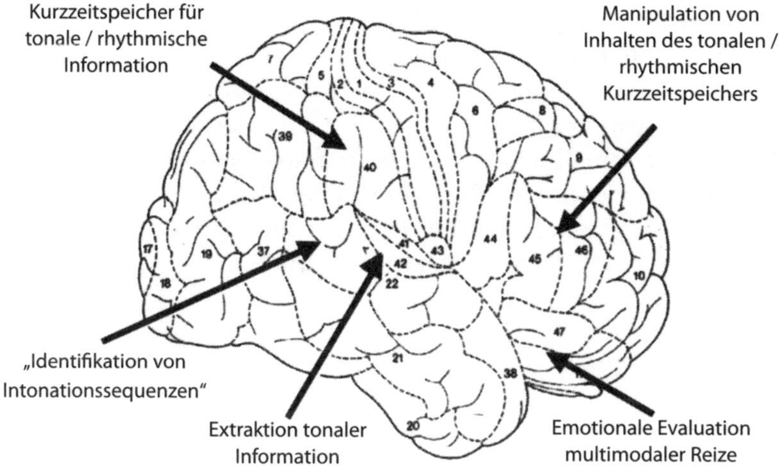

Abb. 3: Modell der zerebralen Prosodieverarbeitung: Die Ergebnisse funktionell-kernspintomographischer Untersuchungen der Gruppe um Wildgruber im eigenen Haus sprechen für eine rechtsdominante Verarbeitung affektiver Prosodie. Die rechte Inselrinde scheint dabei einen wesentlichen Beitrag zur Extraktion suprasegmentaler akustischer Signale zu leisten, während das rechtsseitige Wernicke-Analogon an der Identifikation bedeutungstragender Intonationssequenzen beteiligt ist. Im Bereich des rechten Parietallappens ist ein passiver Kurzzeitspeicher für tonale und rhythmische Informationen repräsentiert. Dem rechtsseitigen dorso-lateralen präfrontalen Kortex wird eine Funktion bei der aktiven Manipulation von Inhalten dieses tonalen/ rhythmischen Kurzzeitspeichers zugeschrieben, die beispielsweise beim Vergleich sequentiell dargebotener Intonationsmuster benötigt wird. Der bilaterale orbito-basale frontale Kortex scheint an der Assoziation von multimodalen Reizen (Mimik und Prosodie) mit emotionalen Zuständen beteiligt zu sein und könnte die Verbindung zum limbischen System darstellen.

Werden von einem Sprecher etwa bei ironischer Äußerung sprachinhaltlich und nonverbal diskrepante Emotionen ausgedrückt, so wird vom Hörer der nonverbale Ausdruck in der Regel als die authentische Information gewertet. Der bewußtseinsferne, unwillkürliche Charakter unseres Repertoires an nicht-sprachlichen Ausdrucksmitteln legitimiert diese Dominanz. Daß Mimik, Gestik und Intonation enger an das emotionale Befinden gebunden sind als Wortwahl und Satzbau und der Willkür nur auf Umwegen gehorchen, ist Schauspielern wohlbekannt. Viele von ihnen berichten, daß sie sich zunächst in die von der Szene geforderte Gemütsbewegung versetzen müssen, ehe ihnen eine emotional überzeugende Darbietung gelingt. Natürliches kommunikatives Verhalten erfordert also das integrierende Zusammenspiel beider Hirnhälften mit den ihnen jeweils eigenen Ausdrucksformen.

Zur Phylogenese der Kommunikation

Jedes der beiden Kommunikationssysteme, die Sprache und der nonverbale Informationsaustausch, hat seine eigene phylogenetische Geschichte. Die Tierlaute sind nicht die Vorläufer der Sprache. Sie entsprechen vielmehr dem Schreien, Lachen, Weinen oder Überraschungslauten, also insgesamt Affektlauten des Menschen und haben sicher Verwandtschaft zur emotiven Stimm-Melodie. Tierlaute sind Ausdruck der eigenen Befindlichkeit und nicht einer kommunikativen Intention.

Auch die menschliche Mimik hat eindeutige Vorläufer. Menschenaffen haben ein reiches Repertoire mimischer Gebärden, die im Gegensatz zu den Affektlauten durchaus kommunikativen Charakter, z. B. in Form von Drohgebärden, haben. Die Parallelität zwischen mimischen Ausdrucksvarianten der Menschenaffen und solchen von *homo sapiens*[9] ist erstaunlich und bedenkenswert in Hinsicht auf unser Verhältnis zu diesen Tieren. Auch im Blick eines Hundes sind erste Ansätze einer Affektäußerung zu erkennen.

Ein sprachgeeigneter Kehlkopf hat sich frühestens vor 1,5 Millionen Jahren und nur beim Menschen entwickelt. Es gibt durchaus Forscher, die annehmen, daß der Neandertaler nicht sprechen konnte.[10] Dann wäre die Sprache dem *homo sapiens* vorbehalten und wesentlich jünger, also nicht älter als 50000 bis 200000 Jahre. Jedenfalls hat sich die Sprache parallel mit der Fähigkeit, eine Grammatik zu nutzen, entwickelt, die als Grundfähigkeit – *natural grammar*[11] – den verschiedenen Völkern der Erde gemeinsam ist. Viele Autoren nehmen an, daß die manuellen Gesten Vorläufer der Sprache sind.[12] So können Schimpansen mehr als 100 manuelle Gesten erlernen, aber nur drei Laute.[13] Man kann über Gesten mit ihnen kommunizieren, nachdem sie entsprechend trainiert wurden.

Dem Menschen ist ein Gestenrepertoire angeboren. Dieser Teil des Gestenrepertoires ist transkulturell identisch, nicht erlernt und daher auch bei Blinden vorhanden.[14] Es gibt dennoch natürlich auch einen erlernten kultur- und sprachgebundenen Anteil.

Taubstumme nutzen die phylogenetische und funktionelle Nähe von Gesten und Sprache, wenn sie eine Gestensprache lernen. Sie entwickeln für diese Funktion eine Dominanz der linken Hemisphäre. Die Entwicklung der Dominanz ist also nicht an das Hören gebunden. Aber es sind entgegen früheren Annahmen nicht die gleichen Hirnareale, die das leisten, sondern entsprechend der deutlicheren raum-zeitlichen Organisation der Gebärdensprache auch parietale Areale, nach deren Läsion eine Unfähigkeit, Gebärdensprache zu verstehen oder diese auszuführen, resultiert.[15]

Zwei motorische Systeme

Wir sind gewohnt, Bewegung als einen Akt der Willkür zu begreifen. Der Wille treibt die motorische Hirnrinde und diese über die Pyramidenbahn die Vorderhornzellen im Rückenmark. Die Vorderhornzellen geben dann den Bewegungsbefehl an die Muskeln weiter. Jede Unterbrechung auf diesem Weg von der Entstehung des Entschlusses im Stirnhirn bis zu seiner Ausführung durch die Muskeln kann eine Lähmung bedingen. Das klassische Beispiel einer solchen Unterbrechung ist der Schlaganfall mit Halbseitenlähmung. Man ist dann zuweilen

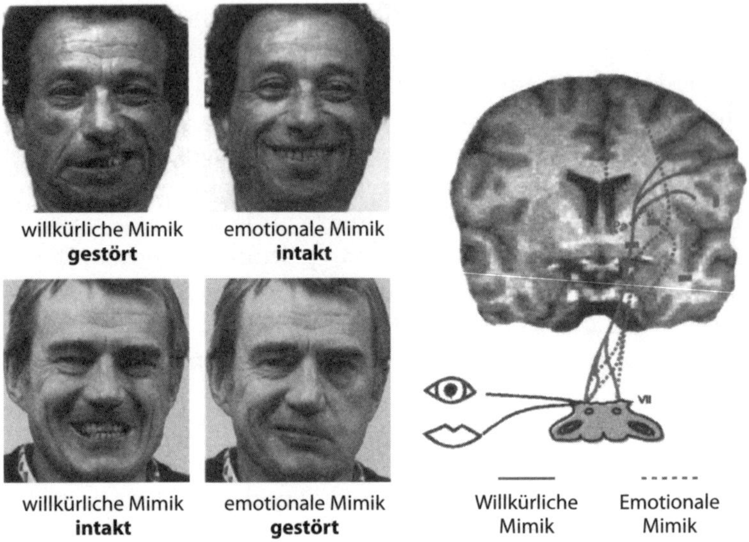

Abb. 4: Dissoziation willkürlicher und emotionaler Mimik: Nach Hirnverletzungen können einseitige Lähmungen der Gesichtsmuskulatur auftreten, die zu einer selektiven Beeinträchtigung der willkürlichen oder emotionalen Mimik führen. Bei Patient A (obere Reihe) besteht eine rechtsseitige Gesichtslähmung bei willkürlichen Bewegungen, während die emotionale Mimik beidseits ungestört ist. Bei Patient B (untere Reihe) liegt eine linksseitige emotionale Parese bei nahezu symmetrischen willkürlichen Gesichtsbewegungen vor. Eine Analyse der zugrundeliegenden Hirnläsionen erlaubt eine Differenzierung der zerebralen Strukturen, die an der Kontrolle willkürlicher und emotionaler Mimik beteiligt sind (rechtes Schema).

sehr überrascht, bei einem so gelähmten Patienten, der mit hängendem Mundwinkel spricht, ein völlig symmetrisches Lachen zu sehen (Abb. 4). Auch das Umgekehrte kommt vor: ein einseitig gelähmtes Lachen bei völlig symmetrischer Sprechmotorik (Abb. 4).

Es kann daraus geschlossen werden, daß die motorische Äußerung der Affekte ein anderes System der nervlichen Ansteuerung benutzt als die Willkürmotorik und umgekehrt. Die dieser Dissoziation von Willkürmotorik und Affektmotorik zugrundeliegenden neuroanatomischen Verschaltungen sind nur für die Willkürmotorik gut bekannt, für die Affektmotorik aber fragmentarisch[16] (Abb. 4).

Wir haben also zwei unterschiedlich bewußtseinsnahe Weisen der Kommunikation, eine willkürliche, semantisch-propositionale und eine unwillkürliche, spontane, ikonisch-emotionale. Diese funktionell und neuroanatomisch segregierte Arbeitsteilung gilt sowohl für die Wahrnehmung als auch für die Motorik. Unser soziales Miteinander ist weitreichend von nonverbaler Kommunikation bestimmt. Wir sind uns ihrer Instrumente, der Mimik, Gestik und Sprachmelodie, nur zu geringen Anteilen bewußt und unterschätzen leicht ihre Bedeutung für das alltägliche Leben.

Ein eingehenderer Blick in die Werkstatt der Natur als der im Vorangehenden skizzierte vermag das Bild vom Menschen deutlich zu verändern und es vor allem zu präzisieren, finden wir doch manches wieder, das in Philosophie und Literatur in seinen Außenaspekten längst entdeckt und formuliert, aber unverstanden war. Dieser Einblick führt daneben zu einer neuen Bewertung der Emotionalität und Sozialisation bei den Tieren und einer neuen Bewertung auch der Kontinuität in der Entwicklung der Arten hin zum Menschen. Er fördert die bejahende Anerkennung unserer Verwandtschaft mit den Tieren. Das, was von ihnen in uns ist, das »Tier in uns«, beansprucht eigenen Respekt. Das, was wir gemeinsam haben, geht über das sogenannte Triebhafte weit hinaus. Sowohl ontogenetisch wie phylogenetisch geht die Entwicklung der Emotionalität derjenigen der Rationalität voraus, so wie dem sprachbasierten Denken und Bewußtsein des Menschen eine propositionale, vorsprachliche Ebene voransteht, die in Grundzügen auch bei den Menschenaffen gefunden wird. Empfindungsfähigkeit als positive Quelle sozialer Interaktion ist nicht durchgängig an bewußte Wahrnehmung gekoppelt, sondern gleichsam automatisch wirksam. Man mag sich fragen, ob beim Menschen die Rationalität in jeder Hinsicht Kontrolle über die Emotionalität haben kann oder gar soll und ob sie für alle Äußerungsformen, auch die nonverbalen, die Verantwortung zu übernehmen hat. Doch wohl entschieden nicht!

Die wissenschaftliche Auseinandersetzung mit der Natur des Menschen ist notwendig und unausweichlich. Sie ist, das sei versichert, noch am Anfang ihres naturwissenschaftlichen Erkenntnisweges. Literatur und Philosophie dagegen könnten die Möglichkeiten ihrer spezifischen Werkzeuge bei ihren Erkundungen entlang der Geistesgeschichte der letzten 2500 Jahre schon viel weitergehend ausgeschöpft haben. Literatur und Philosophie beschreiben aus anderer Perspektive Ausschnitte einer komplexen Wirklichkeit, die nur ihnen zugänglich sein könnten. Den Naturwissenschaftlern sei bei ihrem wohlgemuten Ausschreiten auf der Wanderschaft in eine erwartungsvolle Zukunft – sie tun es ganz im erhobenen Selbstgefühl ihres reichen Methodenarsenals – ein Ehrfurchtsvorbehalt geraten, vor dem (noch?) Ungewußten von der Wundernatur des Menschen mit seiner dialogischen Dualität von Emotion und Ratio, von Unbewußtem und Bewußtem, von Unwillkürlichem und Willkür und von Determinismus und Freiheit. Der zuversichtliche Forscher ist durch einen solchen Ehrfurchtsvorbehalt nicht eingeengt, sondern eher erhoben.

Anmerkungen

1 Blaise Pascal: Pensées, 1670, Nr. 89.
2 Antoine de Saint-Exupéry: Le petit prince, Gallimard, Paris 1946.
3 Friedrich Nietzsche: Morgenröte, 1881.
4 Marcel Proust: Auf der Suche nach der verlorenen Zeit (1913-1925), S. 3095.
5 Mehrabian, A. (1972): Nonverbal communication, Chicago, Albine-Atherton.
6 Ross, E. D. (1981): The aprosodias: Functional-anatomic organization of the affective components of language in the right hemisphere. Arch. Neurol. 38, S. 561-569.
7 Wildgruber, D., Hertrich, I., Ackermann, H., Riecker, A., Grodd, W. (2001): Processing of linguistic and affective aspects of speech intonation evaluated by fMRI. NeuroImage 13: S. 627. Wildgruber, D., Pihan, H., Ackermann, H., Erb, M., Grodd, W. (2002): Dynamic brain activation during processing of emotional intonation: influence of acoustic parameters, emotional valence and sex. NeuroImage 15: S. 856-869.
8 Nakamura, K. et al. (1999): Activation of the right inferior frontal cortex during assessment of facial emotion. J. Neurophysiol. 82, S. 1610-1614.
9 Chevalier-Skollnikoff, S. (1974): Ontogeny of communication in the stumptail macaque, S. Karger, Basel.
10 Liebermann, P., Crelin, E. (1971): On the speech of the Neanderthal man. Linguistic Inquiry II, S. 203-222.
11 Chomsky, N. (1968): Language and the mind. New York, Hartcourt. Brace and World.
12 Hewes, G. W. (1973): Primate communication and the gestural origin of language. Current Anthropology 14, S. 5-24.
13 Corballis, M. C. (1999): The gestural origins of language: American Scientist 87, S. 138-145.
14 Iverson, J. M., Goldin-Meadows, S. (1979): What‘s communication got to do with it? Gesture in children blind from birth, Developmental, Psychology 33, S. 453-467.
15 Poizner, H., Bellugi, U., Klima, E.S. (1990): Ann. Rev. Neuroscience 13, S. 283-307.
16 Trepel, M., Weller, M., Dichgans, J., Petersen, D. (1996): Voluntary facial palsy with pontine lesion, J. Neurol. Neurosurg. Psychiatry 61, S. 531-533.

Wolfgang Frühwald

Das »Sprachtier« verabschiedet sich oder Über den Rückzug der Sprache aus der Existenzdeutung des Menschen

1. Sprachliche Evolution und kultureller Wandel

Auf der Welt gibt es heute – mit rasch abnehmender Zahl – etwas mehr als 6000 Sprachen aus rund 30 Sprachfamilien. Jede Sprache (zumindest jede Sprachfamilie) vermittelt eine andere Sicht der Welt, eine andere Kulturstufe, jede Sprache bewahrt in sich die Geschichte der Menschen, die sie sprechen, ihre Herkunft, ihre kulturelle und politische Entwicklung, ihre Wanderungen, ihre Katastrophen, vielleicht sogar eine andere Auffassung von Dasein und Existenz. »Mithridates« ist in der Geschichte des Sprachdenkens seit alters das Symbol für das Interesse an der Vielfalt und der Unterschiedenheit der Sprachen. Mithridates, das war jener König, der den Römern schwer zu schaffen machte, ehe es ihnen gelang, ihn in sein Reich am Schwarzen Meer zurückzudrängen, jener Feldherr, von dem die Sage überliefert, daß er die 22 Sprachen der von ihm besiegten Völker alle gesprochen habe und jeden Einwohner seines ausgedehnten Reiches in seiner Sprache anreden konnte. Dieser Mithridates ist also anders verfahren als die sprachimperialistischen Römer, welche ihre Sprache (das Latein) den besiegten Völkern als Amtssprache aufgezwungen haben. Ist »Mithridates« die Metapher für die sprachliche Vielfalt der Welt, so ist »Paradies« die Metapher für Einheit und Harmonie. Denn im Paradies soll das erste Menschenpaar sogar die Sprache der Tiere verstanden haben, und die (babylonische) Sprachverwirrung wird von den biblischen Autoren als Strafe Gottes für den Hochmut und die Überhebung der (einsprachigen) Menschen dargestellt. »Mithridates im Paradies« hat Jürgen Trabant sein (2003 erschienenes) Buch über die Geschichte des Sprachdenkens überschrieben, in dem er dafür plädiert, Mithridates mit Rom endlich zu versöhnen, nicht entweder die Vielfalt *oder* die Wurzeln der Sprache zu untersuchen, sondern die Wurzeln in der Vielfalt aufzusuchen. Anders ausgedrückt: die Theorie (der Herkunft und der Entstehung der Sprache) empirisch zu befestigen, ist eine Aufgabe der Sprachwissenschaft und der Sprachtheorie, die weit über fachwissenschaftliche Interessen hinausreicht. Oder nochmals anders ausgedrückt: diese Aufgabe lautet, die sprachliche Evolution mit dem kulturellen und dem sozialen Wandel zu konfrontieren, was ich nachfolgend zu skizzieren versuche, ohne mich an den Spekulationen über ein angeblich bereits gefundenes Sprachgen des Menschen zu beteiligen.

Für die Geschichte der Arten auf der Welt hat die Geschichte der Sprache seit Darwin eine herausgehobene Bedeutung, so daß die evolutionsbiologische Sicht auf die Sprache in einer mehr als hundertjährigen Wissenstradition steht. Darwin beruft sich dabei 1874 auf den Orientalisten und Indologen Max Müller, der gesagt hat: »In jeder Sprache findet beständig ein Kampf ums Dasein zwischen den Wörtern und grammatischen Formen statt: die besseren, kürzeren, leichteren Formen erlangen beständig die Oberhand, und sie verdanken ihren Erfolg ihrer eigenen inhärenten Kraft.« Diesen Ursachen des Überlebens gewisser Wörter [fährt Darwin fort] »läßt sich auch noch die bloße Neuheit und Mode hinzufügen; denn in dem Geiste besteht eine starke Vorliebe für unbedeutende Veränderungen in allen Dingen. Das Überleben oder die Beibehaltung gewisser begünstigter Wörter im Kampf ums Dasein ist natürliche Zuchtwahl«. Die evolutionsbiologische Sicht auf die Sprache erhält heute durch bildgebende Verfahren und durch die Verbindung von Hirnforschung und Linguistik neuen Auftrieb. Peter Forster und Alfred Toth von der University of Cambridge (UK) haben dabei darauf hingewiesen, daß Wörter und ihre Lautung wie Gene mutieren. Die beiden britischen Forscher »untersuchten 2000 Jahre alte keltische Inschriften. Wie erwartet, unterschieden sich die Sprachen untereinander und von der hypothetischen Ursprache in vielen Worten. Die beiden Wissenschaftler errechneten daraus eine mittlere ›Wortmutationsrate‹ und fanden so mehrere Verzweigungen, an denen neue Sprachen entstanden. Das Ur-Indo-Germanische entstand demnach etwa 8100 Jahre vor Christus. Das Keltische kam wohl in einer einzigen Welle um 3200 vor Christus in Britannien an und nicht, wie bisher vermutet, in zwei Wellen«. Auch wenn derartige Experimente noch in den Kinderschuhen stecken, sind sie doch aufschlußreich für das System der Sprache. Insbesondere sind Regelwidrigkeiten, Irregularitäten und Fehler, welche Kinder, aber auch kranke Menschen beim Sprechen machen, aufschlußreich für ein System, wie es die Evolution im Menschen als das (noch immer) eigentlich unterscheidende Merkmal von seinen tierischen Vorfahren entwikkelt hat. »[...] Fehler in der Kindersprache wie *bringte* oder *schwimmte*, die nicht einfach nachgeplappert sein können, [haben] einen lebhaften Hinweis darauf geliefert, daß der Geist kein Schwamm ist, sondern Wörter und Begriffe aktiv zu neuartigen Kombinationen anordnet, die Regeln und Gesetzmäßigkeiten unterliegen.« Daß Kinder eben nicht durch Imitation ihrer Eltern lernen, sondern auf ihr eigenes Sprachsystem zurückgreifen können, wird meist mit der Frage belegt, weshalb denn die Kinder, wenn sie in allem ihre Eltern imitieren, diese nicht auch dann imitieren, wenn sie im Flugzeug oder in der Eisenbahn still sitzen sollen? Steven Pinkers (hier skizzierte) Theorie des dem Menschen zugehörigen *language instinct*, wonach Wörter und Regeln, die aus Morphemen zu bildenden Wörter und ein (generative) Grammatik genannter Satz von Regeln, »die Quelle der unermeßlichen Ausdruckskraft der Sprache [sind], die es uns ermöglicht, die Früchte der unermeßlichen Schöpferkraft des Denkens miteinander zu teilen«, ist in mehreren amüsanten Untersuchungen niedergelegt: zunächst in »The Language Instinct« (1994, deutsch 1996), dann auch in »Words and Rules« (1999, deutsch unter dem Titel: »Wörter und Regeln. Die Natur der Sprache«, 2000). Demnach sind zwar die ersten Schritte zur Entstehung der hochkomplexen Sprache des Menschen (trotz eher unterhaltsamer als seriöser Theorien) unbekannt, doch gehört die Sprache zwei großen Hirnsystemen zu, ihre Wörter dem »Gewußt was«-System, die Regeln zu ihrer Flexion und Anordnung in komplizierten Satzgebilden zum »Gewußt wie«-System.

Aus Irregularitäten der Sprache kann auf die Form der Regelmäßigkeit geschlossen werden, da offenkundig irreguläre und reguläre Flexion sowie Wörter und Regeln in unterschiedlichen Systemen im Gehirn positioniert sind. Um diese unterschiedlichen Systeme zu bestimmen, sind Irregularitäten die Wonne des Linguisten. Und weil dies so ist, ist die deutsche Sprache (nicht bei denen, die sie mühsam erlernen müssen, wohl aber bei Sprachwissenschaftlern) sehr beliebt. Sie belegt nämlich, daß »Regularität« in der Sprache durchaus kein Mehrheitsmuster sein muß, sondern daß die Zahl der Ausnahmen die der Regularitäten übertreffen kann. Und auf die Frage: »Gibt es eine solche Sprache? Kann es eine Sprache geben, die so pervers, so verdreht, so sadistisch ist, daß sie ihren Sprechern in der Mehrheit der Fälle irreguläre Fälle aufzwingt?« gibt es eine einfache Antwort: Ja, es gibt sie, es ist die deutsche Sprache. Als Beleg werden meistens Mark Twain's, des amerikanischen Satirikers, Erfahrungen mit der deutschen Sprache angeführt (die er 1878/79 machte und 1880 niedergeschrieben hat). Während eines dreimonatigen Aufenthaltes in Heidelberg ging der Erzähler des berühmt gewordenen Kapitels »Die schreckliche deutsche Sprache« (der eigentlich Samuel Langhorne Clemens hieß, sich als Schriftsteller aber Mark Twain nannte) oft ins Heidelberger Schloß, um sich die dortige Raritätensammlung anzuschauen. Dabei überraschte er den

Kustos mit seinem Deutsch und redete mit ihm ausschließlich in dieser Sprache. Der Kustos »war sehr interessiert, und nachdem ich eine Weile gesprochen hatte, sagte er, mein Deutsch sei höchst seltsam, möglicherweise ein ›Unikum‹, und wollte es seinem Museum einverleiben«. So macht sich also dieser Reisende durch Deutschland seine eigenen und die richtigen Gedanken über die deutsche Sprache: »Ganz bestimmt gibt es keine andere Sprache, die so ungeordnet und unsystematisch, so schlüpfrig und unfaßbar ist; man treibt völlig hilflos in ihr umher, hierhin und dahin; und wenn man schließlich glaubt, man hätte eine Regel erwischt, die festen Boden böte, auf dem man inmitten der allgemeinen Unruhe und Raserei der zehn Wortarten ausruhen könne, blättert man um und liest: ›Der Schüler beachte sorgfältig folgende Ausnahmen.‹ Man läßt das Auge darüber hinweggleiten und entdeckt, daß es mehr Ausnahmen von der Regel als Beispiele für sie gibt.«

In amerikanischen Universitäten sind deshalb häufig germanistische Departments mit den slawistischen Departments zusammengelegt, die schwierigen Sprachen also in einem Department vereint. Ist im Deutschen die Flexion des Adjektivs ein Albtraum aller regelgläubigen Menschen, so ist es im Russischen (auch für Russen selbst) die Nominal-Flexion. »Michail Sostschenko hat eine Geschichte über einen Nachtwächter geschrieben, der nicht in der Lage war, einen Satz Feuerhaken zu bestellen, weil er, wie die meisten Russen, nicht wußte, wie der Genitiv Plural davon lautete.« Und zur Adjektiv-Flexion im Deutschen heißt es bei Mark Twain: »Nun gibt es in dieser Sprache mehr Adjektive als schwarze Katzen in der Schweiz, und sie müssen alle sehr sorgfältig dekliniert werden [...] Schwierig? – mühsam? – diese Worte können es gar nicht beschreiben. Ich habe einen kalifornischen Studenten in Heidelberg in seiner gelassensten Laune sagen hören [und nun müssen wir Mark Twain im Original zitieren, weil sonst das Wortspiel von ›decline ‹ und ›deklinieren ‹ nicht erkennbar wäre] *he would rather decline two drinks than one German adjective.*« Aber selbst das so regelmäßige Englische kennt natürlich Ausnahmen, wie die völlig unregelmäßige Bezeichnung einer Stadt oder eines Landes. »In London [verdeutlicht Steven Pinker] leben *Londoner*, aber in Boston keine *Bostoner*, sondern *Bostonians*, in Louisiana *Louisianans*, in Indiana aber *Hoosiers*, und wie die Leute aus Massachusetts, den Nordwestterritorien oder dem United Kingdom heißen, weiß keiner.« Dabei sind solche Irregularitäten noch relativ leicht zu erklären, weil hier der kulturelle und soziale Wandel die sprachliche Evolution überschiebt. So hat sich Pinker auch die hübsche Anekdote aus dem agrarisch-derben und ungemein konservativen Indiana entgehen lassen, wo die Bewohner selbst nicht wissen, weshalb sie *Hoosiers* genannt werden und sich selbst so nennen. Nach einer der dort üblichen Wirtshausschlägereien soll der Wirt mit einem abgerissenen Ohr über den Kampfplatz gegangen sein und gefragt haben: »Whose ear is this?« – woraus dann die Bezeichnung *Hoosiers* entstanden sein soll. Das Prinzip der modernen, mit den Naturwissenschaften kooperierenden Geisteswissenschaften fragt nicht nur nach unverwechselbaren (natürlich-evolutiven) Mustern in Kultur, sondern inzwischen eher nach Kultur in Natur, und versucht, beide Fragerichtungen aufeinander zu beziehen.

Mark Twain, der den Wortschatz des zärtlichen Familienlebens, des Liebeswerbens und der Naturbeschreibung als die ausdrucksstärksten Bereiche im Deutschen beschreibt, hat unter vielen Vorschlägen zur Reformierung der deutschen Sprache auch die Reorganisation der (grammatikalischen) Geschlechter angeregt, um sie »entsprechend dem Willen des Schöpfers [zu] verteilen. Dies als Ehrfurchtsbeweis, wenn schon nichts anderes«. Denn in der Tat, es gibt im Deutschen zwar einige Zuweisungen des natürlichen Genus (die Frau, der Mann, der Vater, die Mutter, der Bruder, die Schwester), doch ist das grammatikalische Genus (und jedes Nomen hat im Deutschen eben ein Geschlecht) nach dem Zufall verteilt. In anderen Sprachen unterscheidet das Genus denn auch nicht »Mann« und »Frau«, sondern menschlich und nicht menschlich oder lang, breit und rund. Nicht einmal die deutschen Mundarten sind sich in der Genusverteilung einig: Im bayerischen Franken heißt es nicht »das Gas«, sondern »die Gas«, in meiner (bayerisch-schwäbischen) Heimat heißt es nicht »der Teller«, sondern »das Teller« und auch »die Butter« ist bei uns (als »der Butter«) männlich. Nun sollte niemand sagen, das sind *nur* Dialekte, die bald aussterben, denn Dialekte sind meist eigene (oft auch literaturfähige) Sprachen, die von der Standardsprache nicht evolutionsbiologisch, sondern nur kulturell, sozial und politisch zu unterscheiden sind. Der überflüssige Streit, ob Schwyzer-Dütsch eine eigene Sprache oder lediglich ein Dialekt des Standard-Deutschen ist, kann auch dann, wenn die Schweiz keine Flotte hat, am besten mit einer Differenz-Definition entschieden werden, und diese hebt entschieden auf kulturellen Wandel ab. Es sei irreführend, meint Steven Pinker, zum Beispiel das Standard-Englische eine »Sprache« (*language*) zu nennen und ihre Variationen als Dialekte zu bezeichnen, »as if there were some meaningful difference between them. The best definition comes from the linguist Max Weinreich: a language is a dialect with an army and a navy«.

Die Genus-Differenzen zwischen der Standardsprache und den Regionalsprachen sind nicht die einzigen Schwierigkeiten der Geschlechterverteilung im Deutschen. Für jeden Ausländer und oft genug für die Angehörigen der deutschen Sprechergemeinschaft selbst ist die Geschlechterverteilung im Deutschen so verwirrend wie für Mark Twain:

> »Jedes Substantiv [im Deutschen, sagt er] hat ein Geschlecht, und in dessen Verteilung liegt kein Sinn und kein System; deshalb muß das Geschlecht jedes einzelnen Hauptwortes für sich auswendig gelernt werden. Es gibt keinen anderen Weg. Zu diesem Zwecke muß man das Gedächtnis eines Notizbuches haben. Im Deutschen hat ein Fräulein kein Geschlecht [das Fräulein], während eine weiße Rübe [die Rübe] eines hat. Man denke nur, auf wel-

che übertriebene Verehrung der Rübe das deutet und auf welch dickfellige Respektlosigkeit dem Fräulein gegenüber. [...] ein Baum ist [im Deutschen] männlich, seine Knospen sind weiblich, seine Blätter sächlich; Pferde sind geschlechtslos [das Pferd], Hunde sind männlich, Katzen sind weiblich – natürlich einschließlich der Kater; jemandes Mund, Hals, Busen, Ellbogen, Finger, Nägel, Füße und Leib gehören dem männlichen Geschlecht an, und sein Kopf ist männlich oder sächlich, je nach dem Wort, das zur Bezeichnung gewählt wird [...] in Deutschland tragen alle Frauen entweder männliche oder geschlechtslose Köpfe [der Kopf, das Haupt]; jemandes Nase, Lippen, Schultern, Brust, Hände, Hüften und Zehen gehören dem weiblichen Geschlecht an; und seine Haare, Ohren, Augen, Kinn, Beine, Knie, Herz und Gewissen haben überhaupt kein Geschlecht [...] Nun wird der Leser aus der oben angeführten Aufteilung erkennen, daß in Deutschland ein Mann vielleicht *glaubt*, er sei ein Mann, aber wenn er darangeht, die Sache eingehender zu betrachten, müssen ihm Zweifel kommen; er stellt fest, daß er in nüchterner Wahrheit eine überaus lächerliche Mischung ist, und wenn er sich schließlich mit dem Gedanken zu trösten versucht, er könne sich wenigstens darauf verlassen, daß ein Drittel des Durcheinanders männlich und maskulin ist, wird der erniedrigende zweite Gedanke ihn schnell daran erinnern, daß er in dieser Beziehung nicht besser dran ist als jede Frau oder Kuh im Lande.«

Der Hinweis auf das Gedächtnis, das wie ein Notizbuch aussehen muß, ist so schlecht nicht, denn in der Tat gibt es ein mentales Lexikon, das je nach Sprache voller oder weniger gefüllt ist, wobei auffällt, daß gerade die am häufigsten gebrauchten Wörter, Hilfszeitwörter wie »sein«, »tun« etc., unregelmäßig sind. Das Gedächtnis erspart sich komplizierte Regelanwendungen, weil es das häufig gebrauchte Wort, die oft gebrauchte Form einfach als festgefügte Form im Lexikon gespeichert hat und dort abrufen kann. Jede Sprache, sogar jede Flexion in jeder Sprache weist eine andere Mischung aus regulären und irregulären Formen auf. »Eine Mischung«, sagt Steven Pinker und verdeutlicht damit die Kombination von evolutiv-biologischen und kulturellen Elementen der Sprache, »entsteht, wenn einzigartige geschichtliche Ereignisse – Eroberung, Einwanderung, Handel, sprachliche Modeströmungen – von dem immer gleichen geistigen Handwerkszeug verarbeitet werden, zu welchem ein assoziatives Gedächtnis, das Häufigkeit und Ähnlichkeit liebt, und eine promiskuitive kombinatorische Grammatik gehören.« Schon Wilhelm von Humboldt hat erkannt, wie durch Kombination in der Sprache endliche Mittel unendlich gebraucht und variiert werden können. Daß in ähnlicher Weise auch Genkombinationen funktionieren, verdeutlicht nur die geringe Anzahl der grundlegenden Prinzipien der Natur. Mark Twains (so unernst nicht gemeinte) Vorschläge zur Reform der deutschen Sprache wurden nie verwirklicht. Doch beginnen wir heute, unter dem Druck der wissenschaftlichen Entwicklung beschleunigend in ein gewachsenes Corpus von Wörtern und Regeln einzugreifen und insbesondere die geschriebene Sprache so zu verändern, daß die Ausdrucksfähigkeit des Deutschen beeinträchtigt wird. Während zum Beispiel Franzosen (mit Gesetz) und Polen (mit Verordnungen) ihre Sprache vor dem imperialen Zugriff der »Globanglisierung« zu schützen suchen, scheint mir die deutsche Wissenschaftssprache (seit Goethe und Alexander von Humboldt eine der Leitsprachen von Wissenschaft, auch und gerade von Naturwissenschaft) durch den Ausschluß aus vielen Wissenschaftsbereichen zu verarmen und der raschen Entwicklung nicht mehr nachzukommen. Es gibt weite Wissenschaftsfelder, zumal in den Lebenswissenschaften, und jetzt auch in den klassischen Naturwissenschaften und den empirischen Sozialwissenschaften, in denen der wissenschaftliche Zugriff auf die Realität (und die Forschungsentwicklung) auf Deutsch nicht mehr möglich ist. Zu dieser Entwicklung paßt eine Rechtschreibereform, welche mit einem Federstrich alte Bildungstraditionen preisgibt und sich nicht an lesende, sondern ausdrücklich an schreibende Menschen, sogar an die Figur des wenig schreibenden Menschen wendet. Dazu paßt auch das niederschmetternde Ergebnis der PISA-Studie, daß 42 Prozent unserer fünfzehnjährigen Jungen und Mädchen noch niemals zu ihrem Vergnügen gelesen haben. Es gibt sogar Bundesländer, wo dieser Prozentsatz auf 60 Prozent (Nichtleser) steigt. Wenn aber – nach der gleichen Studie – Lesekompetenz der Schlüssel zur modernen Welt ist, auch zu der mathematisch verfaßten, so ist eine Rechtschreibereform, die sich an Wenig-Schreiber wendet, keine Lappalie. Wir haben gegenüber dem feministischen Ansturm auf das Deutsche als Männersprache (wie es Luise F. Pusch genannt hat) relativ gelassen reagiert und (wie mir scheint) einen vernünftigen Ausgleich gefunden. Die radikal-feministischen Vorschläge hat die Sprache (wie seinerzeit die radikal-puristischen Vorschläge) allesamt abgestoßen. Noch immer gibt es freundliche und feindliche Männer und Frauen und Formen wie »freundinlich« oder »feindinlich« haben sich nicht durchgesetzt. Noch immer ist ein »Nebenmann« ein »Nebenmann« und eine »Nebenfrau« etwas ganz anderes als eine »neben mir stehende Frau«, noch immer gibt es, da Radfahren zuerst eine Männerdomäne war, zwar »herren-«, aber keine »damenlosen Fahrräder«, und die »Mitgliederin« ist wie ihre seltsamen Abwandlungen wieder aus unserer Sprache verschwunden, doch wird andererseits heute keine »Ärztin« mehr, nach ihrem Beruf gefragt, sagen, sie sei »Arzt«, keine »Ministerin« mehr, sie sei »Minister«. Wir haben auch in Gesetzes- und Satzungstexten einen zumeist brauchbaren Ausgleich zwischen männlichen und weiblichen Formen der Sprache gefunden. Ob nicht, was diesem Formenbereich recht war, der Rechtschreibung billig sein könnte? Es wäre an der Zeit, das Chaos, das in Verlagen und Zeitungen und Wörterbüchern herrscht, auf eine gemäßigte

Reform (wie sie zum Beispiel die Darmstädter Akademie für Sprache und Dichtung vorgeschlagen hat) zurückzuführen.

2. Das »Sprachtier«

Der Mensch sei, heißt es im antiken Griechenland, ein »zoon logon echon«. Das ist auf einfache Weise zu übersetzen, dann ist der Mensch ein Sprachtier, oder auf komplizierte: dann ist der Mensch ein Wesen, das durch Sprache und Vernunft von seinen tierischen Verwandten zu unterscheiden ist. Durch die lateinische Übersetzung des biblischen »logos« durch »verbum« ist diese sprachliche Bestimmung des Menschen und seines Schöpfers in der abendländischen Kultur nochmals befestigt worden. Die Chronologie der Schritte, die von den Hominiden zu den Menschen führte, welche heute die Erde bevölkern, ist höchst unsicher. Welches aber diese Schritte waren, ist offenkundig weit weniger unsicher. »Daß unsere Vorfahren«, schreibt der Evolutionsbiologe Ernst Mayr, »als sie von den Bäumen herabkamen, eine aufrechte Haltung annahmen, war allem Anschein nach der erste und vielleicht der entscheidende Schritt. Er befreite die vorderen Gliedmaßen für die Funktion des Manipulierens; dies wieder erlaubte es ihm, Gegenstände zu tragen, in weitaus stärkerem Maße als Menschenaffen Werkzeuge zu benutzen, und schließlich Werkzeuge herzustellen. Das Jagen von Großwild und die Entwicklung einer echten Sprache waren anscheinend weitere wichtige Schritte in der Evolution des Menschen.« Von einer »echten Sprache« spricht Ernst Mayr und beschreibt damit nur, was Steven Pinker in dem Satz ausdrückt: »[...] human language differs dramatically from natural and artificial animal communication.« Diese Differenz (die im ungemein komplizierten Regelapparat und in der Fülle des Lexikons, in zwei – wie wir gelernt haben – unterschiedlichen Hirnsystemen begründet ist) rührt daher, daß man sich die Evolution des Menschen nicht (wie es häufig geschieht) in Form einer Leiter vorstellen darf, sondern eher in der Form eines stark verzweigten Strauches. Wir haben uns also nicht aus den Schimpansen entwickelt, die uns in ihren Bewegungen, ihrer Lernfähigkeit, ihrem Mienenspiel so verwandt dünken. »Wir und die Schimpansen«, sagt Steven Pinker, »entwickelten uns aus gemeinsamen Vorfahren, die jetzt ausgestorben sind. Der Mensch-Schimpansen-Vorfahre entwickelte sich nicht aus den Affen, sondern aus einem nochmals älteren Vorfahren beider, der jetzt auch ausgestorben ist. Und so weiter, zurück bis zu unseren einzelligen Urahnen. Paläontologen pflegen zu sagen, daß in einer ersten Annäherung alle Vorläufer-Arten ausgestorben sind (99 Prozent ist die gewöhnliche Schätzung). Die Organismen, die uns umgeben, sind unsere entfernten Verwandten, nicht unsere Urgroßeltern.«

In diesen Evolutionsschemata ist insbesondere auffällig, wie rasch die Evolution der menschlichen Spezies vor sich ging. »Selbst wenn man ein Zugeständnis für die gleichzeitige Zunahme der Körpergröße macht, war das Wachstum des Hominidengehirns von 450 ccm auf 1600 ccm bemerkenswert schnell. Vielleicht ebenso beachtlich ist, daß, sobald vor mehr als 100000 Jahren das Stadium des *homo sapiens* einmal erreicht war, kein weiterer nennenswerter Zuwachs in der Gehirngröße mehr stattfand.« Der älteste Mensch der Gattung *homo sapiens*, das wissen wir seit Juni 2003, ist der *homo sapiens idaltu*, etwa 160 000 Jahre alt, deutlich unterschieden vom Neandertaler, der demnach keinen nennenswerten Beitrag zur Menschwerdung der heutigen Menschen beigetragen hat. Im übrigen war die Gruppe von Menschen, denen dieser *homo sapiens idaltu* (gefunden in Äthiopien) angehörte, gefährlich klein. Es handelte sich um etwa 2.600 sich fortzeugende Menschen. Ein Vulkanausbruch, eine Epidemie, ein Meteoriteneinschlag hätte die Entwicklung des Menschen in eine völlig andere Richtung lenken können. Wann sich die Sprache entwickelt hat, ist unklar. Es könnte sein, daß die Sprache zwischen fünf bis sieben Millionen Jahren Zeit hatte, in denen sie sich stufenweise entwikkelte, es könnte aber auch sein, daß sie nicht älter ist als vielleicht einige hunderttausend Jahre. Auf jeden Fall (so Steven Pinker) : »There were plenty of organisms with intermediate language abilities, but they are all dead.« Die Sprache also ist (gemessen an der Evolution des Menschen) relativ jung, die Schrift (das heißt die Möglichkeit der Fernkommunikation und der Wissensspeicherung zugleich) ist lediglich 5000 Jahre alt, der Buchdruck 500 und die elektronische Datenverarbeitung rund 50 Jahre. Die Entwicklungsbeschleunigung, die alle Vorgänge der modernen Welt kennzeichnet, ist auch an solchen Daten abzulesen.

Beim Fund von drei Schädeln und Schädelfragmenten des *homo sapiens idaltu* in Äthiopien wurde festgestellt, daß dieser Mensch offenbar am Rande eines großen Sees lebte, dort Nilpferde und Kühe jagte. »Und er zog seinen Toten die Haut vom Kopf. Die drei gefundenen Schädel weisen nämlich Schnittstellen und Spuren von Schabern auf. Manche Knochen waren sogar poliert, womöglich durch häufiges Anfassen.« Diese Praxis, vermutet Tim White, der kalifornische Entdecker dieses Menschen, »zeuge nicht von Kannibalismus, sondern von Begräbnisriten«. Wieder also ist das stammesgeschichtlich so menschentypische Merkmal der Todesreflexion schon bei dem ältesten bekannten Exemplar des *homo sapiens* zu fassen. Es war wohl ohne Sprache nicht möglich und der Sinn für das Schöne hat sich vermutlich aus der Reflexion des Sterbens entwickelt. »Wesen bist du unter wesen«, schrieb Reiner Kunze 1998, »nur daß du hängst am schönen / und *weißt*, du mußt /davon«.

3. Evolutionsbeschleunigung

Nun scheint es, daß in jüngerer Zeit in die Wechselwirkung von natürlicher Evolution und kulturellem Wandel ein Element eingedrungen ist, welches, wie niemals zuvor in der Geschichte des sprechenden Menschen, die Sprache (zumindest die Lautsprache) als das bevorzugte Medium menschlicher Kommunikation in Frage stellt. Andere Formen der Kommunikation werden bevorzugt, weil der komplexe Zustand der Welt, wie wir ihn kennen, mit unserer Lautsprache nicht mehr ausgedrückt werden kann. Diese wohl kaum mehr als 50 Jahre zurückreichende Entwicklung versuche ich nachfolgend zu skizzieren.

»Neuronales Netz« hat Hans Magnus Enzensberger ein Gedicht überschrieben, in dem jenes kollektive Erschrecken beschrieben wird, das durch den modernen Blick in das Innere des Lebens entstanden ist. Er hat das Bewußtsein von den Verzweigungen des Nervensystems dargestellt, das wimmelnde und schier undenkbare Leben in den Zellen:

>»Denk dir einen Baobab-Baum,
>riesenhaft reich verzweigt,
>und bevölkere ihn, in Gedanken,
>mit abertausend winzigen Affen;
>stell dir vor, wie sie klettern,
>baumeln, wie sie sich, aneinander-
>geklammert, angeln, von Ast zu Ast;
>bis sie sich fallen lassen,
>verhoffen, sich paaren, dösen –
>denk es, o armer Denker!
>
>Dann wieder springen sie,
>rasen behende, wimmeln elektrisch,
>taumeln und stürzen ab;
>oder sie sitzen da, einfach so,
>schlaff, und kratzen sich träumerisch
>bis zur nächsten Attacke. – Weh dem,
>der all das beschreiben wollte!
>
>Lach, erschrick, wundere dich,
>doch hör auf, bevor du verrückt wirst,
>über das Nachdenken nachzudenken.«

Das Gedicht ist eine moderne Fassung von Friedrich Schlegels 200 Jahre alten Versen über die Reflexion, über das Denken des Denkens, das im menschlichen Geist so lange anhält, solange der Mensch die Augen geöffnet hat und die Schönheit der Welt in sich einströmen läßt:

»Wenn ich still die Augen lenke
Auf die abendliche Stille
Und nur denke, daß ich denke,
Will nicht ruhen mir der Wille,
Bis ich sie in Ruhe senke.

Weil noch mild der Mittag glühte,
Wollt' ich an der Quelle liegen,
Mich in süße Bilder wiegen,
Da kam Anmut ins Gemüte,
Alle Wehmut zu besiegen.

Wenn ich an das Bild gedenke,
Auf die abendliche Stille
Nun die stillen Augen lenke,
Will nicht ruhen mir der Wille,
Bis ich sie in Ruhe senke.«

Doch während in Schlegels Zyklus »Die Abendröte« (dem dieser Text entnommen ist) der Geist seinen Triumph singt, in Traum und Schlaf und Dunkelheit die Schranke der Vernunft überwunden zu haben und in das Innere der Natur gedrungen zu sein, scheint die Rationalität des modernen Ich vor der Fülle der Naturerkenntnis zu kapitulieren. Lachen wird diesem Ich anempfohlen, Erschrecken, auch sich zu wundern – alles, nur nicht das Denken über das Denken! So beschreibt der moderne Autor das im Grunde Unbeschreibbare, die *naturwissenschaftlich* erschlossene innere Welt, die als eine ganze Welt nicht mehr zu denken und daher auch sprachlich kaum zu erfassen, nicht zu beschreiben ist: »Weh dem, / der all das beschreiben wollte.« Das »Nachdenken« über die Fülle experimentell erschlossener Welten führt an den Rand des Wahnsinns, und das Bild des Affenbrotbaumes, in dessen Verzweigungen Nachrichten und Informationen weitergegeben werden, die wir als Ganzes »Leben« nennen, weist auf die biologisch und neurologisch faßbaren Mechanismen des Denkens: »Lach, erschrick, wundere dich, / doch hör auf, bevor du verrückt wirst, / über das Nachdenken nachzudenken.«

Der gewaltige Kulturenwandel, dem wir beiwohnen, der ein sozialer Wandel ebenso ist wie ein ökonomischer, ein politischer, ein wissenschaftlicher, ein Wandel der Menschenbilder und der Weltbilder, hat auch die Sprache in seinen Strudel hineingezogen; die Sprache als ein überindividuelles, den Menschen in seiner Menschheit bestimmendes Kommunikationsmedium ebenso wie das Sprechen der einzelnen. Dieser Kulturenwandel ist zum Beispiel bestimmt durch die Globalisierung der Finanzströme und der Finanzmärkte. Die Entgrenzung der Nationalwirtschaften scheint dabei auch ein stabilisierendes Element zu enthalten, denn die Marktkapitalisierung ist in den USA zwischen dem Jahr 2000 und dem dritten Quartal des Jahres 2002 um 5500 Milliarden US Dollar, in Europa um 4400 Milliarden € zurückgegangen, ohne daß die Märkte zusammengebrochen sind. Dieser Kulturenwandel ist zu fassen in der Allgegenwart neuer, elektronischer Medien, die in ein Netz verwoben sind, welches den neuronalen Netzen des menschlichen Körpers abgeschaut ist. Es ist, als bildeten wir die Verschaltungen unseres Gehirns und unserer Nervenbahnen in weltweiten Kommunikationsverbindungen ab, welche unseren Alltag begleiten, unsere Ökonomie verändern, rasche Information zu einer wertvollen wirtschaftlichen Ressource gemacht haben. Dieser Kulturenwandel ist bestimmt durch die Folgen globaler Massenwanderungen, durch welche sich innerhalb von Mehrheitsgesellschaften stabile Minderheiten mit eigenen Sprachen, Religionen, kulturellen Gewohnheiten etabliert haben, so daß Integration oder Ghettobildung allenthalben – vor allem in den hochindustrialisierten Ländern der Erde – zu schroffen Alternativen des Zusammenlebens geworden sind. Dieser Kulturenwandel ist schließlich (darauf hat Aleida Assmann hingewiesen) durch »historische Traumatisierungen« geprägt, durch Krieg, Vertreibung und Völkermord, durch eine Seuchenerfahrung, die wir in der westlichen Welt noch zu verdrängen vermögen, die sich in Afrika zu einer kontinentalen Katastrophe auszuwachsen scheint. Die Sprache ist in diesen Kulturenwandel insofern einbezogen, als die wirtschaftliche und kulturelle Globalisierung die Notwendigkeit einer globalen Verständigungssprache erweist. Ein nivelliertes (*BE*, das heißt *Broken English* genanntes) Englisch (oder gar nur Bildersprache, wie bei den Sicherheitsvorschriften der Flugzeuge) scheint in Wirtschaft, Wissenschaft, Tourismus und in der Politik zu einer Gemeinsprache geworden zu sein, welche (in vielerlei Fachsprachen abgewandelt) die Minimalkommunikation des Umgangs mit »den Fremden« gewährleistet. Selbst in den Bischofs- und den Kardinals-Kommissionen des Vatikan, wo lange am Lateinischen als der Koiné der katholischen Kirche festgehalten worden war, hat sich die englische Sprache durchgesetzt. Daß in aller Welt dabei täglich und stündlich die letzten Sprecher historischer Sprachen sterben, ehe es den Sprachforschern (zum Beispiel in Ozeanien) gelingt, die Reste solcher Sprachen aufzuzeichnen, gehört zu den Verlusterfahrungen der Moderne. Sprachen, Schmetterlinge und Poeten sind – um ein Wort Hans Werner Richters abzuwandeln – vom Aussterben bedroht. Demgegenüber ist die Anglisierung der Nationalsprachen eher ein Oberflächenphänomen. Freilich wäre die konsequente Anglisierung der Wissenschaftssprachen für die Geistes- und die Kulturwissenschaften, wegen der dann wegbrechenden (nationalsprachlichen) Unterscheidungsmöglichkeiten, eine Katastrophe. Für die auf Resultate verpflichteten experimentellen und empirischen Wissenschaften ist sie es vermutlich nicht in gleicher Weise.

Ein Oberflächenphänomen ist vermutlich auch die von der elektronischen Kommunikation heute begünstigte »Reoralisierung« der Sprache, das heißt die Wiederkehr von mündlichen Strukturen, etwa in der E-Mail-Kommunikation, die ja nichts anderes ist als ein schriftliches Sprechen. Ein Oberflächenphänomen ist vielleicht sogar die Verrohung von Nationalsprachen (wie am Beispiel des Niederländischen und des Deutschen zu zeigen wäre), denen mit der früher differenzierten Wissenschaftssprache und ihrer Ersetzung durch ein flaches Englisch eine ihrer lebendigen Erneuerungsquellen entzogen wird.

Alle Beispiele über den an unterschiedlichsten Sprachveränderungen zu fassenden und täglich zu erfahrenden Kulturenwandel wurzeln vermutlich in einer viel tiefer reichenden Bewegung, die George Steiner in seiner »Grammatik der Schöpfung« (2001) beschrieben hat. Mag sein, daß Steiner einer »historischen Traumatisierung« insofern erlegen ist, als für ihn die Statusveränderung des Todes im blutigen 20. Jahrhundert, in den Todeslagern der nationalsozialistischen Mörder, die Grundlage dieses Kulturenwandels ist. Aber die Symptome, die wir heute, am Eingang eines (vielleicht) nach-humanen Zeitalters wahrnehmen, scheinen ihn allesamt zu bestätigen. Steiner beschreibt eine »seismische Verschiebung« in der Tiefe des kollektiven Bewußtseins, also weit über die Grenzen von Nationalsprachen hinweg. Er beschreibt einen »Bruch des uranfänglichen Vertrages zwischen Wort und Welt«, »Zerklüftungen in der Sprache«, wobei er sich der Brüchigkeit seiner aus jüdischer Tradition herrührenden Mutmaßungen bewußt ist. So stellt er eine »vorläufige und eingeschränkte Ahnung zur Debatte«. Aber er stellt sie nun einmal zur Debatte, so daß wir uns, angesichts der Qualität seiner Kulturkritik, ihr zu stellen haben. Er mutmaße nämlich, sagt Steiner, »daß das klassische und judaische Ideal des Menschen als ›Sprachtier‹, als Wesen, das in einzigartiger Weise durch die Würde der Rede definiert ist – diese selbst ein Abbild des ursprünglichen und zeugenden Mysteriums der Schöpfung –, in der Anti-Sprache der Todeslager sein Ende gefunden« habe. Wenn diese Vermutung zutrifft, sind wir Zeugen und zugleich Mithandelnde in einem sich beschleunigenden Prozeß des Rückzugs der Sprache aus der Existenzdeutung des Menschen, der Welt und der Natur, eines Wandels des Menschenbildes, wie er gravierender kaum gedacht werden kann. Die Hermetisierung der Wissenschaften, ihre Abschottung gegeneinander, ihre Atomisierung, selbst der vielberufene *iconic turn* und seine Folgen für das Sprach- und Leseverhalten der vielen, scheinen mir Symptome der von Steiner benannten »seismischen Verschiebung« in der Tektonik der vom Menschen erfahrenen, erforschten, erklärten und jetzt auch experimentell veränderten Welt.

An der Wende vom 18. zum 19. Jahrhundert wurden Sprachthematik und Sprachskepsis von den europäischen Dichtern als ein literarisches, tief in das soziale Leben eingreifendes Problemfeld entdeckt und über Nietzsche an die Neuromantik und den Symbolismus vermittelt. Doch ist die Fundamental-Kritik an der Sprache, wie sie in der Nachfolge Nietzsches die Literatur zu überschwemmen begann, wohl kaum (wie Steiner meint) die Ursache für den Rückzug der Sprache aus der Existenzdeutung des Menschen, sie ist vermutlich nur das vorläufig letzte Aufbäumen gegen diesen Verlust. Es ist, als klammere sich die Menschheit mit aller verbliebenen Kraft an den sie selbst definierenden (sprachlichen) Zugang zur Welt und zur Wirklichkeit, es ist, als wollten ihre Dichter und ihre Weisen sich des Gefäßes der Menschheits-Erinnerung, der ausdrucksstarken und glanzvollen Sprache, noch einmal versichern, ehe es in der Woge des Geschwätzes versinkt. Die Menschen wissen, daß mit der Sprache ein Humanum dahinsänke, das dann unwiederbringlich verloren wäre. So ist die Erfahrung des Nachdenkens über Sprache und des Zweifels an den kommunikativen und reflexiven Fähigkeiten der aktuellen Sprache zur prägenden Signatur auch der Nachmoderne in Europa geworden. »Die Ahnung des fin de siècle, die Sprache werde menschlicher Erfahrung nicht mehr angemessen sein«, schreibt George Steiner, »mit ihr nicht mehr übereinstimmen, ihre Korrumpierung durch politische Lüge und die Vulgarität des Massenkonsums werde sie zu einem Instrument der Bestialität machen, hat sich erfüllt.« Die Schrecken der allgegenwärtigen Todesdrohung waren im 20. Jahrhundert, dem blutigsten in der Reihe der neueren Jahrhunderte, von *der* Art, daß sie der Sprache und damit auch der Erfahrungsmöglichkeit des Menschen zeitweise entglitten. Film und Literatur haben in den letzten Jahren immer wieder versucht, das Grauen der Vernichtungslager zu beschreiben, sogar ein Nobelpreis für Literatur wurde im Jahre 2002 für diese Beschreibung verliehen. Als Märchen wurde das Grauen der Lager und der Ghettos ins Bild gesetzt (in »La vita è bella«), als Hölle (in »Der Pianist«), als Bewährungsweg für List und Mut (in »Schindlers list« oder in Marcel Reich-Ranickis Autobiographie). Doch auf die Frage, was denn das Grauen der Vernichtungslager ausgemacht habe, gibt es vermutlich nur eine einzige einsichtige Antwort. Sie lautet: das Leben im grauen Nichts. Es ist eine nicht zu beschreibende (und damit dem Menschlichen zu nähernde) Erfahrung. Cordelia Edvardson, die heute in Israel lebende Journalistin, Tochter der deutschen Schriftstellerin Elisabeth Langgässer, die als vierzehnjähriges Mädchen in Auschwitz die Todeslisten des Dr. Josef Mengele führen mußte, hat dieses sinnentleerte Todesreich der Vernichtungslager (in ihrem Roman *Gebranntes Kind sucht das Feuer*, 1986) beschrieben: »Bis an den Rand war das Mädchen angefüllt von der grauen Leere. Nichts. Niemand, nicht Mensch und nicht Ding, nicht Leben und noch nicht Tod. [...] Nicht einmal der Schmerz kann im grauen Nebel des Nichts Fuß fassen, der Schmerz kann nur Wurzel schlagen im Land der Menschen, getränkt werden von menschlichen Tränen. [...]« Das also ist das Reich der Lager, des Vortodes und des Nichts, ein Reich, das – anders als im Mythos von Orpheus – von Lied und Klang und Sprache nicht erreicht werden kann. »Hier verstummten auch das Gedicht, das Märchen und das Lied [...]«, heißt es bei Cordelia Edvardson. Solche Vernichtungserfahrungen bei lebendigem Leibe kann die Sprache, die ein menschliches Werkzeug ist, die den Menschen und seinen Schöpfer allererst definiert, nicht mehr erreichen. »Im Anfang war das Wort, aber am Ende die Asche.« (Edvardson) Vielleicht kennzeichnet tatsächlich die Episode aus einem der Todeslager, die George Steiner berichtet, das definitive Ende eines jahrtausendealten Bildes vom Menschen, das »durch die Würde der Rede« definiert werden kann. In einem Handeln, das sich sprachlicher Erfahrung und sprachlichem Ausdruck entzieht, hat dieses Menschenbild sein Ende gefunden. »Ein Häftling, der vor Durst umkam«, berichtet Steiner, »sah zu, wie sein Peiniger langsam ein Glas frisches Wasser auf den Fußboden goß. ›Warum tun Sie das?‹ Der Schlächter antwortete: ›Hier gibt es kein Warum.‹« Steiner folgert, daß diese Geschichte »mit einer Knappheit und Durchsichtigkeit aus der Hölle die Scheidung von Menschlichkeit und Sprache, von Vernunft und Syntax, von Dialog und Hoffnung« bezeichne. »Es gab *stricto sensu* nichts mehr zu sagen.« Auch wenn es Poeten, kritische, belesene, durch Leid geprüfte Dichter in Fülle gibt, die dem Modergeschmack der im Munde zerfallenden Worte widerstanden haben, die aus der Erfahrung des Todes das Leben des »Gegenwortes« zu gewinnen versuchten, weist die »von den mitteleuropäischen Sprachkritikern und Verfechtern des Schweigens«, spätestens seit der Wende vom 19. zum 20. Jahrhundert prophetisch ausgeführte argumentative Bewegung auf eine »seismische Verschiebung« im Kontinent der menschlichen Existenz – weg von der Sprache.

Steiner meint sogar, daß der Verlust der Verbalität im Anblick des baren Entsetzens die Moderne definiert, »als das, was danach kommt«. Seit die einzige verbliebene Weltmacht gegen den terroristischen Fanatismus mit den Schrecken atomarer Vernichtung zu spielen beginnt, wissen wir allerdings nicht, ob sich das 20. Jahrhundert schon aller denkbaren und undenkbaren Schrecken entbunden hat. Sprache könnte ein Zeichen des Widerstandes gegen den hereinbrechenden Schrekken sein. In unserer Kultur (das heißt zumindest in der Kultur der monotheistischen Religionen) ist bekanntlich sogar »das Postulat der Existenz Gottes [...] im tiefsten und absoluten Sinne ein Sprechakt« (Steiner). Die Rede von Gott ist immer eine *Rede* von Gott. Daß der unsichtbare Gott zu Adam, Abraham, Moses und den Vätern *gesprochen* hat, gehört zu den religiösen Grundannahmen der Menschheit, zu der Weise unserer Gotteserfahrung, zu der existentiellen Verbindung von Sprechen und der Möglichkeit des Glaubens. »Ich fürchte«, sagte Friedrich Nietzsche in der *Götzen-Dämmerung*, »wir werden Gott nicht los, weil wir noch an die Grammatik glauben.«

Im gleichen Maße, in dem sich die Geschichte der Wissenschaften als eine Geschichte des Rückzugs der Wort-Sprache aus der Beschreibung von Welt und Mensch erweist, in gleichem Maße, in dem die Abwendung weiter gesellschaftlicher, wirtschaftlicher, politischer und kulturell-wissenschaftlicher Bereiche von der »Verbalität« der Kultur offenkundig wird, verändert sich mit der Struktur des Wissens auch das Verhältnis der Wissenschaften zueinander. In der Hollywood-Komödie »What's up, Doc?« wird diese Veränderung satirisch-anekdotisch deutlich. Dort wird der angeklagte Hauptdarsteller von einem Richter nach seinem Beruf gefragt. Er sei Doktor der Musikwissenschaften, bekennt der Befragte schüchtern. Ob er dann ein Radio reparieren könne, lautet die zweite Frage des Richters. Und als der Angeklagte verneint, wird er harsch aufgefordert, dann doch gefälligst den Mund zu halten. Die Wissenschaften, die ihrer »zwecklosen« Ursprungsidee entkleidet sind, werden anfällig für die Zumutungen des Marktes und für eine grassierende Forschungsideologie, die sich wie eine zur Ideologie geronnene Betriebswirtschaftslehre ausnimmt. In ihr ist der Platz jener Wissenschaften, die es als Geisteswissenschaften oder auch als Kulturwissenschaften mit Ästhetik, Geschichte und Moral zu tun haben, unsicher geworden. Dabei ist der zwecklose, keineswegs funktionslose Wurzelgrund der Wissenschaften die Definition des Menschen als eines Wesens, das sich seiner selbst und seiner Hinfälligkeit bewußt ist. Denn die Geschichte der Wissenschaften ist wie die Geschichte des Menschengeschlechtes nicht nur eine Geschichte vom Aufstieg und vom Rückzug der Sprache, sondern auch eine Geschichte von zunehmender Komplexität. Zunehmende Komplexität bedeutet im organischen Leben bekanntlich zunehmende Leistungsfähigkeit, erkauft mit zunehmender Zerbrechlichkeit. Das komplexeste, das leistungsfähigste (und damit das zerbrechlichste) Organ, das wir kennen, ist das menschliche Gehirn. Die biblische Erzählung von dem ersten Menschenpaar, das wissen wollte und deshalb mit Sterblichkeit bestraft wurde, ist von der Realität naturwissenschaftlicher Gewißheiten nicht weit entfernt.

Vermutlich seit mehreren hunderttausend Jahren (metaphorisch gesprochen: seit Adam und Eva) bemächtigt sich der Mensch der Wirklichkeit durch Sprache. Könnte es tatsächlich sein, daß diese Weise des Zugangs zur Natur (auch des eigenen Körpers) und zur Welt an ein Ende gekommen ist? Jedenfalls hat sich die Struktur des Wissens innerhalb eines halben Jahrhunderts grundlegend geändert, jedenfalls suchen die Wissenschaften mit Macht den Weg über die »sprachfreien Modelle«, in denen Aleida Assmann den grundlegenden Unterschied zu den stets sprachgebundenen Kulturwissenschaften sieht. Das sich selbst genügende und sich dem Experten selbst deutende Experiment scheint eines dieser sprachlosen Modelle zu sein. Zwar wird seit langem behauptet, daß zum Beispiel die Weiterentwicklung der seit 50 Jahren ungemein erfolgreichen Molekularbiologie nur aus der Theorie geschehen könne, doch ist eine übergreifende Theorie, im Sinne einer konsistenten Evolutionstheorie, nicht in Sicht. Die Wissenschaftssprache scheint vielmehr bei der Beschreibung immer komplexerer Experimente an natürliche Grenzen zu stoßen. Die wissenschaftliche Kommunikation durch Publikationen, durch Experiment- und Methodenbeschreibungen ist heute daher nicht so sehr durch Irrtum, Flüchtigkeit und Betrug als vielmehr dadurch gestört, daß sich die Sprache selbst der Methodendarstellung verweigert. Offensichtlich gibt es längst Ergebnisse und Methoden, die sprachlich auch für die Fachgemeinschaft undurchschaubar sind. Wegen der *unwillentlich* intransparenten Beschreibung ist dann die Reproduzierbarkeit der Ergebnisse (und damit die einzige Kontrolle ihrer Richtigkeit) gefährdet. In der wissenschaftstheoretischen Literatur ist diese Erfahrung als *natural excludability* bekannt, als die Erfahrung eines naturgegebenen Ausschlusses vom vollständigen Verständnis komplexer, experimenteller Forschungsergebnisse und Forschungsmethoden. Ein solcher Ausschluß vom Verstehen kann standard- oder formelsprachlich nicht behoben werden. Empfohlen wird daher ein anderer Erfahrungszugang: *hands on experience*, das heißt die Zusammenarbeit bei der Wiederholung des Experiments.

So ist es nur konsequent, daß weiterhin neue, nichtsprachliche Erfahrungszugänge gesucht werden. Die Cyberspace-Technik, das heißt die Technik der Datenanzüge oder der Datenhandschuhe (auch als VR-, das heißt Virtual-Reality-Anzüge bekannt), ist zumindest eine mögliche Methode des Umgangs mit Wirklichkeit. Klaus Mainzer nennt als Anwendung solcher Cyberspace-Systeme die Weltraumforschung, »wo ein Kosmonaut an Bord seiner Workstation bleiben kann, um gefährliche Reparaturen außerhalb durch einen Roboter ausführen zu lassen, gelenkt durch die unmittelbare Tast- und Sehwahrnehmung des Kosmonauten in der virtuellen [das heißt im Computer existierenden] Realität einer simulierten Außenwelt«. In solchen »virtuellen Welten« gibt es dann auch Blutbahnreisen, einen geradezu handwerklichen Umgang mit Molekülen und Atomen. Mainzer zitiert zu dieser Entwicklung der Experimentierfähigkeit des Menschen eine Überlegung von J. Lanier, die nicht von der Hand zu weisen ist: »Nehmen wir einmal an, man könnte mit einer Zeitmaschine zu den ersten

Wesen zurückgehen, die eine Sprache erfanden, zu unseren Vorfahren irgendwann, und könnte ihnen VR-Anzüge geben. Hätten sie dann je die Sprache erfunden? Ich glaube kaum, denn sobald man die Welt irgendwie verändern kann, verfügt man damit über äußerste Macht und Ausdrucksfähigkeit. Beschreibungen würden sich dagegen recht beschränkt ausnehmen.« Daß sich die Evolution anders »entschieden« hat und wir zu sprechenden Wesen geworden sind, bedeutet nicht, daß sich der Weg der Evolution nicht nochmals (und diesmal beschleunigt) verzweigen könnte.

Die beiden grundlegenden Methoden, denen die Wissenschaft ihre Struktur verdankt, sind Theorie und Experiment. Seit der Erfindung des Computers aber, seit der Entwicklung des Arbeitsplatzrechners und entsprechender Software, scheint eine dritte Methode an die Seite von Theorie und Experiment gerückt zu sein: die Visualisierung komplexer Zustände im Computer. Offenkundig gibt es komplexe und überkomplexe Zustände (zum Beispiel das Gasgemisch in einem Ottomotor), deren Struktur weder beschrieben noch berechnet werden, aber im Computer visualisiert und damit verändert, erklärt und optimiert werden kann. Noch kennen wir die Folgen dieser zum *iconic turn* in der Wissenschaft gehörenden Methode, dieser Erfindung einer neuen Bildersprache zwischen Graphik und Experiment nicht. Daß sie das Gewicht der »Verbalität« noch einmal verändert und sogar minimiert, steht außer Frage.

Wissenschaften also, deren Modelle aus Sprache gebaut sind und nur über Sprache funktionieren, stehen derzeit im Schatten stürmischer technischer und experimenteller Entwicklungen, weltweit, nicht nur in den Ländern der Erde, in denen sie (wie etwa in Europa) längst ausdifferenziert sind und seit Jahrhunderten eine eigene (denkerische) Kultur entwickelt haben. Doch so paradox es klingt, diese Geisteswissenschaften oder auch die sie übergreifenden Kulturwissenschaften könnten gerade im Abwind ihre Kraft und ihre

Notwendigkeit erweisen. Da sie die sozialen (und damit die sprachlichen) Grundlagen des Zusammenlebens reflektieren, brechen sie den Grund der Phantasien und Ideen und Gedanken immer noch einmal auf, aus dem die Überlegungen auch zu sprachlosen Wirklichkeitszugängen entsprießen.

Daß die Geistes- und Kulturwissenschaften von den Stürmen der Zeit durchgeschüttelt werden, tut ihnen gut, daß sie ihr Selbstverständnis im Blick auf neue Wirklichkeiten zu überdenken und zu reformieren, daß sie das nur Antiquarische abzuschütteln haben, wird ihnen nach und nach erschreckend bewußt. Doch sie könnten aus diesen Stürmen die Gewißheit gewinnen, daß es ihnen gelingen kann, einer sprachlos werdenden Moderne die Schönheit und die welterschließende Fähigkeit menschlicher Sprache zu bewahren und zu erneuern, jener auf geradezu mirakulöse Weise im zentralen Nervensystem des Menschen verorteten und stets erneuerten, jener »vielzüngigen, historisch gewachsenen, immer wieder fremd werdenden, politisch instrumentell verkürzten und künstlerisch verdichteten Menschensprache, gegenüber der die Kulturwissenschaften eine besondere Verantwortung haben« (A. Assmann).

Des Nachdenkens über das Nachdenken wird kein Ende sein, solange der Mensch nicht aufgeht in den materiellen Bedingungen seiner Existenz. Die neuen und die neuesten, die Welt bewegenden und sie mit Stolz oder Angst erfüllenden Erfindungen verlangen nach Einordnung in die Kontinuität des Lebens. Diese Kontinuität ist aufbewahrt im kulturellen Gedächtnis der Menschheit, dessen nicht auszuschöpfendes Gefäß die Sprache ist.

Anmerkungen

In den vorliegenden Überlegungen werden (in der Reihenfolge ihrer Nennung im Text) folgende Texte und Autoren zitiert: *Jürgen Trabant*: Mithridates im Paradies. Kleine Geschichte des Sprachdenkens. München 2003. – *Steven Pinker*: Wörter und Regeln. Die Natur der Sprache. Heidelberg und Berlin 2000. – Die Untersuchungen von Peter Forster und Alfred Toth nach dem Bericht in der FRANKFURTER ALLGEMEINEN ZEITUNG vom 1. Juli 2003 (S. 34). – *Steven Pinker*: The Language Instinct. How the Mind Creates Language. New York 1994. – Zu *Mark Twain* vgl. *Klaus-Jürgen Popp* (Hg.): Mark Twain in Deutschland. München und Wien 1977. – *Luise F. Pusch*: Das Deutsche als Männersprache. Frankfurt am Main 1984. – *Ernst Mayr*: Die Entwicklung der biologischen Gedankenwelt. Vielfalt, Evolution und Vererbung. Berlin, Heidelberg, New York 2002 (Nachdruck der Ausgabe von 1984). – *Robert Foley*: Menschen vor Homo sapiens. Wie und warum unsere Art sich durchsetzte. (Hg. und mit einem Geleitwort von *Wighart v. Koenigswald*). Stuttgart 2000. – Das Gedicht von *Reiner Kunze* in dessen Gedichtsammlung »ein tag auf dieser erde, gedichte«. Frankfurt am Main 1998. – *Hans Magnus Enzensbergers* Gedicht »Neuronales Netz« in dessen Sammlung »Die Elixiere der Wissenschaft. Seitenblicke in Poesie und Prosa«. Frankfurt am Main 2002. – *Friedrich Schlegels* Gedicht »Wenn ich still die Augen lenke« in: *Wolfgang Frühwald* (Hg.): Gedichte der Romantik. Stuttgart 1984. – *George Steiner*: Grammatik der Schöpfung. München und Wien 2001. – *Cordelia Edvardson*: Gebranntes Kind sucht das Feuer. Roman. München und Wien 1986. – Die Hinweise auf natürliche Verständigungshindernisse in: The Relationship Between Publicly Funded Research and Economic Performance. Report Prepared by *Science Policy Research Unit*. University of Sussex. For H M Treasury (Typoskript) 1996. – *Klaus Mainzer*: Computer – Neue Flügel des Geistes? Die Evolution computergestützter Technik, Wissenschaft, Kultur und Philosophie. Berlin und New York 1994.

Die Poesie und die Fakten

Wolfgang Frühwald

Der neue und der alte Mensch: Moderne Literatur in der Auseinandersetzung mit Natur- und Lebenswissenschaften

1. Fünf Minuten vor zwölf Uhr oder dreiviertel drei Uhr?

Das Gespräch, das ich zu Beginn des neuen Jahrhunderts mit einem jungen amerikanischen Juristen in Berlin führte, wird mich wohl noch lange verfolgen.[1] In diesem Gespräch vertraute er mir einen Kummer an, über den er offenkundig schon länger nachgedacht hatte. Er komme, sagte er mir, nicht über den Gedanken hinweg, daß seine Generation wohl die letzte menschliche Generation sein werde, die noch auf natürlichem Wege gezeugt worden sei. Mir schien diese Angst zunächst ein Produkt ausgedehnter Science-Fiction-Lektüre. Inzwischen freilich halte ich sie für den subjektiven Ausdruck einer weltweit verbreiteten Furcht, daß demnächst Menschen (vielleicht sogar in größerer Zahl) leben könnten, deren Mütter nie geboren wurden. Technisch scheint dies »machbar« zu sein, und in der Tendenz der Entwicklung der Reproduktionsmedizin liegt es allemal. Die Zahl so geborener Menschen wird begrenzt bleiben. Der Einfluß technischer Interventionen auf elementare Vorgänge wie Zeugung, Geburt und Tod hat trotzdem erhebliche bewußtseinsprägende Wirkungen.

Die Angst vor den Ergebnissen einer Biotechnik genannten Möglichkeit zur manipulativen Veränderung des Lebens wurde in deutscher Sprache zuerst 1984 von dem 1916 in

Hamburg geborenen, damals in Poschiavo (im schweizerischen Graubünden) lebenden Schriftsteller Wolfgang Hildesheimer in einem Interview mit Tilman Jens im Magazin STERN ausgesprochen[2] und anschließend heftig diskutiert. Wolfgang Hildesheimer hat damals erklärt, daß die Schriftsteller »von unserer Realität keine Ahnung mehr« hätten. »Die Genetiker und die Biotechniker in Deutschland und den Vereinigten Staaten haben ihre Regierungen mehr oder weniger wissen lassen, daß, wenn sie auf ihrem Gebiet mit ihren Forschungen weiter so vorwärtskommen, von dem Begriff der Menschheit, so wie wir ihn benutzen und gewöhnt sind, bald nicht mehr die Rede sein wird. Schon heute ist es doch möglich, menschliche Gene zu manipulieren. Das ist eine Entwicklung, die nicht mehr aufzuhalten ist.«

Die Angst vor der biotechnischen Veränderung des Menschen also hat Hildesheimer in jenen achtziger Jahren des 20. Jahrhunderts bekannt, als apokalyptische Stimmungen die Welt nicht nur wegen des Nachrüstungsbeschlusses der NATO, sondern auch deshalb durchzogen, weil die lange Zeit tonangebende Schriftstellergeneration zu altern begann und das Ende des eigenen Lebens mit dem Ende der Welt verwechselte. Wolfgang Hildesheimers melancholisches, mit dem Problem des Kalauers ringendes und die Zeit pessimistisch beschreibendes Buch »Mitteilungen an Max über den Stand der Dinge und anderes«[3] erschien im gleichen Jahr 1983, in dem (in der Bundesrepublik die West-Ausgabe von) Christa Wolfs Buch »Kassandra« publiziert wurde, die romanhafte Biographie jener homerischen Seherin, die (bei Christa Wolf) im fiktiven Gespräch mit Aineias ihr »Angst-Gedächtnis« bekennt: »Ich hatte Angst, Aineias. Das war es, was du niemals glauben wolltest. Die Art von Angst hast du ja nicht gekannt. Ich hab ein Angst-Gedächtnis. Ein Gefühls-Gedächtnis.«[4] Das Angst-Gedächtnis der Literatur also ist vergleichbar dem Gedächtnis und der Prophetengabe jener sprichwörtlich gewordenen Kassandra, welche die Zukunft vorausgesehen hat, von Apollo aber mit dem Fluch beladen worden war, daß ihr niemand glaubte. Wolfgang Hildesheimer hat in den frühen achtziger Jahren des 20. Jahrhunderts, als eine andere Kassandra, die prozeßhaft gewordene Wissenschaft mit Argwohn beobachtet und (zusammen mit Friedrich Dürrenmatt, Max Frisch und anderen) gesehen, wie der Einfluß des einzelnen Forschers, der einzelnen Forscherin auf den Prozeß der Wissenschaftsentwicklung rapide und stetig abnahm. Er hat schon früh einen trägen, zähen, unaufhaltsamen und ungesteuerten Fortschritt als Gefahr erkannt, da sich ein solcher Fortschritt dem Einfluß humanen Wollens (falls es so etwas überhaupt gibt[5]) weitgehend entzieht: »Veränderung auf Veränderung. Es ist eben nicht, wie die Wissenschaftler uns, mit beträchtlichem Erfolg, weiszumachen suchen, fünf Minuten vor zwölf, es besteht daher keinerlei Anlaß zur Panik, da es [...] bereits dreiviertel drei ist, und jede Panik wäre eine müßige und unangemessene Anstrengung. [...] Zwar eilt die Wissenschaft uns weit voraus, aber die Wissenschaftler rennen weit hinter ihr her und versuchen, sie wieder einzufangen, vergeblich natürlich. Ich sehe sie da rennen, über Stock und Stein, laut rufend und gestikulierend, mit Schmetterlingsnetzen und Botanisiertrommeln, als seien sie von gestern, was sie natürlich nicht sind, sie sind von vorgestern.«[6] Ein Jahr später hat Hildesheimer ein bitteres Fazit aus der lebhaften Diskussion um sein Interview gezogen und die apokalyptische Sicht der Welt in einem »Antwort« genannten Text (in den er auch den Verkaufserfolg von Christa Wolfs »Kassandra« einbezog) noch einmal verstärkt:

»Ganz recht, ich sagte,
es sei nicht fünf vor
zwölf, es sei vielmehr halb
drei. Das war um halb
drei. Inzwischen ist es vier. Nur
merkt ihr es nicht. Ihr lest ein Buch
über Kassandra, aber ihre Schreie

habt ihr nicht gehört. Das war
um fünf vor zwölf. Bald ist es
fünf, und wenn ihr Schreie hört,
sind es die euren.«

Aus der Einsicht in einen Entwicklungsprozeß, der selbsttätig geworden und damit dem Einfluß einzelner Wissenschaftlerinnen und Wissenschaftler entzogen ist, hat Hildesheimer dann aufgehört zu schreiben und sich ganz der ästhetizistischen, bildkünstlerischen Collage gewidmet.[7] »Der Mensch«, lautete sein Fazit am Ende eines langen Schriftstellerlebens, »wird in Bälde die Erde verlassen haben. Mag sein, vielleicht kommen eines Tages wieder Menschen, oder es bleiben auch einige übrig. Aber diese Übriggebliebenen werden sich nicht gerade um Shakespeare oder Mozart kümmern.«[8]

2. Die Frage »Warum«

An die hier skizzierte Debatte knüpft heute die Auseinandersetzung um das Menschenbild an, das durch die modernen und insgesamt staunenswerten Möglichkeiten der Medizin, der Mikrobiologie, der Informationstechniken und der Hirnforschung in Bedrängnis zu geraten droht. Der Streit um den Beginn und das Ende des Lebens, um Zufall oder Notwendigkeit im Leben des Menschen, um freien Willen oder Determination, der Konflikt um die Definition von »human being« und »everyone« (und um viele andere scheinbar längst gelöste, elementare Menschheitsprobleme) hat sich an den neuen Erkenntnissen und Methoden der Lebens- und der Neurowissenschaften und den lautstark geäußerten Überzeugungen mancher ihrer Protagonisten entzündet – und die Schriftsteller mischen sich ein. Schließlich gibt es seit 1994 den provozierenden Verzicht der Länder des Europa-Rates, in ihrem »Menschenrechts-Übereinkommen zur Biomedizin«[9] die Begriffe

»human being« und »everyone« für die Völker Europas verbindlich zu definieren. Die Länder des ehemals christlichen Abendlandes nämlich können sich auf den Beginn und das Ende des Lebens, über behindertes und selbstverantwortliches, über gesundes und krankes Leben nicht mehr einigen und verzichten deshalb auf eine gemeinsame Definition dessen, was sie sich unter einem »menschlichen Wesen« und unter »jedermann« vorstellen. Sie überlassen solche Definitionen der »nationalen Gesetzgebung«. Diese aber ist, wenn die Entwicklungen des Anfangs zyklisch zu werden beginnen, wie es jetzt (seit den Experimenten von Hans Schöler) den Anschein hat, mit juristischen Formulierungen biologischer Sachverhalte überfordert. Was unter der Ägide solcher Gesetzgebungen etwa mit dem Lebensende geschieht, wenn zwischen »assistiertem Suizid« und aktivem Töten ethisch und rechtlich kein Unterschied mehr zu erkennen ist, kann am Vorgang der Niederlande drastisch gezeigt werden.[10] Die im Internet 2003 veröffentlichten Zahlen einer Studie über die Praxis der aktiven Sterbehilfe »sprechen eine skandalöse Sprache. Nicht nur, daß die Praxis der Sterbehilfe einer staatlichen Kontrolle weitgehend entzogen bleibt – vielmehr wird bei einem beträchtlichen Teil der Fälle die rechtliche Zulässigkeitsbarriere, aber auch der Patientenwille mißachtet«. So wird in den Niederlanden gebilligt, was in Deutschland streng verboten ist, in Großbritannien wird in der Embryonenforschung praktiziert, was durch deutsche Gesetzgebung untersagt ist. Die »Euthanasie auf Wunsch« ist in mehreren Staaten Europas nicht mehr strafbewehrt, die Vorstellung von einem Recht auf Nachkommenschaft, auch die Vorstellung vom Recht auf ein gesundes Kind, mit allen Folgen für behinderte Menschen und ihre soziale Einbettung, hat sich europaweit, aber auch in den Vereinigten Staaten von Amerika durchgesetzt. Der Nationale Ethikrat Frankreichs mußte dem obersten französischen Gericht widersprechen, das einem behinderten 17 Jahre alten Mann im November 2000 Schadenersatz für seine Geburt zugesprochen und damit ein Recht auf Nichtexistenz postuliert hat.[11] Alle Eigentumsbegriffe, sagte Erwin Chargaff, der Biochemiker, der zum Kritiker des eigenen Faches geworden ist und sich nach den apokalyptischen Satiren des von ihm verehrten Karl Kraus stilisierte, seien heute so überdehnt, »daß Newton, lebte er heute, die Schwerkraft patentiert hätte, und wir müßten dafür zahlen, daß wir gehen können«.[12]

Dies alles sind nur Ausschnitte aus einem weltweiten (zumindest europäischen, amerikanischen, australischen und koreanischen) Szenario, in dem die überlieferten Menschenbilder ins Wanken geraten sind und die Tradition einer 3000 Jahre alten Denkgeschichte außer Kraft gesetzt scheint. Das Buch der Natur, von allen kulturellen Überschreibungen befreit, wird zu neuer Überschreibung freigegeben. Hans Magnus Enzensberger hat die Situation am Beginn des neuen Jahrhunderts nüchtern und realistisch beschrieben: »Tatsache ist, daß ein ethischer Konsens in den grundlegenden Fragen der menschlichen Existenz schlechterdings nicht mehr vorhanden ist. Die Debatten über die sogenannte aktive Sterbehilfe und über die Möglichkeiten der genetischen Selektion sollten auch den Gutgläubigsten von diesem Befund überzeugt haben. Damit sieht sich jeder einzelne auf eine Position zurückgeworfen, der jeder moralische Komfort abhanden gekommen ist. Er kann eine Reihe von existentiellen Entscheidungen an keine verbindliche Instanz mehr delegieren.«[13] Die Überforderung des Individuums zur sozialen, kulturellen und ethischen Beurteilung der neuen Möglichkeiten ist nicht die geringste Folge in der rasch erweiterten Serie neuer Erkenntnisse der Gen- und Hirnforschung und der ihnen entsprechenden Techniken.

In diese Situation hinein, in der außer Erfahrung, Messung, Experiment und Kostenrechnung keine anderen Faktoren mehr über »das Menschliche« zu bestimmen scheinen, ertönt aus Literatur und Kunst die gänzlich unwissenschaftliche Frage nach dem »Warum«. Es ist jenes »Warum«, das in die berühmte metaphysische Frage mündet: »Warum ist da nicht nichts?« Dies aber ist die Frage, welche die Welträtsel als Rätsel beläßt, welche sie nicht allesamt zu lösen vorgibt, wie etwa schon 1899 das gleichnamige Buch von Ernst Haeckel, das mit einer umfassenden Biologisierung der Ethik begann und insbesondere in der Volksausgabe (1903) zur Grundschrift eines weltanschaulichen Monismus geworden ist.[14] »Warum« also lautet die Einhalt gebietende Frage, die in die ontologische Grundfrage mündet, denn wir seien, sagt George Steiner, mehr als das aristotelische Sprachtier, wir seien mehr als *homo sapiens*, eben *homo quaerens*, das heißt das Wesen, welches fragt und fragt und nicht aufhört zu fragen.[15] Menschen sind nun einmal davon überzeugt, »daß die Totalität sensorisch-empirischer Daten, wie sie von der Beobachtung der Naturwissenschaften und der rationalen Analyse zusammengesetzt und geordnet werden kann, nicht die ganze Geschichte darstellt. Oder in Wittgensteins Aphorismus: daß die Tatsachen der Welt nicht ›das Ende der Sache‹ sind und nie sein werden. Diese Überzeugung, die, so argwöhnt man, in einem intuitiven Kern selbst in einem naturwissenschaftlichen und technokratischen Zeitalter von der großen Mehrheit der Menschen gehegt wird, ist die Erzeugerin unserer Kultur.« So ist der fühlende und der denkende Mensch zugleich der fragende Mensch. Er mischt das Plancksche Wirkungsquantum, die grundlegende physikalische Konstante $h = 6{,}6260755 \times 10^{-34}$ Joule-Sekunden, mit den Erfahrungen seines Alltags und des Ich. Doch diese Erfahrungen sind ebenso »fragwürdig«, wie die immer (vom Standort des Betrachters) bedingten und niemals absoluten Erkenntnisse der Naturwissenschaften. »Welträtsel« hat Hans Magnus Enzensberger daher ein beziehungsreiches und anspielungsreiches Gedicht überschrieben, in dem aus allen seinen banalen und komplizierten Fragen der Mensch, *homo quaerens*, der Mensch als ein fragendes Wesen entsteht:

»Die Dunkelziffer, der Eifer, der Krach –
muß das sein?
Warum $h = 6{,}625 \times 10^{-34}\ J \cdot s$,
und keinen Deut mehr? [...]
Unbezwingliche Dummheit: zu klein
das Primatenhirn, oder zu groß?
Komisch, immer noch hie und da
ein Schmetterling ohne Nutzungsentgelt.
Fortwährendes Auf- und Ableben,
sich Verzehren, und andere,
aber zu welchem Ende?
Warum ›ich‹, und wozu?
Was, bitte, soll diese ewige Fragerei?
Wozu immer Treu und Redlichkeit,
und warum nicht? Wer ist schuld
an den unaufhaltsamen Fortschritten?
Gab es vor dem Big Bang
auch schon so viele Depressionen?
Was ist mit dem Sport,
dem Haß und dem Geld?
Warum ist nicht vielmehr weniger,
oder mehr? Und warum ist
nicht vielmehr nichts?«[16]

Der Begriff des Anfangs also ist schwieriger zu fassen, als wir uns vorzustellen vermögen. Er entzieht sich der Erfahrung und der Messung. Bis auf etwa 300000 Jahre an den Urknall heran soll sich die messende und beobachtende Wissenschaft schon bewegt haben. Doch ist die Theorie der Weltentstehung und der Entstehung des Kosmos durch den Big Bang nur eine keineswegs unbestrittene Theorie, und die Sekunden vor dem Urknall liegen nicht im Fragehorizont der exakten Wissenschaften. »Unsere zeitgenössischen Magier [so bezeichnet George Steiner die Naturwissenschaftler] erklären uns, es sei stricto sensu sinnlos, danach zu fragen, was vor den ersten Nanosekunden des ›Knalls‹ war. Da war nichts. Nichtsein schließt Zeitlichkeit aus. Zeit und das Ins-Sein-Treten des Seins sind wesentlich eins (genau wie Augustinus lehrte). Das Präsens des Verbs ›sein‹, das erste ›ist‹, schafft das Faktum der Existenz und wird durch es geschaffen.«[17] Und doch gibt es – nach aller menschheitlichen Erfahrung – etwas in uns, das nicht aufhört zu fragen, was denn »vorher« gewesen ist oder gewesen sein könnte. Und aus dieser unlogischen, unwissenschaftlichen, kindischen (oder auch nur kindlichen) Frage »entfaltet sich der bezwingende Gedanke eines ersten Machens, eines ersten fiat. Die Algorithmen des Computers können Szenarios entwerfen, in denen das Universum eine Sphäre reversibler Zeit, des ›Unbegonnenen‹, ist. In ihrem Naturzustand, in natürlicher Sprache, werfen der menschliche Intellekt und sein psychologischer Nährboden, möglicherweise bis hin zu den tiefsten Tiefen des Vorbewußten, die Frage der Grundlegung auf«.[18] Alle Dichtung folgt diesem undenkbaren Gedanken nach. So kann George Steiner die großen Werke der Weltliteratur als »Grammatiken der Schöpfung« bezeichnen, die Epen Homers ebenso wie das Buch Hiob, Platons »Timaios«, die Werke Dantes, Hölderlins, Flauberts und Paul Celans. Deutlich ist, daß sich die Erfindungen und die Entdeckungen der Naturwissenschaften kategorial von der Kreativität des poetischen oder auch des philosophischen Entwurfs unterscheiden. Denn die poetische Kreativität ist Wiederholung, Nachschöpfung des (zumindest vorgestellten) ersten Augenblicks der Existenz. Alle große Literatur, so noch einmal Steiner, sei in diesem Sinne nichts anderes als ein einziges Déjà-vu, ihr eignet der Glanz des Schöpfungsmorgens und der grundlegende Gedanke einer Verantwortung des Schöpfers für seine Schöpfung.

3. Das »Furchtzentrum« der Moderne

Die Moderne ist davor erschrocken, daß vor der kalten Rationalität des Findens und Erfindens im Bannkreis des Bestehenden die Frage nach dem ersten *fiat* entschwinden könnte, daß im unaufhörlichen Fragen des *homo quaerens* der Mensch nicht mehr nach dem Bilde seines Schöpfers, sondern sich selbst zum Bilde geschaffen wird, daß der Begriff der »Schöpfung« entleert und damit auch der Begriff der künstlerischen Kreativität seine Aura verlieren würde. Das »Furchtzentrum« der Moderne überdeckt somit auch jene elementaren Bereiche, die bisher der technischen Verfügbarkeit entzogen schienen, die dem Geheimnis des Lebens unterworfen waren und eher probabilistisch als deterministisch erfaßt werden können. Wenn jetzt der Albtraum des Homunculus, des künstlichen Menschen, wieder ersteht, wenn Neugier und Rationalität vereint tatsächlich »an den elementaren Tasten« zu basteln beginnen, ist es nicht verwunderlich, daß auch bedeutenden Fortschritten der Medizin, etwa der Konstruktion eines künstlichen Uterus, dem gezielten Eingriff in die Keimbahn, der Organzüchtung durch therapeutisches Klonieren etc., der Schreckensruf der Poesie vor einem mit Riesenschritten nahenden nach-humanen Zeitalter antwortet. Durs Grünbein hat in einem vom Lob der Geburt und des Werdens eines Menschen, von der Bewunderung für nichtinvasive Hirnforschung und der Satire invasiver Gentechnik durchzogenen Buch diese Angst vor dem Verlust des Geborenseins und damit vor einer »künstlichen Schöpfung« dem »Furchtzentrum« zugeordnet. Auf den 9. August des Jahres 2000 ist der hier einschlägige Eintrag in das Berliner Arbeitsbuch datiert:

> »Nach der kopernikanischen Wende, die nur ein Weltbild, der Einsteinschen, die immerhin die Materie aufs Spiel gesetzt hatte, kommt nun die Genomische Revolution, mit der das Leben selbst zum Spielmaterial wird. [...] Nicht

> mehr lange, und auf den Ärztekongressen wird uns der erste Homunculus präsentiert. Seneca hat, zweitausend Jahre vor seinem Inkrafttreten, den schrecklichen Augenblick vorweggenommen. In seiner exzessiven Variante der Ödipus-Tragödie verschränken sich, in der Schilderung des Krankheitsverlaufes anhand der Pest, Mythologie und Pathologie zum visionären Schauerbild. ›Was ist das, Vater? ‹ fragt Tochter Manto den blinden Seher Teiresias. *Natura versa est; nulla lex utero manet.* ›Die Natur hat sich verdreht, der Mutterleib kennt kein Gesetz mehr ... Was ist das Ungeheuerliches?‹ Dies ist das Furchtzentrum, genau hier setzt die Bestürzung ein. Weil aus dem Uterus das Naturgesetz folgt, alles Leben als Geborenes definiert ist und mit ihm Familie und Gesellschaft, wird die Gefahr einer künstlichen Schöpfung buchstäblich namenlos sein.«[19]

In der Tat: das unbekümmerte Triumphgeschrei, mit dem immer neue Stationen auf dem Weg zur Abschaffung des Geborenseins, als dem Normalfall des Menschen, verkündet werden, zeugt von Gefühllosigkeit und jener Arroganz des Expertentums, welche der Entwicklung der Wissenschaft mehr schadet als alle bürokratischen Hindernisse. »Allzu kurios erscheint die Literatenvision, der klonierte Mensch könnte, dank eines winzigen Lapsus bei der In-vitro-Zucht, dem braven Rotpeter, Kafkas gelehrigem Affen, in umgekehrter Richtung begegnen, an dem tierischen Aufstieg vorbeiziehn zurück in die Zeitentiefe der Evolution. Was uns nicht alles bevorsteht bei der Überfahrt in die künstlichen Paradiese, welche lustigen Anachronismen, welcher Zirkus der ungewollten Mutationen!«[20]

Hier also erscheint sie wieder, bei Enzensberger, bei Grünbein, bei Adolf Muschg, bei Arnold Stadler und vielen anderen Dichtern der Moderne, die Angst des jungen amerikanischen Juristen, mit dem ich durch Berlin gegangen bin. Es ist eine Art von epochalem Bewußtsein, einer »letzten«, natürlich geborenen Generation anzugehören, deren Entstehung noch mit den Begriffen des Zufalls, der Kontingenz, des Schicksals zu fassen ist. Die neue (von Konrad Beyreuther markierte) Zeitbeschleunigung ist dabei an folgenden Daten abzulesen: 1953 die Entdeckung der Doppelhelix – 1978 die Geburt von Louise Brown, des ersten sogenannten Retortenkindes, das im Juli 2003 zusammen mit annähernd 1000 Kindern, die durch künstliche Befruchtung zur Welt gekommen sind, im englischen Cambridge ihren 25. Geburtstag feierte – 2000 die Entzifferung des Humangenoms – 2003 die Entdeckung, daß aus Stammzellen auch Keimzellen entstehen, die Anfänge also zyklisch sein können – um nur die seriösen Daten in der auch an Verirrungen reichen (und kurzen) Geschichte der Biotechnologie zu nennen.

Die Literatur antwortet auf diese Triumphstraße der Lebenstechnik mit Satire. Nicht, weil es ihr an Respekt für die Leistungen der Wissenschaft gebricht, sondern weil ihr vor dem kalten Expertentum graut, weil sie die nachdenklichen Töne im Wettlauf der Biopatente und selbst den schüchternsten Ansatz zur sozialen Einbettung der neuen Erkenntnisse vermißt. Arnold Stadler, der 1954 in Meßkirch geborene Büchnerpreisträger des Jahres 1999, hat in der öffentlichen Debatte über die Forschung an embryonalen Stammzellen die Anzeichen eines naiven Szientismus entdeckt, der den Menschen die Ursprungsmythen zu entziehen sucht, wie einst die Aufklärung den Glauben an das Himmelreich: »Ich glaubte, daß den Menschen, die keine Experten und keine Theologen waren, sondern nichts als Menschen, gar nichts anderes übrigblieb, als die embryonale Stammzellenforschung und andere Ausgemachtheiten von heute anzunehmen wie früher einen Glauben, etwa an Christi Himmelfahrt.«[21] Das Halbwissen und die Aufgeregtheiten der Debatte (in den Jahren 2001 und 2002) erscheinen in dem Roman »Sehnsucht« nicht nur als Ausdruck von Beschleunigung, sondern als Anzeichen einer naturalistischen Verödung. Dieser Szientismus nämlich nimmt dem Menschen die phantasievolle Verwurzelung in den Mythen und Märchen der Völker, er versucht seine Ursprünge »wegzuerklären«; das Halbwissen läßt ihn alleine mit einer ungerichteten Sehnsucht, es ist »nichts als Scholastik, Theologie von heute«. Ganz konsequent hat deshalb bei einer Podiumsdiskussion im Mannheimer Landesmuseum für Technik und Arbeit zu Beginn des Jahres 2001 der Essayist Rüdiger Safranski ein »Menschenrecht auf Kontingenz, Zufall, Schicksal« gefordert. Er hat nicht nur der Menschenklonierung (in ihren unterschiedlichen Spielarten), sondern der ganzen, von Durs Grünbein so genannten »internen Körperpolitik« eine Absage erteilt. Der Titel dieser Diskussion »Nach wessen Bildnis sollen wir uns züchten?« hat bewußt den Text aus dem 1. Buch Mose zur Vorlage genommen: »Und Gott schuf den Menschen ihm zum Bilde, zum Bilde Gottes schuf er ihn« (1. Mose 1,27). Denn der Mensch hat sich durch die Jahrtausende hindurch nach einem Prinzip als erschaffen verstanden, das die Erhaltensbedingungen seiner Existenz überschreitet. Das Bild des Menschen hängt aufs engste zusammen mit dem Bild, das sich der Mensch von seinem Schöpfer macht.[22] Die in der Diskussion um die Folgen der Gentechnik zu lesenden und zu hörenden Bilder und Metaphern sind hybrid genug, um die Frage, nach wessen Bildnis die Menschen den Menschen der Zukunft züchten werden, ernsthaft zu stellen. Seit Peter Sloterdijks Rede über »Regeln für den Menschenpark«[23] hat sich die vorher fachwissenschaftliche Diskussion zu einer gesellschaftlichen Diskussion entwickelt. Das ist das Verdienst dieser Rede, wie immer man zu ihren Inhalten stehen mag. »Lebenstexte«, heißt es seither, seien entziffert worden, wo von Text noch keine Rede sein kann, höchstens von einer Buchstabenreihe. Die Rede ist von der »Handschrift Gottes«. In schönster Naivität meint James Watson, wir dürften »Gott nicht mehr die Zukunft des Menschen« überlassen; wir lebten, heißt es, in der Zeit »post Dolly creatam« und wie die Codierungen des Albtraumes von der Abschaffung des Menschen alle lauten.[24]

4. Unterschiedliche Anthropologien: Der perfekte und der gebrechliche Mensch

Als Hans Magnus Enzensberger im Magazin DER SPIEGEL im Juni 2001 seinen provozierenden Artikel gegen die gentechnische Perfektionierung des Menschen »Putschisten im Labor« veröffentlichte, erhielt er eine Fülle von Zuschriften, in denen er häufig den »Ton der verfolgenden Unschuld«[25] zu vernehmen meinte. In der Buchfassung dieses Aufsatzes (2002) hat er deshalb Belege und Zitate nachgeliefert, die in der Summe eine erschreckende Kälte gegenüber den Menschheitsängsten verströmen. Darin triumphiert der Wahn der Machbarkeit und des Experimentes, darin erscheint ein grundsätzlich anderes (eutopisch-visionäres) Denken als in dem des Angstgedächtnisses. »Es ist sowieso egal, was die Leute machen, denn sie werden bald zurückgelassen werden wie die erste Stufe einer Rakete. Unglückliche Existenzen, schreckliche Tode und gescheiterte Projekte sind Bestandteile der Geschichte des Lebens, seitdem es Leben auf der Erde gibt.« So lautet eines dieser Zitate aus der Feder eines Professors am MIT, der dann fortfährt: »Was aber auf lange Sicht zählt, ist das, was übrigbleibt [...]. Interessiert es uns wirklich noch, daß die Dinosaurier ausgestorben sind? In diesem Sinn wird auch das Schicksal der Menschen für die hochintelligenten Roboter der Zukunft völlig uninteressant sein. Die Menschheit wird als ein gescheitertes Experiment gelten.«[26]

Wer die Fülle dieser Zitate auf sich wirken läßt und ihre tägliche Vermehrung in Zeitungen und Fernsehsendern bemerkt, wird einen grundlegenden Streit zwischen unterschiedlichen Denkkulturen nicht mehr abweisen können. Es ist der Streit zwischen differenten Anthropologien. Die eine Anthropologie erstrebt die (bio-)technische Perfektionierung des Menschen und damit eine grundstürzende Veränderung der menschlichen Spezies; die andere versucht, trotz aller Fortschritte in der Erkenntnis über die Veränderbarkeit des Menschen an der Zerbrechlichkeit des Irdischen, am Nicht-Perfekten als dem zentralen Kriterium des Menschlichen festzuhalten; sie behauptet die Todesanfälligkeit des Menschen zu der er sich in Freiheit, im »Sterben«, ins Verhältnis setzen kann.[27] »Der langlebige Mensch als raffinierteste Warenform kommt in Sicht«, sagt Durs Grünbein. »Die Reklame hat schon begonnen. Die Subskriptionsliste für das Unsterblichkeits-Ticket wird jedenfalls länger sein als die für Klassikerausgaben oder Charterflüge zum Mond.«[28]

Da Homunculus, der künstliche Mensch, und die künstliche Zeugung ebenso Visionen Goethes sind wie die Vorstellung eines selbständig agierenden, künstlichen Gehirns, ist es nicht verwunderlich, daß die Diskussion zwischen den unterschiedlichen Menschenbildern, zwischen der Vorstellung des zu optimierenden und der des in seiner Gebrechlichkeit erst menschlich werdenden Menschen, unter anderem mit einer Goethe-Rede begonnen hat. Sie wurde von Adolf Muschg, dem Schweizer Romancier, im September 2000 in Berlin gehalten und trägt den Titel »Der Schriftsteller und die Gene«. Muschg hat in dieser Rede bezweifelt, daß das Humangenom-Projekt tatsächlich »Leben« im vollen Sinn des Wortes entziffert habe; er hat im »Gen-Fetischismus«, in der wundergläubigen Faszination unserer Zeit durch einen neuen flachen Wissenschaftsglauben »ein paar hundert Jahre Aufklärung« im Ausverkauf gesehen und über jene Schnittstelle gesprochen, die uns aus dem Blick zu geraten scheint, über »die Schnittstelle zwischen der Gentechnologie und der von ihr ausgesparten individuellen Realität«.[29] Eine Dämonisierung der Gentechnologie oder zumindest ihre Mythisierung hat Muschg streng von sich gewiesen. Er bezweifle, sagte er, »keinen Augenblick, daß ihre Vertreter für die Kundschaft nur das Beste wollen, ich fürchte mich nur davor, daß sie es ihnen gibt«. Dieses »Beste« aber ist – bezogen auf die nun mögliche Veränderung des Menschen – eben jene leichtfertig versprochene Optimierung, welche sich in wirksamer »Risikovermeidung« niederschlagen könnte und im Zeichen der veränderten Normalität bereits niederschlägt. »Dazu gehört, daß man Leben, von dem bestimmte Risiken zu erwarten sind, gar nicht erst aufkommen läßt. Die Repression wird Methode haben, dafür darf sie kein Wahnsinn sein: sie spricht im Ton vernünftigen Kalküls. [...] Befürchtetes Leben im Keim zu verhindern, wird, dank der Gentechnologie, normaler werden, auch schmerzloser – zumal sie die Aussicht eröffnet, sich ein ebenfalls schon im Keim problemloses Leben zu besorgen, ein besseres, ein schöneres. Was als gut und schön gelten darf, wird immer mehr generalpräventiv durch Verhütung des Unguten und Unschönen bestimmt sein, oder was das Sicherheitsbedürfnis dafür hält [...].«

Adolf Muschg hat sich nicht auf die ganze Breite der Genforschung eingelassen, nicht auf die Fragen gentechnisch veränderter Lebensmittel, auf Pflanzenzucht, Tierzucht und Arzneimittelherstellung, auch er hat ausschließlich das »Furchtzentrum« der Moderne benannt, die platte Normierung des Menschlichen nach Nützlichkeits- und Wirtschaftlichkeitskalkül. Der von der Genforschung nicht zur Kenntnis genommene zentrale Gedanke der nicht nur einmal darin auf Goethe bezogenen Rede, daß bei diesem das Naturverständnis auf dem Individuum, dem »einzelnen Fall« als dem »Allgemeinen« aufruhte, ist der Zweifel an der quantifizierenden Berechenbarkeit dessen, was »Leben« bedeutet. Es könnte doch sein, meinte Adolf Muschg zu Recht, »daß die Kodierung des Menschen vielleicht nicht an seine Grenzen gestoßen ist, sondern an ihre eigenen. Noch lebt, hungert, dürstet, atmet dieser Organismus in einer vordigitalen Welt, in der er ein paar Jahrmillionen Erfahrungen sammeln mußte, um zu werden, was er ist: ein Geschöpf hochflexibler Identität, mit einem entsprechenden Ausdrucksvermögen bis in die Substanz seiner molekularen Struktur. Wer vom Rechner einen gleichen Ausdruck verlangt, verlangt viel.« So geht es für Muschg auch um »ein ganz neues Human-Design«, um ein »einstweilen [›einstweilen‹, das war im Jahre 2000] noch verschämtes eugenisches

Instrumentarium«, um den ungeduldig beschleunigenden Eingriff des Menschen in die natürliche Evolution und die sie bestimmenden Zufälle. Gegenüber der unheilvollen Vorstellung eines optimierten Lebens, eines mit dem »Funktionsdialekt« des Verkaufs kompatiblen, nagelneuen (und normierten) Bildes von Krankheit und Gesundheit, besteht Adolf Muschg auf dem Nicht-Perfekten, dem Nicht-Optimierten als den zentralen Charakteristika des Menschlichen. Er hat ein Recht des Menschen auf einen nicht perfekten Körper, auf einen nicht perfekten Geist behauptet und damit dem schon von Elias Canetti gerügten »Spitzenwahn« widersprochen, dem eine Zeit verfallen ist, welche das »Normale«, eben das Nicht-Perfekte, das mit Mängeln Behaftete, mißachtet.[30] Damit ist – wiederum ähnlich wie bei Elias Canetti – »Erinnerung« der Gegenbegriff Muschgs gegen den Fortschrittsrausch und das sich steigernde Tempo des Wettbewerbs. Goethe traut er »weitreichende Erinnerungen« zu, »und ›Erinnerung‹ hat nicht nur den Index der Vergangenheit. In einem elaborierten Code wie demjenigen Thomas Manns kommt sie auch als ›Mahnung‹ vor – an die Selbstverpflichtung der Kultur«. So folgt Adolf Muschg in einer viel zu wenig beachteten Rede dem alten Humanitätsgedanken, wonach die Position zwischen den Extremen, metaphorisch gesprochen die Position zwischen Engel und Teufel, die des Menschen ist. Denn der Mensch ist in der »gebrechlichen«, nicht in einer perfekten »Einrichtung der Welt« zu Hause.[31]

Dieser Autor gestattet sich eine »bösartige Phantasie [bösartig für jede einzelne und jeden einzelnen seiner Zuhörerinnen und Zuhörer im Berliner Wissenschaftsforum]. Angenommen, die Gentechnologie hätte sich vor hundert Jahren entwickelt, angenommen, sie hätte bald danach die gefürchtete Korrektheit, eine neue Orthodoxie erzeugt. Ich schließe jede Wette darauf ab: In unserem genetischen Text hätten sich Gründe genug dafür finden lassen, daß wir besser nicht sein sollten, also nicht hätten werden dürfen. Was uns heute noch in die Lage versetzt – vielleicht dazu verpflichtet –, sehen, hören, wissen zu wollen, ist allein die Tatsache, daß jeder und jede die Chance erhalten hat, unzweifelhafte Defekte zu kompensieren, wahrscheinlichen zu begegnen, wirkliche zu ertragen. So etwas nannte man, glaube ich, Lebensarbeit, Lebensleistung, im höchsten Fall Lebenskunst. Ich nenne es immer noch so.«[32] In der Tat stellt sich die Frage, ob schon unter den (heutigen, gesellschaftlich anerkannten) Bedingungen der Pränatalberatung je eines der sogenannten Contergan-Kinder die Chance erhalten hätte, zu leben und zu arbeiten. Die Informations- und selbst die Wissensgesellschaft ist weder ethisch noch sozial dem von ihr geschaffenen und verbreiteten Wissen gewachsen, weil die Differenzierung der Wertbereiche außer Balance geraten ist. Es ist mir unverständlich, weshalb die seriöse Wissenschaft auf diese doch gewichtigen Einwände aus dem »Furchtzentrum« der Moderne noch immer mit dem platten Fortschrittsgerede des 19. Jahrhunderts antwortet, weshalb sie meinen kann, ausschließlich durch vermehrte Information und vielleicht sogar durch Indoktrination (etwa der Schulkinder) ein Dilemma zu lösen, von dem längst deutlich geworden ist, daß es aus dem uns vertrauten Frageraster herausfällt, daß es neue Fragen enthält und damit auch neue Antworten erfordert.

Wenige Monate nach Adolf Muschgs Berliner Rede hat Durs Grünbein, der, 1962 geboren, nicht im Verdacht steht, der beargwöhnten Generation »alter Männer« anzugehören, im Magazin Der Spiegel, am 13. November 2000, unter der Überschrift »Leute, wollt ihr ewig sterben?« eine Satire auf die (von ihm so genannte) »genetische Revolution« veröffentlicht. Diese Satire geriet ihm zu einer Philippika auf die Folgen der »gelungenen Blaupause« des Menschen. Der Aufsatz im Spiegel entspricht dabei dem Eintrag, der unter dem Datum des 31. August [2000] in Grünbeins Arbeitsbuch »Das erste Jahr« (2001) nachzulesen ist. Auch Grünbein wendet sich, wie seine Kombattanten, gegen das leichtfertige Schlagwort von der Optimierung des Menschen: »Es beruhigt ungemein, wenn uns die Genforscher versichern, daß sie einstweilen nur an ausgewählten Stellen in die Embryogene einzugreifen gedenken. Hier und da ein wenig Optimierung, mehr soll gar nicht sein. Und doch beschleicht einen der Gedanke: Was, wenn diese letzte Lockerung auch hier den Fehlerteufel, getarnt als menschlichen Faktor ins Spiel bringt? [...] Die kleinste Unachtsamkeit im Genlabor, der geringste Übertragungsfehler eines übermüdeten Assistenten würde demnach genügen, um mit Fleisch und Blut Schicksal zu spielen.«[33] Ob es soviel besser ist, wenn uns die Stammzellenforscher versichern, daß alle Klone, die zu Forschungszwecken hergestellt werden, nach einer Entwicklung von 14 Tagen getötet werden? Die »Genomische Revolution« aber, die Grünbein heraufziehen sieht, einstweilen noch als »Bio-Utopien auf der Suche nach Investitionskapital« getarnt, birgt in sich die hochmütige Gefahr der Epigenese, den Versuch, den alten Traum von der Selbstschöpfung des Menschen zu verwirklichen: »Man kann es schon blöken hören, das neue Unsterblichkeits-Schaf. Es trägt alle Züge des Letzten Menschen, wie Nietzsche ihn karikiert hat: Ich habe das Glück erfunden, meckert es, und blinzelt zufrieden. Endlich wird der Mensch wirklich der langersehnte Selbstschöpfer sein, einzige Ursache seiner Majestät.« So ist die – nicht realiter, aber im utopischen Denken längst – vorausentworfene Wende mehr als die kopernikanische, die darwinische und die freudianische Wende im Bewußtsein des Menschen zusammengenommen: »Von sich selbst befreit, Herr seiner Determinanten, mag sich der alte Adam getrost vergessen. Alles, was diesen schwierigen Aufrechtgänger zuinnerst geprägt hat – der Sprung aus der Nahrungskette auf die exzentrische Lichtung, das Ödipus-Drama seiner Familiengeschichte, Geburt und Tod seiner Götter –, wird damit zur bloßen Vorgeschichte degradiert.«

Das »fröhliche Zeitalter des Menschenmachens«, welches von innen her den Angriff auf Bild und Phänomen des Menschen führt, hat jenen Typus entworfen, den die Dichter am meisten fürchten, den universellen Langeweiler. Dieser Typus tauscht das Abenteuer des gebrechlichen Lebens gegen die »biologische Vorsehung«, in Geburt und Dasein und Tod abhängig von der Kontrolle derer, die ihn geschaffen haben. Es ist, als habe der junge Jurist, mit dem ich durch Berlin gegangen bin, das (damals noch gar nicht erschienene) Buch von Durs Grünbein gelesen, der das epochale Bewußtsein der jungen Generation heute sarkastisch so formuliert: »Beneide sie nicht, deine effizienteren Nachfahren, jene genoptimierten Superenkel, die aus allen Poren Vollkommenheit ausstrahlen. Ihr Schicksal wird die Langeweile sein, die Trübsal am Rande der posthumanen Wüsten. Länger als je zuvor ein Mensch müssen sie unter ihresgleichen verweilen, umgeben von lauter zählebigen hundertprozentig gesunden Phäaken, die alle dieselbe Einheitszeit teilen. Dir als Letztem wird es vergönnt sein, am Ende deiner gezählten Tage, nach einem verworrenen Leben, das frei war von biologischer Vorsehung, erschöpft die Augen zu schließen – nach sterblicher Vorfahren Art.«

Die in deutscher Literatur verbreiteten Visionen, Utopien und ihre Satiren sind vorweggenommen in einem Roman, der im Jahr 1998 in Paris erschienen ist und dann zu einem im Juni 2004 in Zürich erstmals aufgeführten Bühnenstück verarbeitet worden ist, in Michel Houellebecqs *Les particules élémentaires*. Im Jahr 1999 ist der Roman unter dem Titel »Elementarteilchen« ins Deutsche übersetzt worden und seither auch als Taschenbuch in großer Auflage verbreitet. Houellebecq berichtet vom Schicksal zweier Halbbrüder, Bruno und Michel Djerzinski, die in der zweiten Hälfte des 20. Jahrhunderts leben. Da Houellebecq in diesen Halbbrüdern zwei extreme Lebensentwürfe gestaltet, einen triebhaften und einen intellektuellen, und er außerdem in der Beschreibung von Brunos Leben mit der Lebenshaltung und der Lebensführung der 68er Generation abrechnet, enthält der Roman auch Beschreibungen extremer Sexualität und gehört doch (oder vielleicht sogar deswegen) zu den großen weltdeutenden Texten am Ende des blutigen, perversen und verwirrten 20. Jahrhunderts. In den *Elementarteilchen* entwirft der vom Physiker zum Biochemiker konvertierte Michel Djerzinski nicht weniger als ein neues Menschheitsparadigma. In einem Aufsatz in der Zeitschrift »Nature« veröffentlicht er im Juni 2009, kurz vor seinem rätselhaften Verschwinden, »Prolegomena zu einer vollkommenen Replikation«. Die Entwertungen, die mit menschlichem Leben im letzten Drittel des zu Ende gehenden Jahrhunderts geschahen, sind für den Erzähler in den *Elementarteilchen* nicht nur Symptome einer materialistischen Anthropologie, sondern Vorboten der rapide geschehenden Abschaffung des Menschen. Man könnte versucht sein, den Roman als Science-Fiction zu lesen, dann aber als einen Science-Fiction-Text, dessen Versatzstücke sämtlich der europäischen Realität am Ende des 20. und am Beginn des 21. Jahrhunderts entnommen sind: »Zum einen wurde dem Fötus, jener kleinen Anhäufung von Zellen in fortschreitendem Differenzierungsprozeß, nur noch unter der Voraussetzung eines gewissen gesellschaftlichen Konsens (keine erbliche Belastung, die zu Mißbildungen führt, Einwilligung der Eltern) eine individuelle autonome Existenz zuerkannt. Zum anderen konnte der Greis, jene Anhäufung von Organen in fortschreitendem Auflösungsprozeß, nur noch dann das Recht auf Überleben für sich in Anspruch nehmen, wenn seine organischen Funktionen ein Minimum an Koordination aufwiesen [...].«[34]

Die »antagonistischen Anthropologien«, welche die Erzählerstimme in Houellebecqs Roman im Streit miteinander sieht, sind eine christliche Anthropologie, die »allem menschlichen Leben von der Zeugung bis zum Tod eine uneingeschränkte Bedeutung« einräumt, und eine unter dem Druck des Fortschritts in der Biologie sich entwickelnde materialistische Anthropologie, die an Bedeutung und Einfluß im letzten Drittel des 20. Jahrhunderts stetig zunahm: »Auch wenn die Probleme bezüglich des Werts des menschlichen Lebens nie offen ausgesprochen wurden, bildeten sie sich in den Köpfen der Menschen immer stärker heraus; man kann ohne Zweifel behaupten, daß sie in der Endphase der westlichen Zivilisation maßgeblich daran beteiligt waren, ein allgemein verbreitetes depressives, wenn nicht gar masochistisches Klima zu schaffen.«[35] Das Modell von Houellebecqs Roman ist Aldous Huxleys Utopie von der Herrschaft der Naturwissenschaften *Brave New World* (1932), denn im Gespräch der Brüder Djerzinski wird Huxley von Michel als »einer der einflußreichsten Denker unseres Jahrhunderts« bezeichnet. Bruno aber entnimmt dieser frühen Utopie des Totalitarismus die Kennzeichen des von ihm ersehnten Paradieses: in diesem Paradies herrscht die Trennung von Zeugung und Sexualität, die künstliche Fortpflanzung der Menschen im Genlabor, dort verschwinden die familiären Beziehungen, dort herrscht (zumindest in der äußeren Erscheinung) ewige Jugendlichkeit: »Und wenn es dann nicht mehr möglich ist, gegen den Alterungsprozeß zu kämpfen, stirbt man freiwillig durch selbstbestimmte Euthanasie; sehr diskret, sehr schnell, völlig undramatisch.« Michel Djerzinskis Idee also ist es, die Geschlechtsdifferenzierungen abzuschaffen, »über den Rahmen der geschlechtlichen Fortpflanzung« hinauszugehen, »um die topologischen Bedingungen der Zellteilung in ihrer allgemeinsten Form zu untersuchen«. So entdeckt er auch, daß die angeblich vernunftgesteuerten, freien Entscheidungen des Menschen so frei gar nicht sind, daß im gesellschaftlichen und staatlichen Leben ständig Freiheit und Unvorhersehbarkeit verwechselt werden. Unfähig zu lieben, vermehrt er das Wissen der Menschheit bis zu dem Punkt, wo es aufgrund seiner Erkenntnisse möglich ist, die speziesverändernde Mutation herbeizuführen, den Menschen durch eine neue Spezies zu ersetzen.

Die Nachfolger Michel Djerzinskis, die auf der Basis seiner 2009 erschienenen »Prolegomena zu einer vollkommenen Replikation« seine Theorie zur Beendigung aller Grausamkeiten zwischen den Menschen in Praxis umsetzen – freilich auf

Kosten der Abschaffung des Menschen –, werden seit 2021 von der UNESCO unterstützt. Die Arbeitshypothese ist dabei radikal. Sie lautet: »Die Menschheit müsse verschwinden; die Menschheit müsse einer neuen geschlechtslosen, unsterblichen Spezies das Leben schenken, die die Individualität, die Trennung und das Werden überwunden hat.« Die neue intelligente Spezies, die dann (2029, gerade 60 Jahre nach der Mondlandung) erscheint, ist eine Spezies, »die der Mensch ›ihm zum Bilde, zum Bilde des Menschen‹ schuf«. Sie hat Ähnlichkeit mit jenem »Bodynet«, in dem der Mensch »in einer Molekülkette, die theoretisch ununterbrochen sein könnte, zu einer Episode seiner oder ihrer früheren Inkarnationen« wird.[36] Den technizistischen Buddhismus, der hier gelehrt wird, hat Houellebecq selbst gesehen, wenn er erzählt, daß die monotheistischen Religionen der Schaffung einer neuen Spezies heftig (aber vergeblich) widersprochen hätten, während die Buddhisten darauf hingewiesen hätten, »daß der Erleuchtete [Buddha] , auch wenn er sich eher der Meditation gewidmet hatte, das Prinzip einer technischen Lösung nicht unbedingt zurückgewiesen hätte«.[37]

Auf die Schilderung der Mutation aber, auf die Beschreibung der Abschaffung des Menschen durch den Menschen folgt in Houellebecqs Roman eine kurze und bewegende Nachrede zum Ruhme dessen, welcher diese Leistung (sich selbst abzuschaffen) vollbracht hat, eine Nachrede zum Ruhme des Menschen. Denn das eigentliche Bestreben des Buches – so teilt uns die Erzählerstimme auf den letzten Seiten mit – bestehe darin, »jene leidgeprüfte, mutige Spezies« zu ehren, die einstmals die Erde zu beherrschen schien und nun am Aussterben war:

> »Jene schmerzbeladene, nichtswürdige Spezies, die sich kaum vom Affen unterschied und dennoch so viele edle Ziele angestrebt hat. Jene gequälte, widersprüchliche, individualistische, streitsüchtige Spezies mit grenzenlosem

Egoismus, die manchmal zu Ausbrüchen unerhörter Gewalt fähig war, aber nie aufgehört hat, an die Güte und an die Liebe zu glauben.«

So ist die Geschichte der Brüder Djerzinski ein Abschied von dem Menschenbild, wie es die schier endlose Folge der Generationen seit jenen Anfängen gekannt hat, als die Vorläufer des *homo sapiens* sich aufrichteten und aus dem Schatten der Wälder in die Savannen hinaustraten, als die frühen Menschen lernten, sich die Elemente dienstbar zu machen, als sie sich Werkzeuge schufen und die Sprache erfanden, als sie Gemeinschaften bildeten, als sie über ihre Vergänglichkeit nachzudenken begannen und so den Sinn für das Schöne entdeckten, der sie endgültig von ihren tierischen Ahnen schied. Michel Houellebecqs Buch ist – so lautet der letzte Satz – »dem Menschen gewidmet«. Es macht in einer Zeit, in welcher der Mensch durch wissenschaftliche Phantasien gefährdet ist, das entschwindende Bild des Menschen noch einmal kontrastreich bewußt.

5. Die Schönheit des Menschen

Die Moderne hat nicht nur die Ästhetik des Häßlichen entdeckt, sondern auch den naturwissenschaftlichen Fortschritt als ein lyrisches Thema, und die Schülerinnen und Schüler Gottfried Benns haben es in deutscher Sprache weiterentwikkelt. So hat Durs Grünbein schon in seinem Gedichtband »Schädelbasislektion« die Vision des neuen Phänotyps entworfen und dabei ex negativo die Vielfalt, die Humanität, die Schönheit des menschlichen Körpers in einem Zustand verdeutlicht, wie er sich durch 30000 Jahre hindurch kaum verändert hat. Nur dieser durch evolutive Anpassung entstandene Körper ist in der Lage, Welt, Natur und Mitlebende als schön und liebenswert zu erfahren. Der veränderte Phänotyp, welcher der Veränderung des Genotyps folgen könnte, wäre dem

Schrecken des Natürlichen ungehindert ausgeliefert, er würde vermutlich dem Wahnsinn verfallen:

»[...]
Stell dir vor: Ein Café voller Leute, alle
Mit abgehobenen Schädeldecken, Gehirn
Bloßgelegt
(Dieses Grau!) und dazwischen
Nichts mehr was eine Resonanz auf den
Terror ringsum
Dämpfen könnte. Amigo, du
Würdest durchdrehn mit diesem einen
Nerventötenden Sinus-Ton von
Garantiert 1000 Hz. [...]«[38]

Um wenigstens noch ein Beispiel zu nennen: Anne Beresford, die 1929 in Redhill (UK) geborene Lyrikerin, hat in einem großen Schöpfungsgedicht die Hybris des Wissens und des Machens bloßgestellt und die »Sünderin« des Neuen Testamentes zum Inbegriff des Menschen gewählt. Sie hat den Wahn vom Überleben komplexer Individuen dem Gelächter der Möwen und dem Geschwätz der Stare preisgegeben und verdeutlicht, wie wenig der Mensch von der Natur weiß, in deren Inneres er sich eingedrungen wähnt. Ihr »Overheard Song of Praise« überschriebenes Gedicht ist bewußt neben das biblische »Magnificat« Mariens, der Mutter des Erlösers, gestellt. Es intoniert den Lobgesang des seiner Schwachheit bewußten Menschen und bekräftigt die jetzt bezweifelte Formel des Aschermittwoch (»and to dust we shall certainly return«), um in dem größten Wort des Neuen Testamentes, dem Wort der Vergebung, zu münden: »Wherefore I say unto thee, Her sins, which are many, are forgiven; for she loved much: but to whom little is forgiven, the same loveth little.« (Luk. 7, 47). Inmitten der Utopien von Mutation, Unsterblichkeit und der Optimierung des Menschen also hält Anne Beresford am geprägten Bild des Menschen fest, bestimmt durch das Eingeständnis des Nichtwissens, durch den Lobpreis des Wunders der Schöpfung, des für immer rätselhaften Planes des Schöpfers:

»As the morning star began to fade
a woman raised her arms
to proclaim the wonder of creation:

›All things in the heavens
under the sea
and on the earth
are confounding I agree, Lord,
down to the finest detail
no wastage
and to dust we shall certainly return.
Your plan for us is an enigma
we are left with doubts.

[...]

Nothing contains nothing but you contain all.
The seagulls laugh when I ask for understanding
the starlings chatter among themselves
amazed at my ignorance.

Into this darkness shed some light
for the path you indicate
is hardly wide enough for souls to pass.
In your extraordinary nothingness
take my love its many facets
imperfect and at times ridiculous
– the tenuous link which holds me to you –
let it grow with the bursting of Spring
with the heat of Summer
the grief of Autumn

the final ice of Winter
then say again:
›She has loved much‹«.[39]

*

An der Auseinandersetzung zwischen der natürlichen Evolution und dem kulturellen Wandel, in dem wir uns dazu bekennen, freie Wesen zu sein, wird sich das in Umrissen erkennbare neue Menschenbild des 21. Jahrhunderts entscheiden. Wir wissen nicht, ob wir einen Mittelweg zwischen den Extremen finden werden. Jedenfalls werden zwei Kulturen, die naturwissenschaftliche und die ästhetische, mit unterschiedlichen Anthropologien an der Entwicklung des neuen Bildes vom Menschen beteiligt sein. In diesem Menschenbild wird vermutlich die Notwendigkeit künftig eine größere Rolle spielen als der Zufall, ohne daß es aber ein »Menschenrecht auf Kontingenz« geben wird, ohne daß die Erklärung des Menschen allein aus materiellen Bedingungen möglich sein wird. Wenn sich der Pulverdampf der Auseinandersetzung um Anfang und Ende des Lebens, um Langeweile und künstliche Menschenzeugung, um Instinkt und freie Entscheidung einmal verzogen hat, wird dieses Ziel der Näherung von natürlicher Evolution und kulturellem Wandel auch der ästhetischen Kultur als ein gemeinsam mit der Wissenschaft zu verfolgendes Ziel erscheinen. Dann wird vielleicht auch ein fruchtbarer Dialog zwischen Wissenschaft und Kunst wieder beginnen, dann wird – nach Enzensbergers Formulierung – »auch eine Wissenschaft, die wir achten und mit der wir leben können, wieder eine Chance haben«.[40]

Anmerkungen

1 Einige Passagen des vorliegenden Textes überschneiden sich mit dem Text meiner Vorlesung bei der Gerda Henkel-Stiftung: »Die Trübsal am Rande der posthumanen Wüsten«. Zum Menschenbild in der modernen Literatur. Münster 2001.

2 Wolfgang Hildesheimer: Der Mensch wird die Erde verlassen. In: STERN 16, 12. April 1984. Wolfgang Hildesheimer hat seine Skepsis gegenüber Genetik und Biotechnik, die ihn zur Aufgabe des Schreibens gezwungen hat, häufiger, u. a. auch in der Weilheimer »Rede an die Jugend« 1991 formuliert. In dieser Rede allerdings erscheint ein Wort, das Hildesheimer im Interview noch abgewiesen hat; nämlich die »Hoffnung«, daß wir Menschen uns doch einmal »der Erde als Natur« würden »annehmen können«. Hildesheimer starb am 21. August 1991 in Poschiavo.

3 Der angesprochene Max ist Hildesheimers Freund Max Frisch, dem der einstmals leidenschaftliche Pfeifenraucher in diesen Jahren seine Sammlung von mehreren hundert Pfeifen schenkte.

4 Christa Wolf: Kassandra. Erzählung. Darmstadt und Neuwied 1983, S. 120. Das Buch wurde in dieser Ausgabe rasch zum Kultbuch der Frauenbewegung im westlichen Teil Deutschlands.

5 Wenn ich Wolf Singer, Gerhard Roth, Wolfgang Prinz u. a. folge, so ist die Möglichkeit menschlichen Wollens in der Freiheit der Entscheidung zwischen Alternativen sehr eingegrenzt.

6 Wolfgang Hildesheimer: Mitteilungen an Max, S. 52.

7 Vgl. Wolfgang Hildesheimer: Endlich allein. Collagen. Frankfurt am Main 1984; und ders.: In Erwartung der Nacht. Collagen. Frankfurt am Main 1986.

8 Hildesheimer im Interview mit Tilman Jens im STERN 1984.

9 Vgl. Übereinkommen zum Schutz der Menschenrechte und der Menschenwürde im Hinblick auf die Anwendung von Biologie und Medizin: Menschenrechtsübereinkommen zur Biomedizin des Europarates. In: Jahrbuch für Wissenschaft und Ethik 2 (1997), S. 285-303. Der aufschlußreiche, interpretierende Kommentar zur Menschenrechts-Konvention des Europarates ist in diesem Druck leider nicht enthalten.

10 Vgl. dazu den Schauder erregenden Bericht der Münchner Rechtsmediziner Fuat S. Oduncu und Wolfgang Eisenmenger: Geringe Lebensqualität. Die finstere Praxis der Sterbehilfe in Holland – bis zum Mord. In: SÜDDEUTSCHE ZEITUNG 17. Juli 2003, S. 11. Der (jedenfalls von mir) erwartete Aufschrei auf diesen Artikel ist ausgeblieben. Wir scheinen uns demnach an den »nicht mehr aufzuhaltenden Mißbrauch der Euthanasie« zu gewöhnen. Das folgende Zitat ebd.

11 KNA-Meldung in: DER TAGESSPIEGEL, Berlin 16. Juni 2001, S. 5.

12 Gespräch von Jordan Mejias mit Erwin Chargaff in der FRANKFURTER ALLGEMEINEN ZEITUNG 2. Juni 2001: »Es ist schon viel zu viel geschehen«.

13 Hans Magnus Enzensberger: Putschisten im Labor. Über die neueste Revolution in den Wissenschaften. In: Enzensberger: Die Elixiere der Wissenschaft. Seitenblicke in Poesie und Prosa. Frankfurt am Main 2002, S. 167 f.

14 Ernst Haeckel: Die Welträthsel. Gemeinverständliche Studien über Monistische Philosophie. Volks-Ausgabe. Bonn 1903. Mit einem Nachworte: Das Glaubensbekenntniß der Reinen Vernunft.

15 George Steiner: Grammatik der Schöpfung. München 2001, S. 25. Das folgende Zitat ebd. S. 24 f.

16 Enzensberger: Die Elixiere der Wissenschaft, S. 254.

17 Steiner: Grammatik der Schöpfung, S. 17.

18 Ebd. S. 24.

19 Durs Grünbein: Das erste Jahr. Berliner Aufzeichnungen. Frankfurt am Main 2001, S. 122.

20 Ebd. S. 152 f.

21 Arnold Stadler: Sehnsucht. Versuch über das erste Mal. Roman. Köln 2002, S. 72. Das folgende Zitat ebd.

22 Vgl. dazu den Bericht von Arno Orzessek: Genom sei der Herr. In: FRANKFURTER ALLGEMEINE ZEITUNG 17/18. Februar 2001.

23 Peter Sloterdijk: Regeln für den Menschenpark. Ein Antwortschreiben zu Heideggers Brief über den Humanismus. Frankfurt am Main 1999. »Wer heute nach der Zukunft von Humanität und Humanisierungsmedien fragt [heißt es bei Sloterdijk], will im Grunde wissen, ob Hoffnung besteht, der aktuellen Verwilderungstendenzen beim Menschen Herr zu werden.« Daß »richtige Lektüre« nur ein schwacher (bürgerlicher) Damm gegen die Verwilderung des Menschen ist, werden auch Sloterdijks Gegner zugestehen. Sloterdijk hat deshalb gefragt, ob »eine künftige Anthropotechnologie bis zu einer expliziten Merkmalsplanung vordringt; ob die Menschheit *gattungsweit* eine Umstellung vom Geburtenfatalismus zur optionalen Geburt und zur pränatalen Selektion wird vollziehen können«. Dies seien die Fragen, »in denen sich, wie auch immer verschwommen und nicht geheuer, der evolutionäre Horizont vor uns zu lichten beginnt«. In einer Nachbemerkung legt er Wert darauf, Fragesätze, nicht Voraussagen formuliert zu haben.

24 Vgl. u. a. James D. Watsons Artikel »Die Ethik des Genoms. Warum wir Gott nicht mehr die Zukunft des Menschen überlassen dürfen« in der FRANKFURTER ALLGEMEINEN ZEITUNG vom 26. September 2000 oder das Gespräch »mit drei Pionieren einer neuen Technologie«, unter der Überschrift »Alles, was der Mensch will, wird machbar sein« in der gleichen Zeitung am 21. September 2000.

25 Enzensberger: Die Elixiere der Wissenschaft, S. 169.

26 Vgl. Hans Magnus Enzensberger: Putschisten im Labor. Über die neueste Revolution in den Wissenschaften. In: DER SPIEGEL 2. Juni 2001; sowie ders.: Die Elixiere der Wissenschaft, S. 173.

27 Hermann Krings: Zur anthropologischen Relevanz der modernen Wissenschaften – Beitrag Philosophie. In: Quid est homo? Zur anthropologischen Relevanz der modernen Wissenschaften. Beiträge des Gesprächs zwischen Bischöfen und Wissenschaftlern am 3. Juni 1982 in der Universität Bonn. Bonn 1982, S. 34.

28 Grünbein: Das erste Jahr, S. 155.

29 Adolf Muschg: Der Schriftsteller und die Gene. Nach der Entschlüsselung des Genoms: Wir leben nicht mit Faust und Gretchen, sondern mit HUGO und CELERA. In: FRANKFURTER ALLGEMEINE ZEITUNG 7. September 2000, S. 58. Die folgenden Zitate ebd.

30 Vgl. Elias Canetti: Der Beruf des Dichters. In: DIE ZEIT 6. Februar 1976, S. 35: Canetti bezeichnet die Dichter als »die Hüter der Verwandlungen«. Es sei von

geradezu kardinaler Bedeutung, daß sie diese Gabe zur»Verwandlung« (das heißt zur Erinnerung und zur Bewahrung zerstörten mythischen Erbes) einer Welt zum Trotz übten, welche »auf Leistung und Spezialisierung angelegt ist, die nichts als Spitzen sieht, denen man in einer Art von linearer Beschränkung zustrebt, die alle Kraft an die kalte Einsamkeit der Spitzen wendet, das Danebenliegende aber, das Vielfache, das Eigentliche, das sich zu keiner Spitzenhilfe anbietet, mißachtet und verwischt [...]«. Canetti nennt die von ihm beschriebene, auf Spitzen und Perfektion fixierte Welt »die verblendetste aller Welten«.

31 Die Formulierung von der »gebrechlichen Einrichtung der Welt« nach Heinrich von Kleists Erzählung »Die Marquise von O.«. Hugo von Hofmannsthal zitierte diese Formel am Schluß seines Lustspiels »Der Unbestechliche«. Die modernen Dichter haben diese Formel als die Formel des Widerstandes gegen die Anmaßung und die Bedenkenlosigkeit der Perfektion entdeckt.

32 Ebenso argumentiert George Steiner in einem Gespräch mit *Le Magazine Littéraire* im Januar 2004. Die Gentechnologie fasziniere und erschrecke ihn: »Beethoven wäre nicht geboren worden.« Vgl. Jürg Altwegs Bericht »Ein Mandarin erklärt sich«, in: FRANKFURTER ALLGEMEINE ZEITUNG 10. April 2004.

33 Durs Grünbein: Das erste Jahr, S. 152. Die folgenden Zitate ebd. S. 154, 156, 158 f.

34 Michel Houellebecq: Elementarteilchen (aus dem Französischen von Uli Wittmann). Roman. Köln 1999. Daß auch in diesem Fall die Wirklichkeit die literarische Phantasie an Grausamkeit durchaus übertrifft, bedarf kaum der Beispiele. Ich verweise als Beleg für die auch in Deutschland zunehmende Brutalisierung der öffentlichen Diskussion nur auf die seltsam ambivalente Diskussion über die menschenverachtenden Äußerungen des Vorsitzenden der Jungen Union im Berliner TAGESSPIEGEL. Dort soll dieser Vorsitzende erklärt haben: »Ich halte nichts davon, wenn 85jährige noch künstliche Hüftgelenke auf Kosten der Solidargemeinschaft bekommen. Das ist eine reine Frage der Lebensqualität. Das klingt jetzt zwar extrem hart, aber es ist doch nun mal so: Früher sind die Leute auch auf Krücken gelaufen. « Vgl. dazu den Artikel »Anstoßerregend« von Stephan Löwenstein in der FRANKFURTER ALLGEMEINEN ZEITUNG vom 8. August 2003.

35 Houellebecq: Elementarteilchen, S. 78f., die folgenden Zitate ebd. S. 176f., 179, 186, 257, 323, 348, 355.

36 Steiner: Grammatik der Schöpfung, S. 327.

37 Houellebecq: Elementarteilchen, S. 348 f. Die folgenden Zitate ebd. S. 356f.

38 Durs Grünbein: Schädelbasislektion. Gedichte. Frankfurt am Main 1991. Zitat aus dem Gedicht »Zerebralis«, S. 138.

39 Anne Beresford: Overheard Song of Praise. In: Dem Dichter des Lesens. Gedichte für Paul Hoffmann. Von Ilse Aichinger bis Zhang Zao. Hg. von Hansgerd Delbrück in Zusammenarbeit mit Wolfgang Zwierzynski. Tübingen 1997, S. 6f.

40 Enzensberger: Elixiere der Wissenschaft, S. 169.

Die Lust, sich im Universum zu bewegen

Ein Gespräch mit dem Dichter Durs Grünbein über Poesie, Neurobiologie und die Bilder vom Menschen

Einführung von Wolfgang Frühwald

Im bürgerlichen Zeitalter der Literatur, vom Ende des 18. Jahrhunderts bis tief in das 20. Jahrhundert hinein, waren die Dichter bild- und vorstellungsprägend. Noch heute ist, in der Vorstellung der Gebildeten, das Bild Philipps II., des Königs von Spanien, durch Schillers Drama »Don Carlos« geprägt. Es beruht, wie wir längst wissen, auf veralteten und parteiischen Quellen, doch alle Bemühungen der zünftigen Geschichtsschreibung haben am Vorurteil gegen den tyrannischen, eifersüchtigen, der Inquisition hörigen Herrscher nichts zu ändern vermocht. Reinhold Schneiders Bild des heiligmäßigen Königs aber wurde zu spät entworfen, um noch wirksam zu werden. In den ersten 80 Jahren nach einem Ereignis werden die Geschichtsbilder verfestigt, was danach kommt, hat wenig Chancen, Gehör zu finden. Längst haben die Dichter ihre bildprägende Vorherrschaft an Medien unterschiedlichen Zuschnitts verloren, an die Journale und die Zeitungen zuerst, dann an den Rundfunk und seit der zweiten Hälfte des letzten Jahrhunderts an die Bildmedien, den Film, das Fernsehen, auch an das Informationschaos des Internet. Aber noch immer sind es die Dichter, welche, wie niemand sonst in unserer Kultur, die Bilder der Welt und des Menschen zu deuten vermögen, welche die Veränderungen, die mit uns und an uns geschehen, erklären und sie uns existentiell näherstellen. Die Poeten sind Teil unseres Lebens, weil sie auszusprechen in der Lage sind, was viele spüren, ohne es über die Schwelle des Bewußtseins heben zu können.

Durs Grünbein, der 1962 in Dresden geborene, heute als freier Autor in Berlin lebende Lyriker und Essayist, ist ein Phänomen. Als sein erster Gedichtband »Grauzone morgens« 1988 bei Suhrkamp erschien, war der in der DDR lebende Autor – wie sich Kurt Drawert erinnert – zu Hause nicht einmal »eine Empfehlung hinter vorgehaltener Hand« wert. 1988, das war das Jahr vor der »Wende«, als Erich Honecker noch überzeugt war, daß die Ost und West teilende Mauer 100 Jahre und länger stehen werde; doch war es auch ein Jahr von Perestroika und Glasnost, von Begriffen und Realitäten, die damals in aller Munde waren und heute fast vergessen sind. 1991, im Jahr der Vereinigung Deutschlands, erschien Durs Grünbeins zweiter Gedichtband »Schädelbasislektion«, dessen unerhört moderner Ton den Ruhm des noch nicht dreißigjährigen Autors begründete und fast schon ein Stereotyp schuf, das des zornigen jungen Mannes vom Prenzlauer Berg:

»[...] Gesicht zur Welt, so treib ich, zieh den andern gleich.
Was ich hier soll, ich weiß es nicht, und wer ich bin.

Ein Luftzug. Sprache, nimmt mich an der Hand. Sein Trick
Ist dieses sanfte Undsoweiter, schnell durchschaut.

Wie Zungenröllchen wölbt sich jedes Wort ... Aspik
In Klarsichtfolie, Quatsch sein Schicksal. Ist es meins?

Nein Mund, du bist kein Schacht, in den sich Logik stürzt.
Von Chirurgie träumt ein Skalpell auf meiner Haut.«

Jung war der Autor solcher »Annoncen«, zornig vermutlich weniger, eher melancholisch, aber auch neugierig. Energisch hat er das Grau des DDR-Alltags durchbrochen. Neugierig war er auf die neuen, sich überstürzenden Ergebnisse der Neurowissenschaften in jener weltweit zur Dekade des Gehirns erklärten Umbruchzeit (am Ende des 20. Jahrhunderts). Es war die Dekade des Weltvertrauens und der Hoffnung auf den Menschen. 1992 erhielt Durs Grünbein den Nicolas Born-Preis, 1995 den Peter Huchel-Preis, im gleichen Jahr wurde er (mit erst 33 Jahren) durch den Büchnerpreis gleichsam in den Parnass der deutschen Poeten erhoben – und anschließend, beim Erscheinen seines ersten Essaybandes (»Galilei vermißt Dantes Hölle und bleibt an den Maßen hängen«, 1996), von der Kritik dafür bestraft. Doch gehören diese Aufsätze, wie schon der weithin gerühmte Essay »Transit Berlin« (1992) und die »Rede zur Entgegennahme des Büchnerpreises« (1995) zu den Texten einer avantgardistischen Poetik, wie sie vergleichbar nur in der frühromantischen Kunsttheorie und in den Manifesten der beiden ersten Jahrzehnte des 20. Jahrhunderts enthalten ist. Hier schreibt ein seiner selbst und seiner Sprachkraft völlig bewußter Autor »im Zeitalter absoluter Beschleunigung und Medialisierung«.

Durs Grünbein, der sich zu einer »intelligiblen« Zukunft der Dichtung bekennt, zu der von Friedrich Schlegel ins Quadrat erhobenen Poesie (p^2), sucht die Reflexion völlig in Poesie zu verwandeln. Los Angeles, die Metropole an der Westküste der USA, hat er zur Hauptstadt des Vergessens gekürt, zum überdimensionalen und einprägsamen Sinnbild einer Amnesie, die am Jahrhundertende (und unberuhigt bis heute) über den Erdball rast, zum Inbegriff des unsere Moderne prägenden Zyklus von Investitionen und Auslöschungen, in dessen Mitte ein entfesselter Geldrausch alle überkommenen Bilder des Menschen, der Welt und der Schöpfung zu zerstören scheint. Inmitten von Zerstörung und Gedächtnisverlust ist dabei der Dichter jener von Elias Canetti so genannte »Hüter der Verwandlungen«, er ist das Gedächtnis der Menschheit, seine Poesie ist das Gefäß der Erinnerung. So sucht er die Spur des Menschen im Schutt der Zerstörungen, findet sie und bewahrt sie in Sprache.

Durs Grünbein ist aber nicht nur ein bedeutender Lyriker, ein Meister der Töne und der Tonarten, der die strenge Form des Hexameters heute ebenso zu schreiben wagt wie die der Terzinen und der Elegien, das Versepos ebenso wie das Prosagedicht und den überraschenden Reim des Kinderalbums; er ist nicht nur ein Meister des poetologischen Manifests und des knappen Reiseessays, er beherrscht auch die Form des reflektierenden Tagebuchs, den einstmals berühmten Tagebüchern Max Frischs an Modernität, an meditativer Qualität und vor allem an Aktualität überlegen. Der inzwischen weit gereiste, die wissenschaftliche Entwicklung unserer Tage satirisch und reflektierend begleitende Autor scheut sich nicht, sich einen Dichter zu nennen. Er wurde mit dem jungen Hofmannsthal verglichen und gehört inzwischen selbst zu den Metaphern des Literaturbetriebs. In dem Debutroman von Martina Zöllner, einer jungen Fernsehredakteurin, der unter dem Titel »Bleibtreu« 2003 bei DuMont in Köln erschienen ist, heißt es von der Heldin Antonia Armbruster:

> »Es war ein strahlender Sommertag, als Antonia mit Udo und Lars-Heinrich in der Senderkantine saß und Brüderle sich dazugesellte, die Bildzeitung und die FAZ unterm Arm. Brüderle war der Meinung, gerade ein Literaturredakteur müsse beides lesen, um sich selbst davor zu bewahren, den Anschluß an das *wirkliche* Leben zu verlieren. Im ‚Leseland' wollte er E und U, den neuen Gedichtband von Durs Grünbein und die Sepp-Herberger-Biographie.«

Das mir liebste Buch Durs Grünbeins ist (trotz der Liebesgedichte in »Erklärte Nacht« [2002], zu denen ich immer wieder greife) sein Buch »Das erste Jahr. Berliner Aufzeichnungen« (2001). Es ist ein Arbeitsbuch, durchzogen von jenem »anthropologischen Heißhunger«, der schon Franz Grillparzer und seine Zeitgenossen gepackt hatte, eine Neugierde auf das Menschliche, das im Zustand der Verwandlung erhascht und gerade dadurch in seiner Zerbrechlichkeit charakterisiert wird. Die Fäden der Interessen laufen in diesem hoch artistischen Skizzenbuch zusammen. Der – von Grünbein selbst so genannte – »neurologische Spleen« und die Beschreibung des »Furchtzentrums« der Moderne und der Lobpreis der so souverän zwecklosen Kunst inmitten einer Welt der Zwecke und des Nutzens verbinden sich zu einem bestechend präzisen Innenblick der Gegenwart:

> »Wenn die Wahrnehmung der Unterschiede zwischen belebter und unbelebter Materie schwindet, wenn Organismen und Maschinen, Apparaturen und Nervensysteme, Gesichter und Fahrzeugteile nicht mehr angemessen auseinandergehalten werden, steigt Dichtung zur letzten Erkenntnisform auf, indem sie die Kriterien der seelischen Regsamkeit wachhält. [...] Dichten, das ist die Offensive der Ohnmacht, Mobilmachung im Stil der kleinsten Größe, die Allmachtsphantasie in der Nußschale. Wer dichtet, ist nicht tot.«

Nicht zufällig klingt der letzte Satz an Gottfried Benns Gedicht »Kommt – « an. Durs Grünbein ist ein Dichter des Gesprächs, ein Poet des Sprachvertrauens, auch wenn er weiß, daß kein Lied und keine Verszeile »die materiellen Stürme« jemals werden aufhalten können. Sein Credo ist das »Und dennoch«, fast so, wie es bei Gottfried Benn heißt:

> »[...] und schon so nah den Klippen,
> du kennst dein schwaches Boot –
> kommt, öffnet doch die Lippen,
> wer redet, ist nicht tot.«

An die Lesung Durs Grünbeins aus Lyrik und Prosa seines Werkes schloß sich das folgende Gespräch an:

Frühwald: Sie haben, lieber Herr Grünbein, in den lyrischen und den essayistischen Passagen, die Sie uns soeben vorgelesen haben, von »Ahnen« gesprochen. Gibt es bei Ihnen eine Ahnenreihe?

Grünbein: Das Schreiben von Gedichten ist mit Sicherheit ein mehr oder weniger verdeckter Ahnenkult. In einem Schlüsseltext moderner Poetologie von Ossip Mandelstam, in seinem Essay über das Prinzip des Gesprächspartners, wird genau beschrieben, daß Dichter ist, wer im Dauergespräch mit anderen Dichtern lebt. Ich nehme an, die Zusammensetzung des einzelnen lyrischen Werkes wird definiert durch den Kreis von Gesprächspartnern, mit denen man zeitlebens innerlich korrespondiert. Dieser Kreis wird zunächst immer weiter, doch dann verengt er sich im Laufe der Jahre und schrumpft auf einen harten Kern zusammen: das sind die Leute vom eigenen Stamm.

Frühwald: Woher kommt dann Ihre Liebe zur Antike? Woher die Erwähnung von Plotin und Platon?

Grünbein: Plotin und Platon, das war ein Witz. Der Kalauer, daß nach zweitausend Jahren der ganze Humanismus auf ein Wortspiel schrumpft, und das klingt dann wie »Krethi und Plethi«. Andererseits ging es mir immer auch darum, die Philosophiegeschichte nie aus dem Blick zu verlieren. Vom Ursprung her gab es ja ein gemeinsames Interesse der Philosophie und der Poesie. An sie schloß sich an die Geschichte der allmählichen Aufspaltung und am Ende sogar der Hegemonie der Philosophie über die Poesie. Heute muß die Poesie beweisen, daß sie zu irgend etwas nützlich ist. Ich spreche von der erkenntnistheoretischen Kraft der Poesie, nicht von ihrem Unterhaltungswert. Das Dichten ist selber eine Form des Philosophierens, und keineswegs nur eine Süßigkeit. Ursprünglich war es doch so: die vorsokratische Philosophie erwuchs aus dem älteren Epos. Parmenides ist ein Schüler von Homer und Hesiod. Und das beantwortet auch Ihre Frage nach der Antike: Es ist der Versuch, bestimmten Spuren im eigenen Denken nachzugehen, den Grundriß zu begreifen, der einen, zumindest in unserer Kultur, immer noch definiert.

Frühwald: Es wird gelegentlich behauptet, daß die Rezeption der Antike, die Sie auch durch Übersetzungen eindrucksvoll deutlich gemacht haben, ein Erbe aus der Zeit der DDR ist. Ich denke etwa an Texte von Bertolt Brecht, von Heiner Müller, an Christa Wolfs »Kassandra« und andere DDR-Texte, in denen antike Stoffe historisiert, psychologisiert und damit auch aktualisiert wurden. Sind Sie sich dieser Tradition bewußt?

Grünbein: Zunächst fällt mir auf, daß diese Frage nur die Nahperspektive enthält. Man könnte mit demselben Recht fragen: Wo lag denn der Grund, daß es in der Zeit des Klassizismus (ich nenne als Beispiel Goethe) eine so überaus intensive Beziehung zur Antike gab? Worin lag der Grund, daß in der italienischen Renaissance die Antike wiederkehrte? Wie kam es, daß sich die meisten Erneuerer der modernen Dichtung im 20. Jahrhundert, Pound oder Eliot, Pessoa, Kavafis, Benn, Mandelstam, die Achmatova, um nur die wichtigsten Namen der europäischen Moderne zu nennen, auf einen lebenslangen Dialog mit der Antike einließen? Das würde ich heute am liebsten auf eine solche Frage antworten. Vor Jahren habe ich mich herumgequält mit dem soziologischen Argument, ob es vielleicht einen deutsch-deutschen Unterschied bei der Beschäftigung mit der Antike gegeben hat. Natürlich ist mir aufgefallen, daß es, zumindest in den ersten 20 Jahren des sozialistischen Experiments in der Literatur, in der DDR eine Art Renaissance der Beschäftigung mit der Antike gegeben hat. Für einen Autor wie Heiner Müller zum Beispiel wurde, zumindest in der mittleren Phase seines Werkes, die Antike als dramatisches Modell wichtig. Und dann Christa Wolf in ihren Romanen. Doch war dies ein ähnlicher Zugang, wie ihn die Frankfurter Schule, wie ihn Adorno und Horkheimer schon in der »Dialektik der Aufklärung« gefunden hatten. Das Stichwort hieß Mythenkorrektur, Modell statt Historie. Ich sehe die Trennung zwischen ost- und westdeutscher Literatur bei der Rezeption der Antike nicht so absolut. Denken Sie an Botho Strauß. In seinem Werk gibt es bis heute die Wiederkehr antiker Motive auf der postmodernen Theaterbühne.

Frühwald: Sie werden oft als der Dichter der neurobiologischen Revolution bezeichnet. Es gibt kaum einen Autor, vielleicht Hans Magnus Enzensberger ausgenommen, der so stark auf die neuen Ergebnisse dieser wissenschaftlichen Revolution eingeht und sie in Literatur transformiert, wie dies in Ihrem Werk zu beobachten ist. Was ist der Grund für dieses strukturbildende Interesse an der modernen Neurologie und Biologie in Ihrem Werk?

Grünbein: Ich kann die Frage bis heute nicht beantworten, warum eines Tages, in den achtziger Jahren, das Gehirn in meinen Gedichten auftauchte. Seit dem zweiten Band [»Schädelbasislektion«, 1991] ist da ein gewisser terminologischer Überschwang bemerkbar. Und auffällig ist doch sofort die große Differenz zur tatsächlichen naturwissenschaftlichen Forschung. Ich kann von mir nicht sagen, daß ich in diesem Bereich auch nur dialogfähig wäre. Es geht um ein Spiel mit Motiven. Dieser Zustrom von Motiven allerdings ist deutlich ausgeprägt. Vermutlich hat dies damit zu tun, daß das Gehirn heute die Stellung eingenommen hat, die lange Zeit, mehrere Jahrhunderte hindurch, »die Seele« als unbekanntes zentrales Organ der Empfindung und der Spiritualität innehatte. In diesem Sinne war »die Seele« die Domäne der Literatur. Mir scheint es nur folgerichtig, daß jetzt das Gehirn zur Leitvorstellung der Literatur wird.

Frühwald: Goethe hat von »der Seele«, aber auch vom »Herzen« als dem zentralen Organ der Empfindung gesprochen. In dieser Situation begegnete er dem Hirnforscher, der die Phrenologie begründet, die Faserstruktur des Gehirns entdeckt hat, Franz Joseph Gall. Fasziniert hört er Galls Vorlesungen. Trotzdem bleiben bis zum Ende seines Werkes »Seele« und »Herz« zentrale Bilder. Das »Hirn« tritt nicht an ihre Stelle. Ist das Gehirn nicht ein viel schwierigerer Ort für den Dichter als das Herz des Menschen?

Grünbein: Ich bin mir nicht sicher, was das »Herz« in der Dichtung gewesen ist. War es eine Metapher, eine Allegorie oder kategorial gesehen noch etwas ganz anderes? Es war eines jener Kristallworte, an das der Dichter immer neue Assoziationen anschließen konnte. Im Zeitalter der Empfindsamkeit war das Herz das Leitorgan. Aber auch in übertragenem Sinne: ein Mensch mit einem großen Herzen usw. In diesem Sinne funktioniert heute das Gehirn und seine Darstellung in der Literatur kaum noch. Soweit ich dies beobachte, handelt es sich in der jüngeren Literatur darum, Schlüsse zu ziehen aus dem, was die Hirnforscher im einzelnen tun und entdecken. Dies ist ein Wagnis für die dichterische Imagination, denn sie braucht einen Abstand. Ich habe dies selbst erfahren: der Text kann nur ein gewisses Quantum an Termini aufnehmen, ohne die Aura zu verlieren, die er offenkundig braucht, um ein Gedicht zu bleiben. Mit anderen Worten: wir können Gedichte und Erzählungen vollstopfen mit all diesen wissenschaftlichen Termini, aber dies hilft uns nicht viel weiter. Um mit dem Phänomenologen Gaston Bachelard zu sprechen, der eine ganze »Poetik des Raumes« entworfen hat: es ist eines der Rätsel, warum wir in der Literatur von räumlichen und anatomischen Grundvorstellungen ausgehen. Diese Grundvorstellungen genügen offenkundig zur Verständigung. Wir können sie im Detail noch weiter ausleuchten. Aber bei Strafe des Untergangs des Poetischen an der Poesie können wir uns nicht vollkommen einlassen auf die Sprache der Wissenschaft. Obwohl ich versucht bin, dies zu tun. Es ist eine Verlockung, eine enorme Gratwanderung.

Frühwald: Wenn wir vom Herzschlag sprechen, so ist dies ein physischer Vorgang, den wir wissenschaftlich beschreiben können, aber das schlagende, das rasende, das stolpernde Herz sind auch unmittelbare Erfahrungen des Menschen. Die unzähligen, komplizierten Verschaltungen des Gehirns, die wir heute indirekt durch bildgebende Verfahren sichtbar machen können, gehören dagegen nicht zu unserer unmittelbaren Erfahrungswelt. Der Poet bringt diese abstrakten Vorgänge unserer Erfahrung nahe. Ist da ein vermittelnder Schritt notwendig, ist Reflexion notwendig, um die Erfahrung des Denkens, des Bewußtseins dem Leser näherzustellen, um die Vorstellung eines ganzen Cafés »voller Leute, alle / Mit abgehobenen Schädeldecken, Gehirn bloßgelegt« und dann einen »nerventötenden Sinuston von/ Garantiert 1000 Hz ...« zu imaginieren, wie es bei Ihnen in dem Gedicht »Zerebralis« heißt? Dichten Sie demnach anders, reflektierter als früher?

Grünbein: Sie werden bemerkt haben, daß in meinen letzten Bänden dieser neurologische Spleen ein wenig in den Hintergrund getreten ist...

Frühwald:... das ändert auch die Form ...

Grünbein: ... das ändert die Form, wird aber damit neurologisch wieder interessanter, wie ich im Gespräch mit Hirnforschern festgestellt habe. Der eigentliche Reiz dieser »Himwelten« ist ja, daß es eine eigene Bildwelt, eine eigene Musikalität gibt, die auf bisher unbekannte Weise in unserem Gehirn Prozesse auslöst, wie nur *diese* Musikalität sie auslösen kann. Das große Paradox der gegenwärtigen Hirnforschung ist ja, daß sie nicht erklären kann, wie Bewußtsein nun eigentlich zustande kommt und funktioniert. Die genauesten Untersuchungen am Fliegenhirn, die exakte Erforschung von Neurotransmitter-Stoffwechseln und speziellen Proteinverbindungen sagt überhaupt nichts aus über das Bewußtsein. Auch der Hirnforscher Wolf Singer spricht immer von der plötzlichen Emergenz des Bewußtseins, als wäre es ein Nebenprodukt, das außerdem hinzukommt. Nun glaube ich, daß das Gedicht wie auch alle anderen Kunstwerke die höchsten Formen der Hirntätigkeit sind. Aus dieser Verbindung rührt vielleicht mein Interesse an der Neurologie. Obwohl: Je mehr ich mich damit beschäftigt habe, um so deutlicher habe ich bemerkt, wie weit wir hier von wirklichen Einsichten noch entfernt sind. Das Thema hat mich ein wenig verlassen, weil ich weiß, daß in meiner Lebenszeit hier kein Durchbruch zu erwarten ist. Das machen Wissenschaftler auch so. Sie wechseln das Forschungsfeld, wenn sie merken, daß das alte Feld unattraktiv geworden ist.

Frühwald: Das hat uns Wolf Singer im Grunde in dieser Vorlesungsreihe bestätigt. Er hat das wissenschaftliche »*ignoramus et ignorabimus*« (also das »wir wissen es nicht und wir werden es niemals wissen«) von Emil du Bois-Reymond (im 19. Jahrhundert) dem heutigen »*ignoramus*« gegenübergestellt, wobei ich dieses »*ignoramus*« mit »wir wissen es *noch* nicht« übersetzen wollte, er es aber übersetzt hat mit »wir wissen nicht einmal, ob wir es jemals wissen werden«. Vielleicht hat dieses »*ignoramus*« Sie von der intensiven Beschäftigung mit Neurowissenschaft und Bewußtsein abgebracht?

Grünbein: Man kann dieses Problem schon genauer benennen. Um nur ein Beispiel zu geben: Es ist dies eine Frage nach den Erklärungsmustern. Im sogenannten neuronalen Code haben wir das elektrophysikalische Erklärungsmodell (ein Signalsystem) und dann wiederum das biochemische Erklärungsmodell. Ich habe bis heute nicht verstanden, wie diese Modelle zusammenwirken, so daß es zu einer kohärenten Theorie der Hirnfunktionen kommt. Und selbst wenn wir eine neurobiologische Begründung für die Vorgänge im Gehirn, wenn wir eine neurologische Codierung des Gehirns gefunden haben, können wir trotzdem nicht sagen, wie Denken funktioniert. Weil Denken seinerseits ein anderer Code ist. Wir können vielleicht eines Tages eine Art von wissenschaftlicher Parallelwelt aufbauen. Eines der großen, jetzt begonnenen Projekte ist ja der Versuch, die Proteine, die an den Vorgängen im Gehirn beteiligt sind, systematisch zu erforschen, so daß sie in einem Atlas verzeichnet werden können. Das alles läßt sich wegen der Datenfülle sowieso nur noch mit Computern bewältigen, erfordert also eine enorme Programmierungsleistung. Am Ende haben wir wie hinter einer Glaswand vermutlich ein Struktur- und Funktionsmodell. Wie sich dieses Modell übersetzen läßt in das, was wir Dichten und Denken nennen, wissen wir deshalb noch immer nicht. Ich habe aus vielen Gesprächen, auch mit Wolf Singer, gelernt, daß diese Kluft nie zu überbrücken sein wird. Es herrscht eine Aporie.

Frühwald: Ich bin überzeugt, selbst wenn diese Kluft überbrückt werden könnte, wird sich dahinter eine neue Kluft auftun. Das nämlich gehört zur Geschichte des Denkens.

Grünbein: Geschadet hat uns, so muß ich hinzufügen, der Reduktionismus in diesem Bereich bis heute nicht. Wir haben noch über jeden reduktionistischen Ansatz zuletzt allesamt gelacht. Insofern ist die Menschheit auch wissenschaftlich ein wenig reifer geworden.

Frühwald: Schließlich hat es jede Wissenschaft seit jeher mit Reduktion und Reduktionismus zu tun. Nur der Dichter kann es sich leisten, ganz komplex zu sprechen. – Woher rührt Ihre

Schwierigkeit mit der Biologie? Die Neurowissenschaften werden bei Ihnen durchgehend positiv bewertet, die molekulare Biologie wird eher satirisch behandelt. Ist es nur der von Ihnen festgestellte Unterschied einer »invasiven« gegenüber einer »nicht invasiven« Wissenschaft?

Grünbein: Diese Frage kann ich kaum beantworten, weil ich an diesem Punkt wohl noch nie zu Ende gedacht habe. Mir ist schon klar, daß die Genetik für die Neurologie nützlich ist. Doch haben mich die bisherigen Ergebnisse der Genetik relativ kalt gelassen. Und die Propagandafeldzüge, die unternommen werden, um Forschungsgelder zu erhalten, finde ich recht durchsichtig. Nun hoffen wir, daß einige der Erbkrankheiten eines Tages medizinisch besser behandelt werden können ...

Frühwald: ... das ist eine Hoffnung, noch keine Realität. Allerdings scheint mir doch eine Revolution der Therapie vor der Türe zu stehen. Wir haben bisher nur Symptome behandelt und können eines Tages vielleicht doch Krankheitsursachen behandeln. Dies wäre doch eine Revolution in der Medizin, im sozialen Bereich, in der Kultur? Ist das nicht poetisch mindestens so interessant wie der ganze Schaltapparat des Gehirns?

Grünbein: Mir fällt noch etwas ein zu dieser Frage: Vielleicht ist eines der Probleme, die ich mit der genetischen Revolution habe, das, daß sie im Grunde die Lieblingsphantasie der Dichter beschädigt, nämlich das Nachsinnen über Metamorphosen. Im Zentrum von Goethes Denken stand das Metamorphotische, bei Ovid erkennen wir dieses Metamorphotische in seiner frühen Form usw. Wir Dichter lieben es, über Gestalten und Gestaltenwandel nachzudenken. Sowohl die Teilchenphysik wie die Genetik haben aber – und wir können uns diesen Einsichten nicht verschließen – herausgefunden, daß es da unterhalb der Formvorstellungen kleine Moduleinheiten, winzige stoffliche Einheiten oder Moleküle oder Proteinverbindungen gibt, die gestaltpsychologisch völlig abstrakt sind. Ich kann mir vorstellen, daß einer wie Goethe gewaltige Probleme gehabt hätte mit dieser prinzipiellen Wende im allgemeinen Denken. In dem Moment, in dem wir so tief abgetaucht sind, daß wir nur noch Teilchen, Sequenzen zur Verfügung haben, Säure- und Basenverbindungen, ist auch das Spiel der Imagination zu Ende. Der Rest ist für die Computer. In der Tat!

Frühwald: Sie haben einmal davon gesprochen, daß die Perfektionierung des Menschen, seine Optimierung, wovon die Wissenschaft spricht, den Ausbruch der totalen Langeweile zur Folge hätte. Ist Langeweile ein Schreckgespenst der Dichter?

Grünbein: Ja, sie ist ein Schreckgespenst der Dichter. Es herrscht bereits ein wenig Langeweile. Sie kriecht aus den Mikrostrukturen.

Frühwald: Gibt es so etwas wie ein neues Menschenbild, von dem wir ausgehen müssen, um uns besser zu verstehen, oder ist das neue Menschenbild doch im Grunde das alte, überlieferte Bild des Menschen? Ihr Buch über »Das erste Jahr« (des neuen Jahrhunderts, im Leben Ihres Kindes), also Ihre »Berliner Aufzeichnungen«, die 2001 erschienen sind, beschäftigen sich nicht mit dem 21. Jahrhundert, sondern doch mit der letzten Dekade des 20. Jahrhunderts, mit dem, was gewesen ist und was daraus entstehen könnte. Nicht – sagen wir – mit dem Jahr 2079. Dieser Art von Science-Fiction gehört nicht Ihr Interesse. Gibt es also den Entwurf eines neuen Menschenbildes?

Grünbein: Ich muß dazu sagen, daß ich sehr früh fast einen Widerwillen gegen Science-Fiction-Literatur ausgeprägt habe, außer gegen historische Science-Fiction-Literatur. Autoren wie Jules Verne faszinieren mich sehr und vielleicht auch einige der Modernen, wenn ich sie in dreißig Jahren lesen kann. Aber Phantasien und Fiktionen, die vom heutigen Zustand ausgehen und sich mit der Zukunft technischer Entwicklungen beschäftigen, lassen mich relativ kalt. Unter anderem weil ich das, was geschieht, schon aufregend genug finde. Jeder Blick in eine Tageszeitung ist viel aufregender. Wir können kaum ansatzweise alle die Veränderungen verarbeiten, die täglich geschehen. Eine Blickrichtung aber, meine ich, sollte man immer einhalten: Man muß genau darauf achten, was technologisch in der Welt geschieht. Mit anderen Worten, was bewirken die Technologien, mit denen sich der Mensch umgibt und durch die er sich verändert, unter anderem auch die Medientechnologien? Zu beobachten ist das, was in der Anthropologie als Erweiterung oder Verlängerung der Extremitäten und der Sinnesorgane bezeichnet wird. Da liegt zur Zeit ein großes Entwicklungsfeld. Aber im Kern bleibt da ein merkwürdig altertümlicher Mensch. An den Keyboards, unter den Kopfhörern, unter den Drähten sitzt ein seltsam altertümliches Wesen. Beruhigenderweise!

Frühwald: ... beruhigenderweise ...?

Grünbein: Es gibt ja einen Gegensatz zwischen Evolution und technologischer Entwicklung. Dieser Gegensatz ist auch nicht zu überbrücken. Freilich gibt es Theoretiker, die meinen, alles werde sich rasch anpassen, man könne jetzt schon an Feldstudien erkennen, wie rapide Verhaltensweisen wechseln, wie rasch sich vermutlich sogar neurologisch zu fassende Eigenschaften verändern: Aufmerksamkeitsspannung, Verarbeitungsschnelligkeit von Informationen in den unterschiedlichen Generationen ...

Frühwald: Ist das nicht erschreckend, daß wir im Grunde immer noch das Wesen sind, das sich aufgerichtet hat und aus dem Urwald auf die Savannen hinausgetreten ist? Konrad Beyreuther hat uns das an den Eßgewohnheiten verdeutlicht. In guten Zeiten – im Laufe der Menschheitsgeschichte gab es mehr schlechte als gute Zeiten – legt sich der Körper einen Fettvorrat an, um in schlechten Zeiten davon zu zehren. Wenn aber keine schlechte Zeit kommt, gehen wir an diesem Fettvorrat zugrunde. Wir sind immer noch ein Wesen, das sich wie ein Sammler oder Jäger benimmt. Diese Sammler und Jäger aber haben sich anders bewegt und anders bewegen müssen als wir, um zu überleben.

Grünbein: Was mich beschäftigt, ist das schlechte Gewissen des altertümlich verfaßten Menschen angesichts der Entwicklungen, die um ihn und mit ihm geschehen. Woher kommt dieses Sich-in-Frage-stellen-müssen? Warum glauben wir, mit der Entwicklung nicht Schritt halten zu können? Warum stellen wir permanent uns in Frage und weniger die Dinge, die wir da anzetteln? Das ist eine eigenartige Denkrichtung. Der Mensch ist in der Defensive. Das ist sichtbar. Alle Debatten, die ich kenne, gehen immer in die gleiche Richtung: der Mensch ist in der Defensive.

Frühwald: Wogegen verteidigt er sich?

Grünbein: Er verteidigt sich gegen das, was er selbst anrichtet, und gegen das, was ihn überfordert.

Frühwald: Nicht mehr gegen die Zwänge der Natur, wie noch im 18. Jahrhundert?

Grünbein: Auf keinen Fall! Die Natur sorgt kaum für denkerische Unruhe. Naturkatastrophen wird es immer geben. In anderen Regionen vielleicht stärker als bei uns. Auch bei uns ist aber die zyklisch wiederkehrende Debatte zu beobachten, daß die Klimaveränderung eines Tages auch die in den gemäßigten Breiten lebenden Menschen erfassen wird, usw. Aber in der

Defensive ist der Mensch gegenüber dem, was ihn übersteigt, was ihn überfordert. Auffällig ist, daß daher eine gewisse Unfreiheit im Denken rührt, eine zu geringe Souveränität. Die Lust, mit der Goethe sich noch im Universum bewegte, wo ist sie hin?

Namenregister

Dank

Die vorliegenden Texte erschienen erstmals 2004 mit dem Titel »Das Design des Menschen. Vom Wandel des Menschenbildes unter dem Einfluß der modernen Naturwissenschaft« im Druck. Einzelheiten des dargestellten Problembereiches haben sich inzwischen verändert, die Grundtendenz der damals entworfenen Entwicklung aber ist gleich geblieben. An den veränderten Details ist (erneut) das Entwicklungstempo der Forschung abzulesen. So sind z.B. die 2004 »angedachten« Gesichtstransplantationen inzwischen mehrfach gelungen; in einer mit dem Gen des Mammakarzinoms belasteten britischen Familie wurde ein Kind (im Mutterleib) von diesem Krankheitsrisiko befreit; die UNO hat den Versuch zu einem vollständigen Klonverbot aufgegeben, doch stimmte die Vollversammlung (2005) in einer Empfehlung mehrheitlich für ein solches Verbot, das auch therapeutisches Klonieren einschließt; in Großbritannien wurde erlaubt, menschliche Zellkerne in entkernte tierische Eizellen zu transferieren; auch die Herstellung sogenannter »Helfergeschwister«, also die durch Präimplantationsdiagnostik unterstützte Erzeugung von Kindern, die ihre an Erbkrankheiten leidenden Geschwister durch Gewebe- oder Organspenden helfen können, wurde dort durch Parlamentsbeschluß erlaubt; in Spanien ist ein erstes solches Kind (ein sogenanntes Designerbaby) im Jahr 2008 geboren worden. Die meisten dieser Entwicklungen waren bereits 2003 abzusehen, so daß auch durch die Verschiebung des Stichtages für den Stammzellenimport nach Deutschland (2008), durch die Stabilisierung der Techniken zur Herstellung von iPS-Zellen und durch den (2005 aufgedeckten) koreanischen Fälschungsskandal (im Bereich des therapeutischen

Klonierens) keine grundlegend neue Situation geschaffen wurde. Der Verlag entschied sich daher für einen textidentischen Neudruck des Buches von 2004, aber mit einem für die sich abzeichnende Tendenz sprechenderen Titel. Die Texte sind auf Druckfehler durchgesehen, die unterschiedlichen orthographischen Gewohnheiten der Verfasser wurden ebenso respektiert wie deren voneinander abweichende Zitiergewohnheiten.

Zu danken habe ich Andreas Cesana und seinen Mitarbeiterinnen an der Universität Mainz, den Kollegen und Durs Grünbein, die ihre Texte auch für diesen Druck zur Verfügung gestellt haben, den Gesprächspartnern Hans Fridrichs, Jörg Michaelis und Otto Boehringer, Johannes Rau († 2006), der die Vorlesungsreihe 2003 eröffnet hat, und Gottfried Honnefelder, der nicht zulassen wollte, dass dieses Buch schon fünf Jahre nach seiner ersten Publikation vergriffen ist.

Inhalt

Menschenbilder

Die Poesie und die Fakten